◎ 河北省高等学校青年拔尖人才计划项目，课题编号：BJ201407
◎ 2017 年度河北省社会科学重要学术著作出版资助项目
◎ 2017 年河北省社会科学发展研究课题，课题编号：201707060202

法律、伦理与民间借贷

王文书　王学博　著

河北大学出版社
·保定·

图书在版编目（CIP）数据

法律、伦理与民间借贷 / 王文书，王学博著 . -- 保定：河北大学出版社，2018.6
ISBN 978-7-5666-1394-3

Ⅰ . ①法… Ⅱ . ①王… ②王… Ⅲ . ①民间借贷 – 法制史 – 中国 Ⅳ . ① D929

中国版本图书馆 CIP 数据核字 (2018) 第 129823 号

法律、伦理与民间借贷

出 版 人：耿金龙
责任编辑：王红梅
装帧设计：王占梅
责任印制：靳云飞

出版发行：河北大学出版社
地址：河北省保定市七一东路 2666 号　邮编：071000
电话：0312-5073033　0312-5073029
邮箱：hbdxcbs818@163.com　网址：www.hbdxcbs.com
印　　刷：保定市北方胶印有限公司
开　　本：148mm × 210mm　1/32
印　　张：8.75
字　　数：210 千字
版　　次：2018 年 6 月第 1 版
印　　次：2018 年 6 月第 1 次印刷
书　　号：ISBN 978-7-5666-1394-3
定　　价：39.00 元

目　　录

第一编　关于中国古代民间借贷之债法律规定的情况

第二编 中国古代的借贷伦理

第一编　关于中国古代民间借贷之债法律规定的情况

第一章　中国古代“债”的概念和唐代以前关于借贷之债的规定

第一节　中国古代“债”的概念的含义

现代民法中债的概念与古代不同，现代意义的“债”是指按照合同的约定或依照法律规定，在当事人之间产生的特定的权利和义务关系。按照债的设定及其内容是否允许当事人以自由意思决定，债可以分为意定之债与法定之债。意定之债，是指债的发生及其内容由当事人依其自由意思决定的债。合同之债和单方允诺之债均为意定之债。法定之债指债的发生及其内容均由法律予以规定的债。法定之债又可分为侵权行为之债、无因管理之债和不当得利之债。其实现代法律意义“债”的分类源自西方法律制度，如果说得更具体，就是罗马帝国的法律制度。现代的历史学家研究中国历史多采用西方的概念和分类。如宋代法律史专家郭东旭先生所著《宋代法制研究》对宋代“债法”进行的论述①，债的发生可分为因契约所生之债、因侵权所生之债、因不当得利所生之债，古代中国有此三种“债”之事实，而无三种“债”之名义。中国古代的债多指合同（契约）之债中的借贷之债和买卖之债中的商业信用，本文所研究的是借贷之债。

“债”字本作“责”，《说文解字》曰：“债，债负也，从人责。”② 段玉裁之《说文解字注》云：“责，求也。引伸为诛责、责任。《周礼·小宰》：听称责以傅别。称责，即今之举债。古无债字。俗作债，则声形皆异矣。”③

“责”原为索取、求取之意。《墨子·公孟》：“劝于善言而葬，已葬而责酒于其四弟。”④《晋书·五行志中》：“其邻人有责息于外，历年不还，乃假之使为责让，惧以祸福。负物者以为鬼神，即傎倒畀之。”⑤“责”，还作要求、期望之意。《论语·卫灵公》：“躬自厚，而薄责于人，则远怨矣。”何晏《集解》引孔安国曰：“责己厚，责人薄，所以远怨咎。”⑥《居延汉简甲乙编》中有简载：“三堆燧长徐宗，自言故霸胡亭长就舍钱二千三百开，数责不可得。”⑦ 由此可见，在春秋时期“责”还未有“债”的意思，直至后来一直保留索取、要求之意。

到战国秦汉以后，“责”引申出“债”的含义。“债”或“责”

① 郭东旭：《宋代法制研究》，河北大学出版社1997年版，第502页。

② ［汉］许慎：《说文解字》卷八上，文渊阁四库全书本。

③ ［清］段玉裁：《说文解字注》，浙江古籍出版社2006年版。

④ 周才珠、齐瑞端译注：《墨子全译》卷一二《贵义第四十七》，贵州人民出版社2009年版。

⑤ ［唐］房玄龄等：《晋书》卷二八《五行中》，中华书局2000年版。

⑥ ［梁］皇侃：《论语集解义疏》卷八《论语卫灵公第十五疏》，文渊阁四库全书本。

⑦ 中国社会科学院考古研究所编：《居延汉简甲乙编》，中华书局1980年版。

指借贷之债，《类编》所谓“责，逋财也”①，就是指欠人财物，即债务。秦代之《吕氏春秋》记载，周武王灭殷商后，“复盘庚之政，发巨桥之粟，赋鹿台之钱，以示民无私，出拘救罪，分财弃责，以振穷困”②。所谓“分财弃责”，就是重新分配商王的财产，放弃百姓所负商王的债负。湖北云梦县睡虎地秦墓中出土的竹简《法律问答》中就规定：“百姓有责（债），勿敢擅强质，擅强质及和受质者，赀二甲。”③《居延汉简》中有：“甲渠戍卒淮阳始口口宁口，自言责箕山燧长周祖，从与贷钱千，已得六百，少四百。”④ 此处“责”是名词用作动词，借贷之意。《汉书·食货志上》载：“当具有者半贾而卖，亡者取倍称之息，于是有卖田宅、鬻子孙以偿责者矣。”⑤ 唐代颜师古在注解《汉书》卷八十《淮阳宪王钦传》时也说：“债，谓假贷人财物，未偿者也。”⑥《管子·轻重乙》：“君直币之轻重，以决其数，使无券契之责。”房玄龄注：“分之曰券，合之曰契，使百姓皆称贷于君，则无契券之债。”⑦ 表明唐代的“债”或“负债”，是包含了假与贷两个过程，总之是借贷之债。此为其一。

其二，指买卖之债。杜甫有诗云：“酒债寻常行处有，人生七

---

① ［宋］司马光：《类篇》卷二〇《二十四部》，文渊阁四库全书本。

② ［战国］吕不韦：《吕氏春秋》卷一五《慎大》，中华书局 2007 年版。

③ 栗劲：《秦律通论》，山东人民出版社 1985 年版，第 183 页。

④ 中国社会科学院考古研究所编：《居延汉简甲乙编》，中华书局 1980 年版。

⑤ “非出息之债者，官为理”中的“理”，同样可以解作“受理”。但这个“为理”，不是签订契约时的“介入、干预”，同样是国家行使司法权的受理，即对于使用借贷以及对于消费借贷但无利息者，官府干预其债的履行。

⑥ ［东汉］班固撰，［唐］颜师古注：《前汉书》卷八〇《宣元六王传》，文渊阁四库全书本。

⑦ 颜昌峣校：《管子》卷二四《轻重乙第八十一》，岳麓书社 1996 年版。

十古来稀。”① 所谓“酒债”是赊买酒水因欠酒价，当属商业信用。有“儒者破家而葬，债子而偿，执丧三年，毁而扶杖，世主以为孝而礼之也”②。儒家讲究厚葬，家贫无以为葬，因此典卖幼子偿还所欠钱物。

其三，指租赁之债。《穆天子传》说“债车受载”③，是说租车作运输。《战国策·齐策四》说“乃有忌欲为收责于薛乎”，此处之债是指租赁之债。不过“债”的第三种含义并不多见，主要是指第一、二种意义。中国古代的“债”不仅限于借贷之债，但大多数是指借贷之债。民间并没有一个十分确切的定义。现代民法上的债则是一个含义更为广泛的概念，而借贷之债不过是其中之一种而已。

可见，从秦汉时代，“债”的含义已经有了现代民法“债”的含义的部分内容，具体说来，古代的“债”不属现代意义的法定之债，而属意定之债。

第二节　中国古代早期社会对借贷之债的法律规定

对民间“债”的管理比较早的记载当属《周礼》中的《天官·冢宰上》，文中提及小宰的职责，“听称责，以傅别”。郑玄注：“称责，谓贷予。傅别，谓券书也。”贾公彦疏：“称责，谓举

① ［清］彭定求等编：《全唐诗》卷二二五，杜甫：《曲江二首》，文渊阁四库全书本。

② 陈奇猷校注：《韩非子新校注》卷一九《显学第五十》，上海古籍出版社2000年版。

③ 《穆天子传》卷三《古文》，文渊阁四库全书本。

责生子，彼此俱为称意，故为称责，于官于民，俱是称也。”① 如果《周礼》反映一些西周的法律情况，那么这是关于借贷之债最早的法律规定。其文强调了借贷双方必须取得意思一致才可进行，政府采取听民自便的不干涉立场。“傅著约束于文书”②，“傅”，是把债的标的和双方的权利义务等写在契券上；“别”，是在简札中间写字，然后一分为二，双方各执一半，札上的字为半文，合起来才可理解。当借贷合同发生纠纷时，负责审理合同纠纷的官吏则根据当事人双方各执半份合同文书上所载明条款予以定夺。文中并未提及利率的高低，利率的高低由借贷双方自行商定，官府不予干涉。

春秋、战国时期是中国古代借贷之债发展的重要时期，但是相关法律规定却付之阙如，作为最早的成文法典，李悝的《法经》没有原文留存。“魏文侯师李悝著《法经》，以为王者之政，莫急于盗贼，故其律始于《盗》《贼》。《盗》《贼》须劾捕，故著《囚》《捕》二篇。其轻狡、越城、博戏、假借不廉、淫侈、逾制为《杂律》一篇。又以《具律》具其加减。所著六篇而已。卫鞅受之，入相于秦。是以秦、魏二国，深文峻法相近。”③ 《魏律》在前代的基础上，把《盗律》中的“受所监”“受财枉法”，《杂律》中的“假借不廉”以及“呵人受钱”“使者验赂”等相类似的条文集中在一起，创辟《请赇律》。其中“假借不廉”，刘秋根老师以为是“放贷贪图利息”④，或可理解为强制借贷而不还。

---

① ［东汉］郑玄注，［唐］贾公彦疏：《周礼注疏》卷三《天官・冢宰上》，文渊阁四库全书本。

② 《周礼注疏》卷三《天官・冢宰上》。

③ ［明］董说：《七国考》卷一二《魏刑法・法经》，文渊阁四库全书本。

④ 刘秋根：《中国封建社会利率管制政策》，《漆侠先生纪念文集》，河北大学出版社 2002 版。

秦未统一之时，工商之民被列为五蠹之一，是打击对象，“王治国之政，使其商工游食之民少，而名卑以寡，趣本务而趋末作”①，更不要提高利贷者了，加之秦朝享国日短，所以，我们少见秦代的借贷之债的记载。《睡虎地秦简》保留了《金布律》中四条涉及债务的条文，但是均为私人对国家的欠负，不见私人之间的借贷规定。《睡虎地秦简》中《法律问答》又有：“貣（贷）人赢律及‘介（丐）人’。可（何）谓‘介（丐）人’？不当貣（贷），貣（贷）之，是谓‘介（丐）人’。”② 什么叫“介人”？不应借给钱的，借给了，称为“介人”。但“贷人赢律”做何解释？“赢”有超过、过多之意，《周礼·考工记·弓人》：“挢干欲孰于火而无赢。”郑玄注：“赢，过孰也。”③ 联系“介人”之含义，“贷人赢律”可理解为：贷人钱物超过了法律规定的范围，达到不应借贷的“介人”。此规定尚有待进一步探讨，它是今人所见到的对借贷主体资格进行规范的最早记载，但借贷主体资格有哪些并未言明。

《睡虎地秦简》中《法律问答》有关于“以人为质”的规定可能关涉私人间的借贷，“百姓有责（债），勿敢擅强质，擅强质及和受质者，皆赀二甲。廷行事强质人者论，鼠（予）者不论；和受质者，鼠（予）者□论”④。意思是，百姓间有债务，不准擅自强行索取人质，擅自强行索取人质以及双方同意质押的，均罚二甲。向他人强行索取人质的人应论罪，被强索人质的借贷者不论罪；双方同意抵押的，提供人质的人也要论罪。

《史记·货殖列传》载，吴楚兵起，长安中列侯封君行从军

① 《韩非子》卷一九《五蠹第四十九》。

② 睡虎地秦墓竹简整理小组：《睡虎地秦墓竹简》卷四《法律问答》，文物出版社 1990 年版。

③ 《周礼注疏》卷四二《考工记·弓人》。

④ 《睡虎地秦墓竹简》卷四《法律问答》。

旅，赍贷子钱家，子钱家以为关东成败未决，莫肯予，唯毋盐氏出捐千金贷，其息十之。三月吴楚平，一岁之中则毋盐氏息十倍，用此富埒关中。《索隐》谓出一得十倍[①]，是汉初尚无利率限定之定律。

《汉书》中记载，“元鼎元年（前116），旁光侯殷坐贷子钱不占租，取息过律，会赦，免”[②]。“占租”意为自报应纳的租税。颜师古注：“占，谓自隐度其实定其辞也。”[③]《汉书·昭帝纪》：“罢榷酤官，令民得以律占租。”[④] 公非刘氏曰：“罢酤占租卖酒钱共是一事，以律占租者，谓令民卖酒以所得利占而输其租矣，占不以实则论如律也。租即卖酒之税也，卖酒升四钱，所以限民不得厚利尔。王子侯表旁光侯殷坐贷子钱，不占租，皆免侯。义与此占租同。”[⑤] 所以，汉代法律规定放高利贷牟利要向国家交纳税赋。

在汉代经营高利贷不仅要向国家交税，而且对利息率有一定限制。颜师古注“旁光侯殷坐贷子钱不占租，取息过律”，云：“以子钱贷人，律合收租，匿不占，取息利又多。”[⑥]《汉书》中另载，“陵乡侯䜣，建始二年，坐使人伤家丞，又贷谷息过律，免”。颜师古注云：“以谷贷人而多取其息。”[⑦]

郑玄注解《周礼》中“凡民同货财者令以国法行之，犯令者刑罚之，司市为节以遣之”[⑧]。他认为，“同货财者谓合钱共贾

① ［西汉］司马迁：《史记》卷一二九《货殖列传》，中华书局1982年版。
② ［东汉］班固：《前汉书》卷一五《王子侯年表》，中华书局1962年版。
③ 《前汉书》卷七《昭帝纪第七》。
④ 《前汉书》卷七《昭帝纪第七》。
⑤ 《前汉书》卷七《昭帝纪第七》。
⑥ 《前汉书》卷一五《王子侯年表》。
⑦ 《前汉书》卷一五《王子侯年表》。
⑧ 《周礼注疏》卷三五《地官·朝士》。

者”，“富人蓄积者多时收敛之，乏时以国服之法出之，虽有腾跃，其赢不得过此，以利出者与取者，过此则罚之，若今时加贵取息坐赃”。[1] 贾公彦曰：“财主出责与生利还主则同有货财者也，今以国服之法为之息利，犯令者违国法也，故刑罚之。”[2] 由此可以看出，汉代赊卖、货币借贷、实物借贷的利息有一定法律规制，任何人不得超过法律规定的利率标准。因为郑玄是东汉人，距离其所注解问题的年代并不久远，可以认为汉代法律比较早的对借贷利率做了法律规范，没有任由市场定价。

魏晋南北朝、隋朝的律文已经湮灭，我们仅能从一些史书中搜寻其一鳞半爪，但我们不能说魏晋南北朝时期政府没有制定规范民间借贷的法律，只是随着时间的推移，相关的律文已经不复存在了。民国程树德先生之《九朝律考》中也只考证出一条史料来。下面我们就《诏禁刺史发调逼民假贷者》这一史料做一简要分析。

> ［和平］二年（461）春正月乙酉，诏曰：刺史牧民，为万里之表，自顷每因发调，逼民假贷，大商富贾要射时利，旬日之间增赢十倍，上下通同，分以润屋。故编户之家，困于冻馁，豪富之门，日有兼积。为政之弊莫过于此。其一切禁绝，犯者十匹以上皆死。布告天下，咸令知禁。[3]

北魏在孝文帝改革之前，赋税制度采用“九品混通”的办法，以户为征收单位，自耕农民与有大批依附农民的地主等量齐观，

---

① 《周礼注疏》卷三五《地官·朝士》。

② 《周礼注疏》卷三五《地官·朝士》。

③ ［北齐］魏收：《魏书》卷五《帝纪第五·高宗纪》，中华书局1974年版。

并且租调定额很高，即帛二匹、絮二斤、丝一斤、粟二十石，这对农民是很不利的。孝文帝改革之前官员没有俸禄收入，因此就出现了高利贷者与官员相互勾结，急迫征调布币，逼迫百姓借贷，以从中渔利。该诏令表面是针对官员的，同时也试图从高利贷的源头治理高利贷问题，但是官员在没有俸禄的情况下要想保持廉洁几乎是不可能的，他们只有从各个领域攫取利益，包括涉足高利贷，甚至为高利贷者创造“商机”，进行权钱交易。

第二章　中国唐宋元时期关于借贷之债的法律规定

第一节　唐宋元时期关于借贷主体资格的限定

从唐代开始律文有了相对完整、详细的留存。我们可以从《唐律疏议》《宋刑统》《庆元条法事类》《元典章》等现存的法律文本中来探寻唐代以后对借贷之债的调整和规范。本节主要探讨唐宋元时期对借贷主体双方资格的规定。

一、唐宋元时期对官员借贷主体资格的限制性规定

（一）唐代禁止地方官员在自己的管辖地放贷取利

“开元十五年（727）七月二十七日敕，应天下诸州县官，寄附部人兴易，及部内放债等，并宜禁断。”① 唐代并不禁止官员家庭从事放贷生息，但绝对禁止官员在自己的管辖范围内从事放贷以及将本钱寄附部人兴易。为此，一些地方官采取了变通的方法，

① ［宋］王溥：《唐会要》卷八八《杂录》，中华书局 1955 年版。

相互勾结，在彼此的辖区内放债取利，相互为对方提供便利，以谋取利息收入。故此，天宝九年（750）“十二月敕，郡县官寮，共为货殖，竟交互放债侵人，互为征收，割剥黎庶。自今已后，更有此色。并追人影认一匹以上，其放债官先解见任，物仍纳官，有剩利者，准法处分”①。如果官员在对方的辖区内放债，被人指证一匹以上者，罢免现任官职，所放财物没收入官，如有盈利，按照法律规定处罚，其处罚标准见后表。

唐代禁止分封的世家亲到封地征收赋税，也不得在封地范围内经营有利借贷。“封家总合送入京，其中有别敕许人就领者，待州征足，然后一时分付，征未足闻，封家人不得辄到出封州，亦不得因有举放，违者禁身闻奏。”②

《宋刑统》规定类似唐律，但有具体罪名和处罚例，“臣等参详”，规定“今后监临官于部内放债者，请计利以受所监临财物论，过一百匹者，奏取敕裁”③。《唐律》规定：“诸监临之官，受所监临财物者，一尺笞四十，一匹加一等；八匹徒一年，八匹加一等；五十匹流两千里。与者，减五等，罪止杖一百。”议曰：“监临之官，不因公事而受监临内财物者，计赃一尺以上笞四十，一匹加一等；八匹徒一年，八匹加一等；五十匹流二千里。与财之人减监临罪五等，罪止杖一百。”④ 参酌受所监临财物罪的处罚，考校出对监临官于部内放债的惩罚，详情见下表。

---

① 《唐会要》卷六九《县令》。

② 《唐会要》卷九〇《缘封杂记》。

③ ［宋］窦仪：《宋刑统》卷二六《杂律》，中华书局1984年版。

④ 《宋刑统》卷二六《杂律》。

表 1　监临官部内放债取利处罚表

<table>
<tr><th rowspan="2">利息数量</th><th colspan="2">监临官于部内
放债取利的处罚</th><th colspan="2">受所监临
财物罪的处罚</th></tr>
<tr><th>主者</th><th>与者</th><th>主者</th><th>与者</th></tr>
<tr><td>一尺以上二匹以下</td><td>笞刑四十</td><td rowspan="4">免于处罚</td><td>笞刑四十</td><td rowspan="4">免于处罚</td></tr>
<tr><td>二匹—三匹</td><td>笞刑五十</td><td>笞刑五十</td></tr>
<tr><td>三匹—四匹</td><td>杖刑六十</td><td>杖刑六十</td></tr>
<tr><td>四匹—五匹</td><td>杖刑七十</td><td>杖刑七十</td></tr>
<tr><td>五匹—六匹</td><td>杖刑八十</td><td>笞刑四十</td><td>杖刑八十</td><td>笞刑四十</td></tr>
<tr><td>六匹—七匹</td><td>杖刑九十</td><td>笞刑五十</td><td>杖刑九十</td><td>笞刑五十</td></tr>
<tr><td>七匹—八匹</td><td>杖刑一百</td><td>杖刑六十</td><td>杖刑一百</td><td>杖刑六十</td></tr>
<tr><td>八匹—十六匹</td><td>徒刑一年</td><td>杖刑七十</td><td>徒刑一年</td><td>杖刑七十</td></tr>
<tr><td>十六匹—二十四匹</td><td>徒刑一年半</td><td>杖刑八十</td><td>徒刑一年半</td><td>杖刑八十</td></tr>
<tr><td>二十四匹—三十二匹</td><td>徒刑二年</td><td>杖刑九十</td><td>徒刑二年</td><td>杖刑九十</td></tr>
<tr><td>三十二匹—四十匹</td><td>徒刑二年半</td><td rowspan="3">杖刑一百</td><td>徒刑二年半</td><td rowspan="3">杖刑一百</td></tr>
<tr><td>四十匹—四十八匹</td><td>徒刑三年</td><td>徒刑三年</td></tr>
<tr><td>五十匹以上</td><td>流刑两千里</td><td>流刑两千里</td></tr>
<tr><td>百匹以上</td><td colspan="2">奏取敕裁</td><td colspan="2">奏取敕裁</td></tr>
</table>

南宋对官员放债比北宋更加明确和严格。《庆元条法事类》载南宋的相似规定："诸监临官质当所监临财物及放债者，徒二年（若令亲戚及容亲随人放债者，准此），计利赃重者，依乞取监临财物法在官非监临减一等。"① 从此段文字中可以看出，南宋时监

① ［宋］佚名：《庆元条法事类》卷八〇《出举债负・敕・杂敕》，黑龙江人民出版社 2002 年版。

临官于辖区内放债所受处罚起点远高于北宋。按《唐律》规定，所获利息超过受杖刑六十的标准为赃重，计利赃重者，按照受所监临财物法中在官非监临减一等处罚。

（二）唐宋元法律对官员作为借贷人的禁止性规定

唐律禁止官员在管辖范围内以借贷人身份行使诸般借贷。“诸监临之官私役所监临及借奴婢、牛马驼骡驴、车船、碾硙、邸店之类，各计庸赁，以受所监临财物论。”① 其处罚可参照前表。但是禁止范围排除了亲戚间的借贷，“其于亲属，虽过限及受馈、乞贷，皆勿论。亲属，谓缌麻以上及大功以上婚姻之家。余条亲属，准此”②。同时，禁止监临之官家人借贷的行为，意在排除其中的贪腐问题。“诸监临之官家人，于所部有受乞、借贷、役使、卖买有剩利之属，各减官人罪二等。官人知情，与同罪；不知情者，各减家人罪五等。其在官非监临及家人有犯者，各减监临及监临家人一等。”③

表 2 监临官员及家人借贷处罚表

<table>
<tr><th rowspan="3">数量</th><th colspan="3">监临官家人于部内借贷</th><th colspan="3">在官非监临家人于部内借贷</th></tr>
<tr><th rowspan="2">家人所受处罚</th><th colspan="2">官员所受处罚</th><th rowspan="2">家人所受处罚</th><th colspan="2">官员所受处罚</th></tr>
<tr><th>知情</th><th>不知情</th><th>知情</th><th>不知情</th></tr>
<tr><td>一尺以上二匹以下</td><td>笞刑二十</td><td>笞刑二十</td><td rowspan="4">免于处罚</td><td>笞刑十</td><td>笞刑十</td><td rowspan="4">免于处罚</td></tr>
<tr><td>二匹—三匹</td><td>笞刑三十</td><td>笞刑三十</td><td>笞刑二十</td><td>笞刑二十</td></tr>
<tr><td>三匹—四匹</td><td>笞刑四十</td><td>笞刑四十</td><td>笞刑三十</td><td>笞刑三十</td></tr>
<tr><td>四匹—五匹</td><td>笞刑五十</td><td>笞刑五十</td><td>笞刑四十</td><td>笞刑四十</td></tr>
</table>

① ［唐］长孙无忌：《唐律疏议》卷一一《职制》，中国政法大学出版社 2013 年版。
② 《唐律疏议》卷第一一《职制》。
③ 《唐律疏议》卷第一一《职制》。

续表

数量	监临官家人于部内借贷			在官非监临家人于部内借贷		
	家人所受处罚	官员所受处罚		家人所受处罚	官员所受处罚	
		知情	不知情		知情	不知情
五匹—六匹	杖刑六十	杖刑六十	笞刑十	笞刑五十	笞刑五十	免于处罚
六匹—七匹	杖刑七十	杖刑七十	笞刑二十	杖刑六十	杖刑六十	笞刑十
七匹—八匹	杖刑八十	杖刑八十	笞刑三十	杖刑七十	杖刑七十	笞刑二十
八匹—十六匹	杖刑九十	杖刑九十	笞刑四十	杖刑八十	杖刑八十	笞刑三十
十六匹—二十四匹	杖刑一百	杖刑一百	笞刑五十	杖刑九十	杖刑九十	笞刑四十
二十四匹—三十二匹	徒刑一年	徒刑一年	杖刑六十	杖刑一百	杖刑一百	笞刑五十
三十二匹—四十匹	徒刑一年半	徒刑一年半	杖刑七十	徒刑一年	徒刑一年	杖刑六十
四十匹—四十八匹	徒刑二年	徒刑二年	杖刑八十	徒刑一年半	徒刑一年半	杖刑七十
五十匹以上	徒刑二年半	徒刑二年半	杖刑九十	徒刑二年	徒刑二年	杖刑八十

唐律亦有对于去职官向旧属下、治下百姓借贷定罪量刑的规定，“诸去官而受旧官属、士庶馈与，若乞取、借贷之属，各减在官时三等”。去官谓家口未离本任所者。①

北宋继承了唐律的规定。南宋禁止官员任内借贷的规定上升为正条，地位更显著。南宋《庆元条法事类》规定：“诸命官举债而约于任所偿者，计本过五十贯，徒二年。重叠或于数处举借皆

① 《唐律疏议》卷第一一《职制》。

通计。财主、保引人知情，计已分过数者，各杖一百，数外财物没官；偿讫事发者，各减五等，仍免追没。因于任所受乞借贷之类，偿讫不减。”① 其意为，朝廷正式任命的官员借贷约定上任后于任所偿还，如果本金过五十贯以上，官员受徒刑二年。如果是几次借贷或于几处借贷，以总数统计本金的多少。若出借人和保借人知其为命官，按其所得之分数，各受杖刑一百，还未得到的财物没收入官。如果已经偿还，借贷官员、出借者、保人减五等受罚。如果借贷发生在官员的辖区，即使已偿还罪也不减等。

元代情形有了变化，与唐宋相比，严禁官员借贷的规定有了松动，允许现职官员于下属处借贷，但必须签署正式借贷契约。元贞元年（1295）六月，“御史台呈准：在任官吏凡取借部下诸人钱债，各立保见出息文约，依数归还。违者各从一多者为重，准不枉法例减二等断罪”②。至大二年（1309）七月又规定：“凡借部下诸人钱债，合依已拟，遵依都省元行，明呈保见出息文凭，依理归还，如有指借为名，不立保见，又不依数归还，从一多者为重，依不枉法例减二等断罪；其恃势强借，就托上户领钱营运以求利者准上科罪。”③ 二者所规定的内容大体相同，至大二年（1309）增加了强行出借托付营运的处罚。其处罚的原则、量刑的依据是，对违反规定的官员，在多个借贷中按照借贷数量最多者断罪，准照六赃之一的取赃不枉法减二等定罪。详情见下表：

① 《庆元条法事类》卷八〇《出举债负・敕・杂敕》。

② 陈高华等点校：《元典章》之《户部》卷一三《钱债》，天津古籍出版社 2011 年版。

③ 《元典章》之《户部》卷一三《钱债》。

表 3　元代官员取借部下钱债不立文约的处罚表

贯数	取赃不枉法的处罚	取借部下钱债不立文约的处罚	恃势强借就托上户领钱营运以求利的处罚
不满贯	不满贯者，量情断罪。解见任，别行求仕	不满贯者，量情断罪	不满贯者，量情断罪
一贯至二十贯	笞刑四十七，本等叙	笞刑二十七，本等叙	笞刑二十七，本等叙
二十贯以上至五十贯	笞刑五十七，注边远一任	笞刑三十七，本等叙	笞刑三十七，本等叙
五十贯以上至一百贯	杖刑六十七，降一等	笞刑四十七，本等叙	笞刑四十七，本等叙
一百贯以上至一百五十贯	杖刑七十七，降二等	笞刑五十七，注边远一任	笞刑五十七，注边远一任
一百五十贯以上至二百贯	杖刑八十七，降三等	杖刑六十七，降一等	杖刑六十七，降一等
二百贯以上至三百贯	杖刑九十七，降四等	杖刑七十七，降二等	杖刑七十七，降二等
三百贯以上	杖刑一百七，除名不叙	杖刑八十七，降三等	杖刑八十七，降三等

（三）唐宋法律限制部分主体的借贷资格

1. 对卑幼借贷主体资格的限制：唐代家庭内成员的法律地位是不平等的，作为晚辈子弟并无完全的民事行为能力，尤其表现在对财产的权利上，只有家长才握有对家庭一切财产的绝对支配权，晚辈的子弟没有法律意义上的财产权利以及独立行使借贷的资格。即家长在时，法律不允许子孙私自处理家产，并视子孙私自典卖家产之行为为无效行为。

［开元二十五年（737）］诸家长在（“在”谓三百里内，非隔关者），而子孙弟侄等不得辄以奴婢、六畜、田宅及余财物私自质举及卖田宅（无质而举者，亦准此）。其有质举、卖者，皆得本司文牒，然后听之。若不相本问，违而与及买者，物即还主，钱没不追。①

以上是开元令，从上文可见，开元令对晚辈子弟的典质、借贷行为仅做了民事的规定，即宣布交易不成立，恢复原来的状况；但元和令却对此做出了重大修改：一是不仅认定交易无效，而且对相关责任人——钱主、保人采取刑事处罚；二是改变原来的交易无效的规定，为保护公廨钱等官营借贷的本利不受损失，令保人对损失的官营借贷本利，当然也包括私营民间借贷的损失均摊赔还。唐元和五年（810）十一月六日敕节文②：

应诸色人中，身是卑幼，不告家长，私举公私钱物等，多有此色子弟，凶恶徒党因之交结，便与作保，举诸司及形要家钱物，同为非道破用。家有尊长，都不知委。及征收本利，举者便东西。保人等即称“举钱主见有家宅、庄业，请便收纳”。喧诉相次，实扰府县。今后如有此色举钱，无尊者同署文契，推问得实，其举钱主在与不在，其保人等并请先决二十；其本利仍令均摊填纳，冀绝奸计。

① ［日］仁井田陞：《唐令拾遗》之《杂令第三十三》，长春出版社1989年版。

② 《宋刑统》卷二六《杂律》。又见《唐会要》卷八八《杂录》。“元和五年十一月敕：应中外官有子弟凶恶，不告家长，私举公私钱。无尊长同署文契者，其举钱主并保人，各决二十，仍均摊货纳，应诸色买卖相当后，勒买人面付卖人价钱。如违，牙人重杖二十。京兆尹王播所奏也。”

在宋初沿袭了唐代的规定，《宋刑统》重申了这一原则规定并有进一步地向细化、可操作性演进发展。《宋刑统》卷一三《户婚·典卖指当论竞物业门》云：

> 应典卖物业或指名质举，须是家主尊长对钱主或钱主亲信人，当面署押契帖。或妇女难于面对者，须隔帘幕亲闻商量，方成交易。如家主尊长在外，不计远近，并须依此。若隔在化外，及阻隔兵戈，即须州县相度事理，给予凭由，方许商量交易。如是卑幼骨肉蒙昧尊长，专擅典卖、质举、倚当，或伪署尊长姓名，其卑幼及牙保引致人等，并当重断，钱、业各还两主。其钱已经卑幼破用，无可征偿者，不在更于家主尊长处征理之限。应田宅、物业虽骨肉不合有分，辄将典卖者，准盗论，从律处分。①

从上述引文可以看出宋代借贷主体资格规定的发展有以下几点：(1) 重申了家主、尊长的家庭借贷主体资格以及卑幼的限制性资格，签订借贷契约时家长必须在场；强调妇女家长的家长身份（唐代不少留存的契约中女性尊长并不是家长，仅仅作为附署人身份出现）；法令强调即使家长在外，也要到场出席契约签字仪式；如果家长在化外或兵戈阻隔，官府要出具证明方可商议交易事宜。(2) 对于在欺瞒家长的情况下做出的借贷交易，交易无效，“钱、业各还两主”。即使其借贷的金钱已经卑幼破用，对卑幼也

---

① 《宋刑统》卷一三《户婚》。又见于《天圣令》有相同内容：“诸家长在，子孙弟侄等，不得辄以奴婢、六畜、田宅及余财物私自质举及卖田宅。无质而举者，亦准此。其有家长远令卑幼质举卖者，皆检于官司，得实然后听之。若不相本问，违而辄与及买者，物追还主。”

要予以断罪，则又是唐律所无。

元代承继了宋代对卑幼借贷资格限制的原则，但具体内容有所变化和进步。《至元杂令》之卑幼交易条：

> 诸有尊长，卑幼不得典卖田宅、人口。其尊长出外，若遇阙乏，须合典卖，疾病、官事之类于所属陈告，验实给据，即听交易。违者，田宅人口各还主，债并不追。若卑幼背尊长、奴婢背主及宫户监，不得作债，知而与者，债并不追。财主不知，保人代偿，无保者亦不追。若从征代及在他应当差役，实有关用，听所属官司告结文凭。①

一是对卑幼的借贷资格限制继续保留，同时，对某些亟须借贷的情况（如疾病、官事）做了较宋代进步的修正补充。宋代即使家长外出卑幼也不能行使借贷典卖权，只有家长在化外或兵戈阻隔才能由官府给予证明实行。而在元代，如家长外出，卑幼遇到疾病、官事等紧急情况，提出申请，官府给予验证后即可交易。二是元代增加奴婢、宫户监等借贷权利的限制。三是如果借贷者借贷典卖以应付国家兵役、差役，卑幼就可以行使借贷权。总之，卑幼交易向着更为灵活性的方向发展，要尽量保证家庭经济生活的顺利进行或国家赋役制度的顺利实施，又不违背所谓伦理纲常。

---

① 黄时鉴：《元代法律资料辑存》之《至元杂令》，浙江古籍出版社 1988 年版。另见《元典章》之《户部》卷一三《卑幼不得私借债》。中统四年（1263）六月十三日圣旨："尊长在日，卑幼不得私借钱债及典卖田宅人口，财主亦不得与富家通同借与钱债，如违，其借钱人，并借与钱人、牙保人一例断罪，及将元借钱物追没入官，仍仰中书省遍行随路禁断施行。"延祐四年（1317）正月圣旨："俺如今与省家文书，交多出文榜，严行禁治，依在前体例，将那借了的分卖了物的，钱都交没，官将正犯人并般弄着取钱的、借与钱的人和保见写文书的人，及卖物的人每，根底都重要罪过，教监察每廉访司常加体察呵，怎生奏呵那般者，哏道的是有好生禁治者幺道。"

罗马法认定家子接受金钱的消费借贷契约是无效合同，不具法律效力。因此，出借者无权要求返还出借金钱。乌尔比安《论告示》第29编云："关于处理马彻多尼安案件的元老院决议如下：马彻多尼安放荡不羁的天性也表现在他处理借贷的独特方式上——在没有任何偿还保证的情况下进行金钱的消费借贷。这就为不良行为提供了可乘之机。因此，我们规定：以消费借贷的名义借钱给家子的人，即使在家子所处父权下的家父去世后，亦不赋予出借人诉权以请求返还借出的金钱。所以，放高利贷者应当懂得，即使是在家父死后亦无权请求家子返还所借的金钱。"这很类似于中国唐宋令的有关规定，尽管唐宋时还包含了出卖或典卖。

需要补充的是，明代没有规范卑幼借贷主体资格的专门法条，而唐宋元专门规定了限制卑幼借贷的条款。对此要从两方面来看，一方面要看到，对卑幼的借贷主体资格的限制，实际是对没有民事行为能力的或限制民事行为能力的公民的保护，有利于保护私有财产，稳定社会生产和社会秩序；另一方面，限制卑幼的借贷资格，维护家长的所谓尊严，是法律维护封建伦理在经济领域的体现，个人的人格没有得到充分的尊重，不利于个人创造性的发挥。

2. 对某些特殊人群的限制性放贷从实际上限制了这一人群的借贷主体资格。例如，南宋禁止对士兵放贷。《庆元条法事类》卷八十《杂门·出举债负·杂敕》规定："诸放债与兵级者，徒二年；与将校及剩员、若刺面人并出军家口，杖一百。以上取者，各减三等。放债与急脚马递铺、兵级曹司及其家人者仍许人告。出军家口，不坐。放债财物不追。"① 法律对各类军人放债行为的处罚目的在于减轻高利贷对兵士的利息剥削，稳定兵士的生活；

① 《庆元条法事类》卷八〇《杂门·出举债负·杂敕》。

同时也限制了兵士作为借贷的主体资格，减少了借贷的机会，在国家对士兵的财政供给不足的情况下，生活困难的士兵找不到缓解的办法。

元代成宗时期禁止百姓、军官向军户放贷，同时禁止军户借取高利贷。《至大改元诏》规定："应管军官举放本管军人钱物，诏书到日尽行倚免，典卖亲属悉听完聚，价不追还。"① 《大元通制条格》载"大德二年（1298）三月，枢密院照得：先为和林等处军人取借诸人钱债，有财主前去随路奥鲁家属处取索，准折财产，骚扰军户，已经札付管军官员厘勒头目，及出榜禁约，军人并诸人不得私下取借，财主亦不得出放债负。如有违犯，取放钱人一体究治。本管头目有失觉察者，亦行取招断罪。若有债主人等径直私下取索钱债，勿得归还。遍行各处去讫。今广平等路状申，和林当军人郑荣等状告，忽都鲁、杨宣差等前监守，勒要和林当役军人借讫钱债，非理骚扰。枢府除已另行取问外，若有似此前来取索钱债之人，开坐姓名申院，非枢密府明文，无得归还"②。但到元顺帝至正时期，军官放贷已经普遍了，政府不得不出台法律来规制军官放贷行为，详情见后文利率的规定。

第二节　唐宋元时期关于借贷利息与利率的规定

一、唐代法律规定的标准利率和利息总量的限制

唐代法律规定的标准利率分为两种，一为官本利率，另为私

① 《元典章》之《户部》卷一三《钱债》。

② 方龄贵：《〈通制条格〉校注》卷二八《杂令》，中华书局2001年版。

本利率，并一本一利，禁止复利，一本利息总量不得超过本金。

从现存资料大致可理出唐代的情况，武则天长安元年（701）十一月十三日敕，“负债出举，不得回利作本，并法外生利。仍令州县，严加禁断”①。可见，在武则天之前，国家就有最高利率和禁止复利的规定，此敕不过再次重申禁令。

《唐会要·杂录》载，唐玄宗开元十六年（728）二月十六日诏：“比来公私举放，取利颇深，有损贫下，事须厘革。自今已后，天下负举，只宜四分收利，官本五分取利。”②《宋刑统》载，开元二十五年（737）“诸公私以财物出举者，任依私契，官不为理。每月取利，不得过六分。积日虽多，不得过一倍……又不得回利为本（其放财物为粟麦者，亦不得回利为本及过一倍）。若违法积利、契外掣夺及非出息之债者，官为理”③。

玄宗时期的情况大致为：

1. 规定标准利率为私营借贷是年息四分出息（40%），官本借贷是年息五分出息（50%）；开元二十五年（737）规定短期借贷的利率为月息六分即月息6%，折合年息为72%，明显高于以年为期的借贷利率，这也符合古代短期借贷利率高于相对长期的借贷利率，此规定大概考虑了长短期放贷收益不同的因素。

2. 在私营借贷中禁止复利、利息总量不能超过本金的一倍。即所谓的“回利为本”“回利充本”，利息不能返折为本金，重新生利，即禁止复利；借贷无论以财物偿还或以粟麦偿还，虽过时限，利息累计不得超过本金，即不能过一倍。

但对于官营借贷，官府则采取了不同的政策，允许复利存在，

---

① 《唐会要》卷八八《杂录》。

② 《唐会要》卷八八《杂录》。

③ 《宋刑统》卷二六《公私债务·官吏放债》。

“若官物及公廨，本利停讫，每计过五十日不送尽者，余本生利如初，不得更过一倍”①。意思是，官营借贷如果利息总量等同于本金，则为本利停讫，如果在这一核算周期内五十天不能将本利全部送达，所欠的本利重新作为本金核算，二次核算的利息总量不能超过二次欠负的总数。编纂于唐玄宗开元二十七年（739）的《唐六典》载，“凡质举之利，收子不得逾五分，出息，债过其倍，若回利充本，官不理”②。此规定是说明官营借贷的公廨本钱的。有学者以为此条记载有衍文和错简，此条史料置于《唐六典》比部郎中员外郎条注公廨本钱之下，并非针对私营借贷而言，唐代对以公廨本钱为代表的官营借贷采取了与私营借贷不同的政策，官营借贷“凡质举之利，收子不得逾五分，出息，债过其倍”，不是指利息总量不过50％，而是指年利率不超过50％，债本超过所出利息的一倍，即利息不得超过债本的一倍。“若回利充本，官不理。”意思是，如果公廨本钱回利为本，官府不予干涉。③

3.“出举”在古代基本是指有息借贷，唐宋时期国家对于民间有息借贷契约采取了放任的态度，民间借贷可自由订立契约，自由规定借贷的数量和利息及履行等内容，官府并不过问，国家既不参与、干预其订立过程，也不参与或干预其正常履行。开元二十五年（737）之《开元令》载：“诸出举，两情和同。”④《宋

---

① 《宋刑统》卷二六《公私债务·官吏放债》。

② ［唐］李林甫：《唐六典》卷六《“比部郎中员外郎”条》，中华书局1992年版。

③ 这里肯定有衍文和错简。“质举”，可能是“举质”二字互倒（也可能是“出举”误为“质举”），因为唐代后来的《户部格敕》确实有“举质”的用法：“天下私举质，宜四分收利，官本五分生利。”当然，这里的利息率较前有所降低了，这是一个发展。另外，“出息，债过其倍”及“回利充本”，利息超过本金及以利充本再生利，正是“官为理”的对象。可能《六典》此处的“官不理”应是“官为理”，“为”字误为“不”。唐代《杂令》正是此意。

④ 《唐令拾遗》之《杂令第三十三》。

刑统·杂律》规定："诸公私以财物出举者，任依私契，官不为理。"① 唐代《杂令》关于粟麦等粮食作物的出举有与此类似的规定："诸以粟麦出举，还为粟麦者，任依私契，官不为理。"② 但"官不为理"是有前提条件的，一是最高利息率的限制，二是利息的总量控制，即利息总量不得超过本金。一旦借贷行为突破前提条件，"私契取利过正条者，任人纠告，利物并入纠人"。

在唐玄宗之后关于民间借贷利率和利息总量的法律规定经历了何种变化，由于文献的缺失我们不得而知了，到了唐敬宗时期，宝历元年（825）正月七日敕节文中反映出一些变化，"应京城内有私债，经十年已上，曾出利过本两倍，本部主及元保人死亡，并无家产者，宜令台府勿为征理"③。京城范围内的私债经过十年，出利息二倍于本金，并且借贷者及保人死亡，并无家产抵当的正式放免。可见，此时利息总量不超过本金的一倍的规定已经发生了变化。

二、宋代对利率、复利和利息总量的规定

北宋前期继承了唐代的相关规定。如，唐与北宋关于粮食借贷的规定相同，《开元令》载，"诸以粟麦出举，还为粟麦者，任依私契，官不为理，仍以一年为断，不得因旧本更令生利，又不得回利为本"。《宋刑统·杂律》与之相同。粮食借贷有只还本色的规定，"一本一利、禁止回利为本"与其他借贷同。

南宋的法定利率有所发展变化，《庆元条法事类·关市令》："诸以财物出举者，每月取利不得过肆厘，积日虽多，不得过壹倍。即元借米谷者，止还本色，每岁取利不得过伍分（谓每斗不

① 《宋刑统》卷二六《公私债务·官吏放债》。
② 《唐令拾遗》之《杂令第三十三》。
③ 《唐会要》卷八八《杂录》。

得过伍升之类），仍不得准折价钱。”① 法定标准利率有所下降，普通短期借贷月息四厘（即 4%），折合年利率为 48%，粮食借贷以年为偿还周期，年利率为 50%，禁止准折价钱，以防止因粮食价格的波动而损害借贷者的利益。利息总量控制在一本一利，一利不得超过原本金的一倍，称为“倍称之息”。

但是，如果是“因本营运”的借贷（类似资金和劳力的合伙）不受一本一利、利息总量不能超过本金的约束。“淳熙十四年（1187）申明敕：若甲家出钱一百贯，雇倩乙开张质库营运，所收息钱虽过于本，其雇倩人系因本营运，所得利息，既系外来诸色人将衣物、金银、匹帛抵当之类，其本尚在，比之借贷取利过本者，事体不同，即不当与私债一例定断。”②

三、元代对利率、复利和利息总量的规定

元代法定标准利率进一步下降，其他与唐宋相同。普通短期借贷月息三分（即 3%），折合年利率为 36%；《至元杂令》：“诸以财物出举者，每月取利不得过三分，积日虽多，不得过一倍，亦不得回利为本及立倍契。”③《大元通制》规定：“诸借取钱债，每钞一两，月息三分，年月虽多，不过一本一利。若有已还之数，

① 《庆元条法事类》卷八〇《出举债负·敕·杂敕》。

② 《庆元条法事类》卷八〇《出举债负·敕·杂敕》，淳熙十四年六月二十七日尚书省批状。

③ 《元代法律资料辑存》之《至元杂令》。又见《元典章》之《户部》卷之十三《钱债》：“至元十九年四月二十七日中书省闻奏：随路权豪势要之家出放钱债，逐急用度添利息，每两至于五分，或一倍之上，若无钱归还呵，除已纳利息外，再行倒换文契，累筭利钱，准折人口头匹事产，实是于民不便。俺与众老的每商量来，今后若取借钱债，每两出利不过三分，这般奏呵奉。”又有《至大改元诏》：“诸人举放钱债，每贯月利三分，止还一本一利，已有禁条，其有倒换文契，多取利息者，严行治罪，监察御史廉访司常切体察。”

准算；如已还讫一本一息者，虽经倒换文契，并不准，使当官追毁。”① 后者比前者规定略详尽些。后者更强调了一本一利的原则，并对重申规避一本一利的倒换文契行为的非法性。对于粮食借贷元代并未有一个法定利率，而是遵从所在地的惯例，同时强调一利一本。“举借谷粟，依乡原例，年月虽多，不过一本一息。”②

元代专门出台法律规范军官放贷行为。《元典章》记载有禁止军官放贷的内容，但是事实上并没有完全禁止，因为同时记载有规范军官放贷条文，主要是规范利率和禁止复利，并与普通百姓、官员放贷接轨。大德十年（1306）五月十八日命相诏：“管军官吏放债照依通例取息，岁月虽多，不过一本一利，如有取利无度，番息作本，以致军户损乏者，追息回主，仍与治罪，民官私债准此。”③ 元代通例是月息三分，如果军官放贷给军人超过规定利率受杖刑三十七。“军官私债照依通例取息。军官多取军人息钱，越例取息……各决三十七下。”④ 法律规定，对于多取的利息应没收入官。大德三年（1299）正月圣旨：“节该借钱取息已有定例，今后军前放债，虚钱实契，不许归还，多余取利者，追征没官，约量治罪。”⑤

---

① 《〈通制条格〉校注》卷二八《杂令》。另《元典章》卷十九《户部五·种佃》：“钱债以例三分取息，毋得多余勒要，如有以利作本之数，许诸人陈告到官，严行追断。”

② 《元典章》之《户部》卷一三《钱债》。

③ 《元典章》之《户部》卷一三《钱债》。

④ 《元代法律资料辑存》之《大元通制(节文)》。

⑤ 《元典章》之《户部》卷一三《钱债》。

第三节　唐宋元时期关于借贷之债清偿的规定

关于借贷之债清偿的规定主要包括两个方面：（1）关于借贷之债违契不偿惩罚的规定。（2）借贷之债偿还中关于“牵掣财物”的规定。

一、唐宋对借贷违约不偿的处罚

唐政府重视非出息借贷的偿还，突出保护债权人的合法权益，维护“非出息之债”（包括使用借贷及无利息的消费借贷）的正常开展，意在弘扬社会普遍认同的急人之困的美德。

《唐律》卷二六《杂律》规定：“诸负债违契不偿，一匹以上，违二十日笞二十，二十日加一等，罪止杖六十；三十匹加二等，百匹又加三等。各令备偿。”疏议曰：“‘负债者’，谓非出举之物，依令合理者，或欠负公私财物，乃违约乖期不偿者，一匹以上，违二十日笞二十，二十日加一等，罪止杖六十。‘三十匹加二等’，谓负三十匹物，违二十日，笞四十；百日不偿，合杖八十。‘百匹又加三等’，谓负百匹之物，违契满二十日，杖七十；百日不偿，合徒一年。各令备偿。若更延日及经恩不偿者，皆依判断及恩后之日，科罪如初。”①

可见，唐宋时期对无息借贷之债不能按期限偿的还进行刑事处罚，其量刑标准如下表：

---

① 钱大群：《〈唐律疏义〉新注》卷二六《杂律上·负债违契不偿》，南京师范大学出版社2007年版。

表4　非出举之物违约乖期不偿处罚表

	一匹以下	一匹以上	三十匹以下	百匹及以上
二十日	不予处罚	笞二十	笞四十	杖七十
四十日		笞三十	笞五十	杖八十
六十日		笞四十	杖六十	杖九十
八十日		笞五十	杖七十	杖一百
百日		杖六十	杖八十	徒一年

同时，刑事处罚附带民事赔偿，“各令备偿”，都必须赔偿，即使受到了刑事处罚也要偿还。如果在官府宣判之后仍延期不偿，或者经过宽大处理后仍不偿还者，按违契不偿条二次科罪，足见惩罚之重。①

上文所述的《唐律疏议》《宋刑统》所记载的“违契不偿”针对的是“非出息之债”（使用借贷及无利息的消费借贷而言）。至于“出举”之有息借贷并未见相应律文的规定，但是到了南宋，规定发生了变化。《庆元条法事类·关市令》有：

> 诸负债违契不偿，官为理索。欠者逃亡，保人代偿，各不得留禁。即欠在伍年外，或违法取利及高抬卖价，若元借谷米而令准折价钱者，各不得受理。其收质者，过限不赎，

① 《唐律疏议》借贷之债的规定影响非常之大，宋代初期的《宋刑统》基本沿用此规定。律令时代的日本也基本保持了原貌。《养老杂律》规定：“负债违契不偿，一端以上违二十日，笞二十；二十日加一等，罪止杖六十；三十端加二等；百端又加三等，各令备偿。”“负百端之物，违契满二十日，杖七十；百日不偿，合徒一年，各可备偿也。”《养老杂令》还规定：“凡公私以财物出举者，任依私契，官不为理，每六十日取利……家资尽者，役身折酬……如负债、逃避，保人代偿。”

听从私约。①

1. 南宋时期，“债负”泛指一切债务。“有利债负”才指有息借贷。《关市令》规定的“诸负债”为一切债负，既包括无息借贷、使用借贷，也包含有息借贷。对无息借贷的“官为理”目的在于从道德层面维护出借人的利益，而有息借贷一般是保护借贷者的利益，因为借贷者借贷的原因往往是贫困。随着封建经济的发展，生产性、经营性借贷增加，官为理索的范围也扩展到有息借贷，这不能不说是历史的进步。

2. 《关市令》还规定了违契不偿四种官府不予受理的情形：违期时间在五年以上，过了诉讼时效；出举者违反利息和利率的相关规定，违法取利——一本多利、取利过倍、回利为本；商业信用中赊卖物品高抬卖价；原借谷米而令借贷者偿还金钱，官府都不予受理。

二、对借贷之债偿还中关于“牵掣财物”的规定

对于欠负债务，逾期不还，民间契券中常有这样的语言：“若前却不偿，听抛家财，平为钱直。”这就涉及律文中规定的“牵掣财物”。违契不偿，用掣夺家资的办法来抵债，官府并不反对，但民间掣夺家资抵债的行为不是可以随意进行的。《唐律》规定：

> 诸负债不告官司，而强牵财物过本契者，坐赃论。[疏]议曰：谓公私债负，违契不偿，应牵掣者，皆告官司听断。若不告官司而强牵掣财物，若奴婢、畜产，过本契者，坐赃论。若监临官共所部交关，强牵过本契者，计过剩之物，准

① 《庆元条法事类》卷八〇《出举债负·令·关市令》。

“于所部强市有剩利”之法。①

从程序上，牵掣财物抵偿欠负的行动必须报告官府，经官府判断以后才可进行，否则属于违法。从数量上，牵掣的财物超过了契约中的应还财物数量，就要对掣夺者以“坐赃罪”论处。所谓“坐赃”指官吏或一般百姓不是由于收受贿赂或盗窃等原因，而是因为其他缘由为公或为私收取不应该收取的财物，是六赃罪中最轻的一种。放贷人因为借贷者违契不偿，没有经过官府的备案，牵掣借贷者的财物，如奴婢、牲畜之类，超过契约的约定，超出部分按照坐赃罪论处。

《唐律》“坐赃致罪”条规定，“诸坐赃致罪者，一尺笞二十，一匹加一等；十匹徒一年，十匹加一等，罪止徒三年。谓非监临主司，而因事受财者”②。强牵物货超出了契约约定的数量，牵掣者应受到刑事处罚。强牵物货超出了契约约定的数量一尺以上一匹以下受笞刑二十，超过一匹加一等（即一匹至二匹受笞刑三十；二匹至三匹四十；三匹至四匹受笞刑五十；四匹至五匹杖刑六十；五匹至六匹七十；六匹至七匹八十；七匹至八匹九十；九匹至十匹一百），十匹至二十匹受徒刑一年，十匹以上每十匹加一等（即二十匹至三十匹徒一年半，三十匹至四十匹二年，四十匹至五十匹二年半），五十匹以上三年，三年封顶，因为徒刑最高为三年。

---

① 《唐律疏义》卷二六《杂律上·负债违契不偿》。

② 《唐律疏义》卷二六《杂律上·坐赃致罪》。

表 5　《唐律》之私债强牵物货过本利处罚表

数量	坐赃罪的处罚	私债强牵物货过本利的处罚
一尺以上一匹以下	笞二十	笞二十
一匹至二匹	笞三十	笞三十
二匹至三匹	笞四十	笞四十
三匹至四匹	笞五十	笞五十
四匹至五匹	杖六十	杖六十
五匹至六匹	杖七十	杖七十
六匹至七匹	杖八十	杖八十
七匹至八匹	杖九十	杖九十
九匹至十匹	杖一百	杖一百
十匹至二十匹	徒一年	徒一年
二十匹至三十匹	徒一年半	徒一年半
三十匹至四十匹	徒二年	徒二年
四十匹至五十匹	徒二年半	徒二年半
五十匹以上	徒三年	徒三年

如果监临官与管辖区内人员勾结串通，强牵借贷者财物过本契者，按照超出部分的价值，准“于所部强市有剩利”之法来处罚。《唐律》规定：“若卖买有剩利者，计利，以乞取监临财物论。强市者，笞五十；有剩利者，计利，准枉法论。”① 可知，“于所部强市有剩利”又按照枉法论处。《唐律》规定：“诸监临主司受财而枉法者，一尺杖一百，一匹加一等，十五匹绞。”② 由此可以推论，如果超过契约约定牵掣借贷者财物超一尺以上至一匹应受

① 《唐律疏义》卷一一《职制下·贷所监临财物》。

② 《唐律疏义》卷一一《职制下·监主受财枉法》。

杖刑一百，每增加一匹加重处罚一等（即一匹至二匹受徒一年；二匹至三匹徒一年半；三匹至四匹徒二年；四匹至五匹徒二年半；五匹至六匹徒三年；六匹至七匹流二千；七匹至八匹流二千五百里；九匹至十匹流三千），十五匹可判绞刑。后官吏枉法增至二十匹判绞刑。“官吏准律应枉法赃十五匹合绞者，自今已后，特宜加至二十匹，仍即编诸律，著为不刊。”① 可知，官员放贷，如果借贷者违契未偿而强取借贷者财物抵偿，过本契约定的处罚会很重，最高可判处绞刑。

表 6　官员部内放贷强牵财务处罚表

数量	贪赃枉法的处罚	所部强市有剩利	部内放债强牵财物过本契
一尺	杖一百	杖一百	杖一百
一匹至二匹	徒一年	徒一年	徒一年
二匹至三匹	徒一年半	徒一年半	徒一年半
三匹至四匹	徒二年	徒二年	徒二年
四匹至五匹	徒二年半	徒二年半	徒二年半
五匹至六匹	徒三年	徒三年	徒三年
六匹至七匹	流二千	流二千	流二千
七匹至八匹	流二千五百里	流二千五百里	流二千五百里
九匹至十匹	流三千	流三千	流三千
十四至十五匹	流三千、加役	流三千、加役	流三千、加役
十五匹及以上	绞	绞	绞

① 《唐会要》卷四〇《君上慎恤》。

《宋刑统》多沿袭《唐律》，一般来讲，宋初的情形和唐代的规定相类似。但是到了南宋，强行收取借贷者的财物来抵偿债务的做法已经完全禁止了。《庆元条法事类》规定："以威势殴缚取索加故杀罪三等。"① 惩罚不可谓不严。但是对于借贷者违反契约不能偿还债务的惩罚相对唐代已经减轻了不少，"诸负债违契不偿，罪止杖一百"②。债权人向债务人贷放钱物，不得要求债务人以田宅等不动产或耕牛等农家重要生产条件作价偿还，"诸以有利债负折当耕牛者，杖一百，牛还主"③。

三、对于作为抵偿准备的质物的处理规定

对于收取了质押的借贷，债务人对债务以当物为限来偿付债务，债权人不得强牵债务人的其他财产。当物应为契内可执夺的财物，"契外执夺"即为在当物以外强牵物货。但是质物的出卖也是有一定之规的。《开元令》规定："收质者，非对物主不得辄卖；若计利过本不赎，听告市司对卖，有剩还之。"④《天圣令》规定："收质者，若计利过本不赎，听从私纳"⑤。对满期的当物可以出卖，但必须有当物的所有人在场，对于计利过本而不赎的当物，可通知官府有司对当物原主在场情况下出卖，超出本金的部分归原主人所有，此点唐宋相同。

《庆元条法事类》记载，"欠在五年外，或违法取利及交抬卖价，若元借谷米而准折价钱，各不得受理，其收质者过限不赎，

---

① 《庆元条法事类》卷八〇《出举债负·敕·杂敕》。

② 《庆元条法事类》卷八〇《出举债负·敕·杂敕》。

③ 《庆元条法事类》卷八〇《出举债负·敕·杂敕》。

④ 《唐令拾遗》之《杂令第三十三》。又见于《宋刑统》卷二六《杂律·受寄财物辄费用》。二者内容基本相同。

⑤ 转引自戴建国先生《唐〈开元二十五年令·杂令〉研究》中所引《天圣令》。

听从私约”①。可见动产抵押的回赎期限为五年，五年之外过期不赎，债权人取得对当物的约定的处理权。元代亦有类似对质物的规定，“诸以财物典质者，并给帖子……经三周年不赎，要出卖，许。或亡失者，收赎日于元典物钱上别偿两倍，虽有利息，不在准折之限”②。元代的当物回赎期缩短到三年，后又再次缩短，“元贞二年（1296）二月，中书省议得，今后诸人解典二周岁不赎许令下架”③。“据应典诸物，拟合照依金银一体二年下架，实为民便”④。如果在回赎期内，债权人丢失当物应按照典价的两倍来赔偿，虽然是有息借贷不算作准折价钱。⑤

唐代由于货币制度发生变化，作为质押或抵押的财物的取赎办法有了新规。肃宗乾元元年（758），经费不给，铸钱使第五琦铸“乾元重宝”钱，与开元通宝参用，以一当十，亦号“乾元十当钱”。第五琦为相，复命绛州诸炉铸“乾元重宝”，与开元通宝钱并行，以一当五十。由于一当十、五十，引起了价格混乱，钱出现了虚实之名。为交易流通顺畅，肃宗颁布《典贴虚实诏》，曰：“应典贴庄宅、店铺、田地、碾等，先为实钱典贴者，令还以实钱价；先以虚钱典贴者，令以虚钱赎。其余交关，并依前用当十钱。”⑥ 但这种钱流通的时间是很短暂的。至宝应元年（762）五月随着当十、当五十的虚制废除此问题就不存在了。南宋时，典当业中的所谓钱会中半之制类似唐代的“典贴虚实”制。宋孝宗乾道四年（1168）五月五日敕规定：“民间举质及还欠钱物，其

① 《庆元条法事类》卷八〇《出举债务·令·关市令》。

② 《元代法律资料辑存》之《至元杂令》。

③ 《元典章》之《户部》卷一三《钱债》。

④ 《元典章》之《户部》卷一三《钱债》。

⑤ 元代亦有有利债负不许准折的法条，只是已经亡佚不见了。

⑥ 《唐会要》卷八九《泉货》。

会子正行使用，不得减退百数。”后来又规定：“州县之赋租，商贾之贸易，已既并用见钱流转行使，独有民户典买田宅，解库收执物色，所在官司则与之参酌人情，使其初交易元是现钱者，以现钱赎；元是官会者，以官会赎；元是钱会中半者，以中半赎。自畿以至于远方，莫不守之以为成说。”①

四、关于“折役偿酬”“以人质债”的规定

唐代法律允许在家资不能完全抵偿债务时“折役偿酬”，《开元令》规定：“家资尽者，役身折酬，役通取户内男口。”② 以债务人及其子女（尤指男性）出卖劳役来偿还债务。酬劳之计算方式系按《杂律》规定“仍计庸以当债直，谓计一日三尺之庸，累折酬其债直”③。但不改变其原有良人身份。否则一旦非法堕入奴婢贱籍，不仅颠覆了社会秩序，更使国家赋役因公民流失而减损，必刑罚加身以示惩戒。但如果放贷者不知情，“不坐，亦不计庸以折债直”④，不会受到法律的惩处，也不以质当者的庸工来酬还欠款。

唐代允许以奴婢为质借贷或典卖，奴婢被看作是财产，可作为抵押去借贷金钱或财物，如到期不赎，奴婢的所有权将发生转移。但禁止以良人质债，“诸妄以良人为奴婢，用质债者，各减自相卖罪三等；知情而取者，又减一等”，“［疏］议曰：虚妄用良人为奴婢，将质债者，‘各减自相卖罪三等’，谓以凡人质债，从流上减三等；若以亲戚年幼妄质债者，各依本条，减卖罪三等。‘知情而取’，谓知是良人而取为奴婢，受质债者，‘又减一等’，谓又

① 中国社科院历史研究所点校：《名公书判清明集》卷九《户婚门·取赎·典买田业合照当来交易或见钱或钱会中半收赎》，中华书局1987年版。

② 《唐令拾遗》之《杂令第三十三》。

③ 《唐律疏议》卷二六《杂律》。

④ 《唐律疏议》卷二六《杂律》。

减质良人罪一等”。①

由此可知，唐代对用良人质债要进行刑事处罚。

1. 唐代出卖良人为奴婢等贱口的要受到法律的严惩，《唐律疏议》卷二十《略人略卖人》条规定：“诸略人、略卖人为奴婢者，绞；为部曲者，流三千里；为妻妾子孙者，徒三年。”此为“略卖罪”。“若和同相卖为奴婢者，皆流二千里，卖未售者减一等。”疏议曰：“和同相卖，谓元谋两和相卖为奴婢者，卖人及被卖人罪无首从皆流二千里。”② 此为“自相卖罪”。如果良人自己知道他人卖己为奴婢而与卖人者共谋的，被卖者也要流放两千里。因此，通过比附，以良人为奴婢质债，在流两千里的基础上减三等处罚，即徒二年。知道是以良人为奴婢质债而取质借贷者再减一等，即徒一年半。

2. “若以亲戚年幼妄质债者，各依本条，减卖罪三等。”其“本条”是指《唐律疏议》中《略卖期亲卑幼》。原文为：

> 诸略卖期亲以下卑幼为奴婢者，并同斗殴杀法（无服之卑幼亦同）；即和卖者，各减一等；其卖余亲者各从凡人和略法。
>
> 疏议曰：“期亲以下卑幼者，谓弟妹、子孙，及兄弟之子孙、外孙、子孙之妇，及从父弟妹；并谓本条杀不至死者，假如斗杀弟妹，徒三年；杀子孙，徒一年半。若略卖弟妹为奴婢，同斗杀法徒三年，卖子孙为奴婢徒一年半之类，故云各同斗殴杀法。如本条杀合至死者，自入余亲例。无服之卑幼者，谓己妾无子及子孙之妾，亦同‘卖期亲以下卑幼’，从

① 《唐律疏议》卷二六《杂律》。

② 《唐律疏议》卷二〇《略人略卖人》。

本杀科之，故云‘亦同’，假如杀妾徒三年，若略卖亦徒三年之类。即和卖者各减一等，谓减上文略卖之罪一等，和卖弟妹徒二年半，和卖子孙徒一年之类。其卖余亲，各从凡人和略法者，但是五服之内，本条杀罪名至死者，并名余亲，故云从凡人和略法。”①

也就是说，略卖弟妹为奴婢徒三年，和卖弟妹徒二年半；略卖子孙为奴婢徒一年半，和卖子孙徒一年；略卖无服之卑幼徒三年，和卖无服之卑幼徒二年。根据律文所提的比较关系可以推知，以亲戚年幼妄质债者在此基础上减三等。

表7 《唐律疏议》之以亲戚卑幼质债者处罚表

服制类别	亲属类别	处罚办法		
		殴杀不致死	略卖	质债
期亲以下卑幼	弟妹	徒三年	徒三年	徒一年半
	子孙	徒一年半	徒一年半	杖九十
	兄弟之子孙	徒三年	徒三年	徒一年半
	外孙	徒三年	徒三年	徒一年半
	子孙之妇	流二千里	流二千里	徒二年
	从父弟妹	流三千里	流三千里	徒三年
无服卑幼	己妾无子	徒三年	徒三年	徒一年半
	子孙之妾	流二千里	流二千里	徒二年

① 《唐律疏议》卷二〇《贼盗》。上文中“但是”意为“只是”，也就是说余亲只是指余亲殴杀五服以内亲至死者，遵从“凡人和、略法”，即《略人略卖人》，凡人是普通人、非亲属之意。殴杀五服以内亲至死比附此法（这是一种相互比附之法）。因略人为奴婢，绞。所以，殴杀五服以内亲至死者判绞刑。

北宋沿用唐代律法，但具体到人质问题则比唐代有了很大进步。太宗至道二年（996），“庚寅，诏：江浙福建民负人钱没入男女者还其家，敢匿者有罪”①。到南宋专门出台了相关法条，《庆元条法事类》规定：“诸以债务质当人口（虚立人力、女使雇契同），杖一百，人放还，便钱物不追，情重者奏裁。”② 从条文可见，宋代关于禁止人质的立法较唐代有了明显的进步。1. 宋代没有良人和奴婢的区分，只要是以人口质当即为违法。2. 宋代禁止“计庸以当债直”，虚立人力女使雇契同罪，不为变相以人为质留下余地。3. 宋代没有知情与不知情的区别，这样就消除了借口不知情而行以人为质的可能。隆兴二年（1164）“二月六日，潭州黄祖舜言：湖南人户少欠客人盐钱，辄敢折人男女充奴婢，乞以徒罪论断。刑部言：如人户少欠客人盐钱，其客人辄折其男女充奴婢者，欲比附‘以债负质将人户，杖一百钱，物不追’条法断罪。从之”③。从刑部对黄祖舜的答复可见，宋代禁止将人身抵当债务。

仅从法律规定看，元代比宋代的人身质押借贷向后退了一大步。元代人身抵押借贷与折庸联系在一起，“诸负债贫无以备，同家眷折庸；其射粮军于衣粮内克半准还，家眷不在抑折庸之例。若良人质债折庸身死者，其债并免征理。若元质数口内有身死者，除一分之数”④。

由此可见，1. 元代不仅奴婢等贱口可以质债，而且良人亦可以人身质债，借贷者的家眷负有连带偿债的责任，同样要折庸偿还；2. 元代为保证军队的稳定，对向军人放贷有特殊规定。同样

① 《宋史》卷五《太宗本纪至道二年》。

② 《庆元条法事类》卷八〇《出举债负·敕·杂敕》。

③ ［清］徐松辑：《宋会要辑稿》食货二七之一五，中华书局1987年版。

④ 《元代法律资料辑存》之《至元杂令》。

对借贷的偿还，对于射粮军之类的服杂役军人仍有些不同于普通百姓的优惠规定，如射粮军可以从衣粮中取半数偿还，其家眷不在折庸之列。3. 良人在质债折庸过程中死亡的，免除其所仍欠负的债务；如果数口人质中有人死亡，债务仅可免除一分，这就为债权人折磨债务人预留了开脱的理由。

元代人身典卖称为“典雇身役”，其实质是落后的人身质押借贷。宋代从法律上禁止了人口的典卖。元代“典雇身役法”规定：

> 诸良人典雇身不得过五年。若限内重立文约增加年月者，价钱不追，仍听出离。或依元立年限准克已役月日转典雇者，听。其典身限满无可赎者，折庸出离。或典数口内有身死者，除其死者一分之价即典。奴婢不在折庸之例，内有身死者，收赎日并出元价。其官户及奴婢并不得典雇良人，亦不得典雇监户官户，违者元价不追。

从律文我们可知，1. 元代良人可以典卖（或称质债），法律规定最长典期不能超过五年，如果在原典期内虚订契约，增长典期则不找典价，允许被典卖人自由离去。2. 典买者拥有转典权。典买者在原来的典期中扣除已经行过的典期作为新的期限，将被典卖者转典给新的典买人。3. 如果典期已满，典卖者或其家庭无回赎能力，也可以采取折庸作为典价，当庸钱满足典价后，被典卖者可以恢复自由。4. 如果典买数口人中有死亡者，除其死者的典价偿付给被典者或其监护人。奴婢作为贱民不能折庸而恢复自由，只能作为典买者的奴婢；奴婢在典期内有死亡者，典卖者收赎日可以不用出原典价取赎。5. 下等贱民没有典买权。奴婢等下等贱民不得典雇良人，也不得典雇监户、官户，如果违反此项规定，所出原典价不追。唐代禁止良人被质债的行为，宋代以人口为抵押的质债在法律层面已经宣布为非法，元代的法律规定又回复到唐代以前的落后时代。

但对于国家支柱的军队中的士兵以及军官放贷还是有一些特殊规定，“军官多取军人息钱，越例取息、当留人口，各决三十七下。军官将百姓枷征私债，决二十七下”①。军官放贷给士兵，不能以士兵及其家口作为抵押收质，违反受杖刑三十七；军官放贷给百姓不能暴力取索，违者受杖刑二十七。

元代也对纯粹的信用借贷，而不是典卖或人身抵押借贷的索债行为做了一些限制，“债主不得将少债人私下监收，拖拽人口头匹”②。债主不能不经过官府私自扣留欠债之人，不能私自强索人口、牲口抵债。

五、“保人代偿”的规定

按照正常的借贷契约的履行方式，首先是以“家资”抵当，其次是以“役身”折抵，如果仍不能完纳或负债者逃逸则要保人代偿。《开元令》规定：“如负债者逃，保人代偿。”③《天圣令》与《开元令》同。《元至元杂令》规定：“诸以财物出举者……若欠户全逃，保人自用代偿。”④《庆元条法事类》增加了不能扣留保人的规定。“诸负债违契不偿，官为理索，欠者逃亡，保人代偿，各不得留禁。”⑤卑幼、贱口无借贷资格，如果放贷者明知而借与者，免除债务的追偿权，如果放贷者不知情的由保人代偿债务，无保者亦不得追偿。《至元杂令》规定为：“若卑幼背尊长、奴婢背主及官户监，不得作债，知而与者，债并不追。财主不知，

① 《元代法律资料辑存》之《大元通制（节文）》。
② 《元代法律资料辑存》之《大元通制（节文）》。
③ 《唐令拾遗》之《杂令第三十三》。
④ 《元代法律资料辑存》之《至元杂令》。
⑤ 《庆元条法事类》卷八〇《出举债负·敕·杂敕》。

保人代偿，无保者亦不追。”①

第四节 唐宋元时期关于借贷之债的诉讼时间及其他规定

一、关于借贷之债的诉讼时间的规定

为保证农业生产的顺利进行，不误农时，农忙期间不准受理有关借贷之诉讼。唐《杂令》中规定：“诸诉田宅、婚姻、债负，起十月一日，至三月三十日检校，以外不合。”② 每年十月一日至次年正月三十日接词状，受理田宅、婚姻、债负案件。在三月三十日以前断毕。若不能如期结案，须写明事由。

宋代延续唐代在一定期间内受理民事诉讼的做法，称为“开务”，《宋刑统·户律》特设“婚田入务门”，并引唐《杂令》，并附“参详”：“所有论竞田宅、婚姻、债负（债负谓法许征理者）之类，取十月一日以后，许官司受理，至正月三十日住接词状，三月三十日以前断遣须毕，如未毕，具停滞刑狱事由闻奏。”③

元代借贷诉讼时间的规定同于唐宋。《至元杂令》载：“诸论诉田宅、婚姻、良贱、家财、债负，起自十月一日官司受理，至二月尽断毕，三月一日住接词状。其事关人众不能结绝者，听附

① 《元代法律资料辑存》之《至元杂令》。

② 《唐令拾遗》之《杂令第三十三》。《宋刑统》之《婚田入务》载：“所有论竞田宅、婚姻、债负之类，取十月一日以后，许官司受理，至正月三十日住接词状，三月三十日以前断遣须毕。”《天圣令》诸诉田宅婚姻债负，于法合里（理）者。起十月一日，官司受理至正月三十日住接词状，至三月三十日断毕。停滞者，以状闻。若先有文案及交相侵夺者，随时受理。

③ 《宋刑统》卷一一《户婚律·婚田入务》。

簿入务，候务开日举行。”①

农历每年二月初一开始“入务”，至九月三十日“出务”，正是农忙时节，农历十月到第二年二月初正所谓秋冬凉闲之际，并不妨碍农时。如果在出务期间不能解决，推迟到下次出务期审理。禁讼期规定除了为不妨碍农时的目的外，还有息讼的目的。

同时，为了不耽误必要的诉讼，又规定不开务期间非纯民事案件、事涉刑事问题并不按照此规定办理。唐代有“若先有文案、交相侵夺者，不在此例”，宋代有“如是交相侵夺及诸般词说，但不干田农人户者，所在官司随时受理断遣，不拘上件月日之限”，元代有“若有文案及又相侵夺并于田农人户者，随时受理决断”，文字稍有区别，实质并无不同。

二、其他一些规定

1. 诸如赃物辗转出举利息归谁所有。《唐律疏议》载：“诸以赃入罪，正赃见在者，还官、主；转易得他物，及生产蕃息，皆为见在。”② 《唐律》规定：兴易及出举产生的利润利息与转易、生产蕃息不同。

（1）律文详细解释了生产蕃息与兴生、出举而得利润利息之区别，“生产蕃息者，谓婢产子，马生驹之类”，“孳生谓畜产蕃息，若展转出举而获利者，非则蕃息孳生之类也”，“‘生产蕃息’，本据应产之类而有蕃息。若是兴生、出举而得利润，皆用后人之功，本无财主之力，既非孳生之物，不同蕃息之限，所得利物，合入后人”。③ 唐代已对蕃息做了天然孳生蕃息和法定孳息区别，善意第三人取得法定孳息应归其所有。

---

① 《元代法律资料辑存》之《至元杂令》。

② 《唐律疏义》卷四《以赃入罪》。

③ 《唐律疏义》卷四《以赃入罪》。

（2）比较难以断定的是转易所得他物与兴生、出举而得利润利息的归属。原律文并没有详细解释二者的区别，“转易得他物者，谓本赃是驴，回易得马之类”①。可以这样理解，转易所得之物与转易所得利润利息不可分割，所以转易所得之物作为正赃要归还原来的主人或国家；而出举所得利润利息，如上文所述，包含了后手人的劳动，因而可以不返还该利息利润。潜在的含义是：原物应返还原主或国家；另一层意思是：如果赃物几经买卖转让后，后手知道原物为赃物的，就连利息一并收还原主。

2.《大元圣政国朝典章》规定：借丝还绢不税。“至元八年(1271)，尚书户部来申，李和于本家借讫自行抽搔到丝一百两，却还朱齐驴出举丝一百两、绢一十匹，理同交易，合行依例投税。今赵长留首告，据所获绢匹，官司不合受理，难作匿税科断。今据见申合下仰照验施行。”借丝还绢不应为买卖交易，不应课税，可知元代借贷交易并不纳税。

3. 元代法律典籍中留下一些关于借贷之债契约的标准格式。通过这些合同格式，我们可以窥见元代借贷的制度形态。

生钞批式

某乡某里姓某，今投托得某人保委，情愿立批，就某里某人位揭借得中统钞若干锭，前去经营用度，每月依例纳息三分，约限几月，备本息一并归还，不敢拖欠。如有东西，且保人甘伏代还不词谨约。

年　月　日姓　某　　号　批

保人姓　某　　号

① 《唐律疏义》卷四《以赃入罪》。

生谷批式

某乡某里姓厶，今与某人互相保委，情愿立批，就某里某人宅借得无息苗谷几石，前去耕田食用，约限到冬十月已里，备一色净谷赴仓交纳，不至少欠。如或过期，且保人甘当倍纳，不词谨约。

年　月　日姓某　　号　批

保人姓　某　号

应索债告状式

告状人姓某右某，年几岁，无病，系某里某处籍民。伏为状告某年某月不记日，有某处某人前来，引至某处，某人作保，写立文帖就某家揭借去行息至元折中统钞若干定，每月依例纳息三分，约某年某月纳本息钞定一顿归还，至今过期，累次前去取索，推调不肯归还，若不告理于私委无奈何，有此事因谨状上告某县伏乞　详状施行执结是实伏取　裁旨

年　月　日　告状人　姓　　某　　状

第三章　明代关于借贷之债的法律规定

第一节　《大明律》中关于借贷之债律条的修撰及结构

明代农业、手工业的发展，推动了商品货币关系的进一步发展，为此明政府加强了经济方面的立法。洪武二十二年（1389）明政府对《大明律》做了较大的修改，将《名例律》冠于篇首，按六部职掌分为吏、户、礼、兵、刑、工六律，共三十卷，四百六十条，传统的法律体例结构为之一变。关涉借贷之债的律文置于《户律》中，并专设一卷，名之曰《钱债》，其中《违禁取利》是直接规制借贷的内容，占《钱债》的大半篇幅。这就不同于《唐律》和《宋刑统》《庆元条法事类》只是将有关借贷的内容放于《杂律》中。此种变化反映了明代借贷在社会经济生活中的地位已经增强。

《大明律》正式律文比较简略，属于大纲性质，所以在正式律文之下加入了律注或律解，对各条正文做必要注解，以弥补正文因语言太简略而产生的缺漏，或消除由简约而产生的歧义。在明代，律注可能有多家，官方曾把它认可的各家律注集中起来，附编在律典中，称为《大明律集解附例》。“集解”，是官方统一做出的正式注解，同样具有法律效力。关于借贷之债的正式律文有六条，二百五十三字，条文简略；《大明律》中对《违禁取利》正式律文的纂注有七百四十四字，超出正条的三倍之多，可以消除对正条的误读。

由于朱元璋严禁后代继承者“变乱成法”，洪武三十五年（建文四年，1402）重颁《大明律》后，终明之世未再修订。由于洪武年间创制的《大明律》不可更改，百密不免一疏，而且社会又是不断发展变化的，即使有了法律解释的律文，在具体执行过程中也不免会存在无法可依的情况。明朝中期以后，条例成为一种被广泛运用的法律形式。如有变通之处，制定条例，辅律而行。《问刑条例》大都是刑部或律例馆根据司法实践中出现的漏洞对律条做出补充或解释性规范，报经皇帝批准后颁行。明代对条例曾进行了三次大规模的整理和修订，故有《弘治问刑条例》《嘉靖问刑条例》《万历问刑条例》。万历十三年（1585）将条例附于《大明律》之后，开创了律例合编的新体例。三次修订的《问刑条例》增加了借贷中的禁止性规范。因此，此类条款的调整增多和逐渐细密化，其实是封建统治阶级极力维护自身统治利益的集中反映。其具体变异情况详见下表。

表 1　据《明代律例汇编》卷九户律六钱债所编问刑条例变异表①

	弘治问刑条例（五款）	胡琼集解附例（六款）	嘉靖问刑条例（六款）	万历问刑条例（六款）
一	弘 Ⅲ：77：1 内外放债之家条（弘 89；嘉Ⅲ：77：5）	胡 Ⅲ：77：1 内外放债之家条同弘Ⅲ：77：1；嘉Ⅲ：77：5	嘉 Ⅲ：77：1 “凡势豪举放私债”一款，同弘 Ⅲ：77：2；万Ⅲ：77：1	万Ⅲ：77：1“凡势豪举放私债”一款，同弘Ⅲ：77：2；嘉：77：1。按：顺治例与万历例同，惟改“口外”为“边外”
二	弘 Ⅲ：77：2 凡势豪举放私债条（弘 90；嘉Ⅲ：77：1；万Ⅲ：77：1）	胡 Ⅲ：77：2 凡势豪举放私债条同弘Ⅲ：77：2；嘉Ⅲ：77：1；万Ⅲ：77：1	嘉 Ⅲ：77：2 “听选官吏”一款，同弘Ⅲ：77：4	万Ⅲ：77：2 一、听选官吏监生人等借债，与债主及保人同赴任所取偿，至五十两以上者，借者革职。债主及保人，各枷号一个月发落。债追入官。按：笺释云：“旧例（弘 Ⅲ：77：4；嘉Ⅲ：77：2）口外充军似太重。又万历五年有举放私债并保放人枷号事例，今增改。”顺治例与万历例同

① 黄彰健：《明代律例汇编》，台北“中研院”历史语言研究所，1979 年。明孝宗弘治五年（1492）因前朝条例纷繁，法司问刑多有轻重失宜，刑部尚书彭韶等应鸿胪寺少卿李请，删定《问刑条例》。弘治十三年，议上《问刑条例》297 条，作为“常法”颁布天下，与律并行。明武宗正德（1506—1521）年间，又新增《问刑条例》44 条。明世宗嘉靖二十八年（1549）重修《问刑条例》为 249 条，三十四年又增 89 条。明神宗万历十三年（1585），刑部尚书舒化又重修《问刑条例》，计有 382 条。之后，又加续修，为 385 条，其原文现存于《万历重修大明会典》中。

续表 1

	弘治问刑条例（五款）	胡琼集解附例（六款）	嘉靖问刑条例（六款）	万历问刑条例（六款）
三	弘Ⅲ：77：3 举放钱债条（弘 92）。按：此款当系弘治十二年（1499）十一月所定。参看胡Ⅵ：21：5	胡Ⅲ：77：3 “典当田地器物”一款，同弘Ⅲ：21：1；又见胡Ⅲ：21：2，重出	嘉Ⅲ：77：3 一、凡举放钱债，买嘱各卫委官，擅将欠债军官军人俸粮银物领去者，问拟诓诈，委官，问拟受财听嘱罪名	万Ⅲ：77：3 一、凡举放钱债，买嘱各卫委官，擅将欠债军官军人俸粮银物领去者，问拟诈欺。委官，问拟受财听嘱罪名。按：笺释云，“旧例（嘉Ⅲ：77：3）云：‘问拟诓诈’，今改。”顺治例与万历例同
四	弘Ⅲ：77：4 听选官吏监生人等条（弘 93；嘉Ⅲ：77：2）	胡Ⅲ：77：4 “凡负欠私债”一款，同弘Ⅵ：79：5；嘉Ⅲ：77：6；万Ⅲ：77：6	嘉Ⅲ：77：4 “两京兵部”一款，同弘Ⅲ：77：5	万Ⅲ：77：4 一、两京兵部，并在外巡抚巡按按察司官，点视各卫所印信。如有军职将印当钱使用者，参问，带俸差操。执当之人问罪，枷号一个月。债追入官。按：笺释云：“旧例（弘Ⅲ：77：5；嘉Ⅲ：77：4）不及执当人。末三句系近该刑部会议题准，今增。”顺治例与万历例同，惟改“两京”为“在京”

续表 2

	弘治问刑条例（五款）	胡琼集解附例（六款）	嘉靖问刑条例（六款）	万历问刑条例（六款）
五	弘Ⅲ：77：5 两京兵部条（弘 94；嘉Ⅲ：77：4）	胡Ⅲ：77：5 “举放钱债条”同弘Ⅲ：77：3	嘉Ⅲ：77：5 “内外放债之家”一款，同弘Ⅲ：77：1	万Ⅲ：77：5 一、内外放债之家，不分文约久近，系在京住坐军匠人等揭借者，止许于原借之人名下索取，不许赴原籍逼扰。如有执当印信关单勘合等项公文者，提问，债追入官。按：笺释云：“旧例（弘Ⅲ：77：1；嘉Ⅲ：77：5）末句原债不追，近该刑部会议题准，今改。”顺治例与万历例同
六		胡Ⅲ：77：6 听选官吏监生人等条同弘Ⅲ：77：4；嘉Ⅲ：77：2	嘉Ⅲ：77：6 “凡负欠私债”一款，同弘Ⅵ：79：5；万Ⅲ：77：6	万Ⅲ：77：6 “凡负欠私债”一款，同嘉Ⅲ：77：6。按：顺治例改“两京不赴法司”之“两京”作“在京”。改“两京别衙门”为“本京别衙门”

由此表可以发现，（1）每一问刑条例并非一次性完成，而是逐步完善、增删而成。《弘治问刑条例》Ⅲ：77：3 举放钱债条系弘治十二年（1499）十一月所定，《弘治问刑条例》乃弘治十三年（1500）所上。其他问刑条例都有一个完善的过程。（2）就借贷之债的规定而言，三部问刑条例的内容变化不甚大，基本保持了法律的稳定。（3）编排的顺序大同而小异，《嘉靖问刑条例》和《万历问刑条例》的编排顺序一致，相对于《弘治问刑条例》而言，其顺序稍有不同。之所以编排的顺序发生改变，料想应是问题的

重要性在立法者的心目中不同。(4)条目内容有所增删，《嘉靖问刑条例》和《万历问刑条例》增加《凡负欠私债》一款，万历《问刑条例》中《两京兵部》一款将《嘉靖问刑条例》的“原债不追”调整为“债追入官”，等等，不一一详述。

第二节 明代法律对借贷之债的调整

一、对借贷双方主体资格的规制

对于监临官吏放债和从事典当行为，明王朝予以严厉禁止并对违犯者制定了从严处罚的条款。明太祖以诏令形式颁布的“凡公侯、内外文武官四品以上官不得放债”①。《大明律》规定：“若监临官吏于所部内举放钱债、典当财物者，杖八十。违禁取利，以余利计赃重者依不枉法论，并追余利给主。”律注云：“余利即应得本利之外所多取者。依不枉法论，依即以字之义，亦与真犯同也，并追余利给主。”②

可见，明代禁止在任官吏于所在之管区放债、典当取利。其处罚参酌贪赃不枉法处罚的量刑标准，详见下表：

① ［明］孙继宗等：《明英宗实录》卷六六，正统五年四月条，中华书局2016年版。

② 《大明律集解附例》卷九《户律·钱债》之“违禁取利”条，台北：台湾学生书局1970年版。

表 2　明代余利计赃处罚表

数量	贪赃不枉法处罚		余利计赃重处罚
	有禄者	无禄者	
一贯以下	杖六十	杖六十	杖八十（此不计余利）
一贯之上至一十贯	杖七十	杖七十	
二十贯	杖八十	杖八十	
三十贯	杖九十	杖九十	杖九十
四十贯	杖一百	杖一百	杖一百
五十贯	杖六十徒一年	杖六十徒一年	杖六十徒一年
六十贯	杖七十徒一年半	杖七十徒一年半	杖七十徒一年半
七十贯	杖八十徒二年	杖八十徒二年	杖八十徒二年
八十贯	杖九十徒二年半	杖九十徒二年半	杖九十徒二年半
九十贯	杖一百徒三年	杖一百徒三年	杖一百徒三年
一百贯	杖一百流二千里	杖一百流二千里	杖一百流二千里
一百一十贯	杖一百流二千五百里	杖一百流二千五百里	杖一百流二千五百里
一百二十贯以上	罪止杖一百流三千里	罪止杖一百流三千里	罪止杖一百流三千里

二、对借贷者资格的限制

《弘治问刑条例》规定："听选官吏、监生人等借债，与债主同赴任所取偿，至五十两以上者，连债主俱发口外充军。"① 听选

① 黄彰健：《明代律例汇编》（下册），卷九《户律六·钱债·违禁取利》，台北"中研院"历史语言研究所，1979 年。《万历问刑条例》改为："听选官吏、监生人等借债，与债主及保人同赴任所取偿，至五十两以上者，借者革职，债主及保人各枷号一个月发落，债追入官。"

官吏、监生人等借债就是所谓“京债”，候选官员和监生等具有特殊身份的人员，在京中或地方为赴任借钱，到任所偿还，容易引发官员贪赃枉法，导致政治腐败，所以法律限制对听选官吏、监生人等的借贷。如果听选官吏、监生人等借债白银五十两以上，并与债主到任所偿还，借贷者与放贷者均充军发配到口外。

从上文我们可以看出，明代与唐宋元三代相比，对借贷主体资格的限制已经大大减少了，比如，明代没有直接的对卑幼借贷主体资格的限制，公民的经济自由权利正在随着经济社会的发展逐步得到解放，各阶层的借贷权利受到了政府的尊重，充分体现了明代法制进步的一面。

三、关于借贷之债的利率和利息总量的规定

《大明律》规定：“凡私放钱债及典当财物，每月取利并不得过三分，年月虽多，不过一本一利。违者笞四十，以余利计赃，重者坐赃论，罪止杖一百。”律注曰：“月利三分，如一百贯月取其利三贯也。不过一本一利，如借本一百贯，其取利亦不得过一百贯。违禁取利，即违此禁限。”① 可知，明代的法定最高利率为月息三分，即月息3%，折合年息为36%，与元代法定利率持平，低于唐宋规定的法定借贷利率；一本一利的含义与唐宋的含义稍有不同，明代特指利息总量不能超过本金的总量。

在原律文中过取利息要照坐赃论，《大明律》“坐赃致罪”条载：“凡官吏人等非因事受财坐赃致罪，各主者通算折半科罪，与者减五等，谓如被人盗财，或殴伤若陪偿，及医药之外因而受财之类，各主者并通算折半科罪；为两相和同取与，故出钱人减受钱人罪五等，又如擅科敛财物，或多收少征钱粮，虽不入己，或

① 《大明律集解附例》卷九《户律·钱债》之“违禁取利”条。

造作虚费人工物料之类，凡罪由此赃者皆名为坐赃致罪。”① 过取利息符合非职务犯罪的特征，并非因职务贪赃的枉法和不枉法两类，即所谓坐赃。

唐宋元三代都未明确规定过取利息的处罚，明代有了明确的量刑的规定。《大明律》规定：过取利息“违者笞四十，以余利计赃，重者坐赃论，罪止杖一百”。坐赃罪的处罚是：“由此赃而坐者一贯以下笞二十，每一十贯加一等，至一百贯则每百贯加一等，至五百贯之上罪止杖一百、徒三年。”结合律文后面的注解：“此条言放债典当本所以相济，若取利无禁实所以相病矣，故凡民间私放钱债及典当财物每月取利并不得过三分，所积年月虽多，亦不得过一本一利，如有违此而取利三分以上，及利钱过于本钱者，如多取二十贯以下，则笞四十，若计所多取余利为赃其罪重于笞四十者，则坐赃论。如三十贯笞五十，每十贯加一等，至八十贯之上，罪止杖一百。”② 可知，明代过取利息处罚：如果月息超过三分，或取利超过本金，最轻受笞刑四十；按照所得总数扣除应得之数，重者以坐赃论处，只要有过取利息行为相当于坐赃二十贯受笞刑四十；每增加十贯加一等，即过取利息一贯至二十贯受笞刑四十；三十贯笞五十；四十贯杖六十；五十贯杖七十；六十贯杖八十；七十贯杖九十；八十贯以上杖一百。其详细情况见下表：

---

① 《大明律集解附例》卷二三《刑律·受赃》之“坐赃致罪”条。

② 《大明律集解附例》卷九《户律·钱债》之“违禁取利”条。

表 3　明代取息过律处罚表

取息过律数量	取息过律的处罚	坐赃数量	对坐赃的处罚
取息过三分及多取二十贯及以下	笞四十	一贯以下	笞二十
		一十贯	笞三十
		二十贯	笞四十
多取三十贯	笞五十	三十贯	笞五十
多取四十贯	杖六十	四十贯	杖六十
多取五十贯	杖七十	五十贯	杖七十
多取六十贯	杖八十	六十贯	杖八十
多取七十贯	杖九十	七十贯	杖九十
多取八十贯及以上	杖一百	八十贯	杖一百

四、关于负债人违约拖欠不还债务的规定

《大明律》对违约拖欠不还债务者，也分别就所拖欠和不还之债的数额做了相应的处罚规定："其负欠私债、违约不还者，五贯以上，违三月笞一十，每一月加一等，罪止笞四十；五十贯以上，违三月笞二十，每一月加一等，罪止笞五十；二百五十贯以上，违三月笞三十，每一月加一等，罪止杖六十。并追本利给主。"律注曰："言违三月违原约日至三月也。其负私债有故违期约不还者，各以负欠多寡计月科罪，如五贯以上者，违三月笞一十，每一月加一等，至半年之上，罪止笞四十；五十贯以上者，违三月，笞二十，每一月加一等，至半年之上罪止笞五十；二百五十贯以上者，违三月，笞三十，每一月加一等，至半年之上，罪止杖六十；其放债之应得本利，并追给主，夫言违三月者，有罪，则未及三月者，当勿论耳。”① 对负欠不还的处罚与唐宋相比略微减轻。其具体情况可见下表：

表 4　明代拖欠债务处罚表

<table>
<tr><th>月数
贯数</th><th>五贯
以下</th><th>五贯至
五十贯</th><th>五十贯至
二百五十贯</th><th>二百五十
贯以上</th><th>附加处罚</th></tr>
<tr><td>三个月以下</td><td rowspan="5">不予
处罚</td><td>不予处罚</td><td>不予处罚</td><td>不予处罚</td><td rowspan="5">追本利
给主</td></tr>
<tr><td>三个月</td><td>笞一十</td><td>笞二十</td><td>笞三十</td></tr>
<tr><td>四个月</td><td>笞二十</td><td>笞三十</td><td>笞四十</td></tr>
<tr><td>五个月</td><td>笞三十</td><td>笞四十</td><td>笞五十</td></tr>
<tr><td>六个月以上</td><td>笞四十</td><td>笞五十</td><td>杖六十</td></tr>
</table>

《大明律》相对于《唐律疏议》《宋刑统》《大元通制条格》而言无疑是比较苛猛，而对借贷不还的惩罚反而较唐宋元为轻，充分体现了明代对借贷者这一弱势群体的保护。但是，这样的举措不利于契约精神的维护、保护债权人的权益，所以，单纯保护债务人的做法并不值得特别提倡。

五、关于放贷者强夺借贷者财物的禁止性规定

《大明律》对放贷者不经告官而以私债强夺他人财物者制定了比较严厉的惩治条款。《大明律》规定：“若势豪之人，不告官司，以私债强夺去人孳畜产业者，杖八十。若估价过本利者，计多余之物坐赃论，依数追还。”结合律文注解，“若豪强势要之人，因其违约不还，不告官司，而强夺欠债之人孳畜产业者，估价虽未过本利亦杖八十。若估价过其本利者，计所多余之物坐赃论。如

① 《大明律集解附例》卷九《户律·钱债》之“违禁取利”条。

多余七十贯，则杖九十，至五百贯之上罪止杖一百、徒三年，仍依所多余之数追物还主”。[①] 我们可以看出，明代对私自抢夺债务人财产犯罪，量刑起点较高，对于七十贯以下的犯罪就给予杖八十的惩处，而坐赃罪量刑起点仅为笞二十，立法本意在于严禁强取财物；强夺过本利七十贯及以上与坐赃量刑标准相同。具体量刑标准见下表：

表5　明代强夺物货过本利处罚表

<table>
<tr><th>强夺过本利数量</th><th>强夺过本利处罚</th><th>取息过律数量</th><th>取息过律的处罚</th><th>坐赃数量</th><th>对坐赃的处罚</th></tr>
<tr><td rowspan="7">强夺过本利七十贯以下</td><td rowspan="7">杖八十</td><td rowspan="3">取息过三分及多取二十贯及以下</td><td rowspan="3">笞四十</td><td>一贯以下</td><td>笞二十</td></tr>
<tr><td>一十贯</td><td>笞三十</td></tr>
<tr><td>二十贯</td><td>笞四十</td></tr>
<tr><td>多取三十贯</td><td>笞五十</td><td>三十贯</td><td>笞五十</td></tr>
<tr><td>多取四十贯</td><td>杖六十</td><td>四十贯</td><td>杖六十</td></tr>
<tr><td>多取五十贯</td><td>杖七十</td><td>五十贯</td><td>杖七十</td></tr>
<tr><td>多取六十贯</td><td>杖八十</td><td>六十贯</td><td>杖八十</td></tr>
<tr><td>强夺过本利七十贯</td><td>杖九十</td><td>多取七十贯</td><td>杖九十</td><td>七十贯</td><td>杖九十</td></tr>
<tr><td>强夺过本利八十贯</td><td>杖一百</td><td>多取八十贯及以上</td><td>杖一百</td><td>八十贯</td><td>杖一百</td></tr>
<tr><td>强夺过本利一百贯</td><td>徒一年杖六十</td><td></td><td></td><td>一百贯</td><td>徒一年杖六十</td></tr>
<tr><td>强夺过本利二百贯</td><td>徒一年半杖七十</td><td></td><td></td><td>二百贯</td><td>徒一年半杖七十</td></tr>
</table>

① 《大明律集解附例》卷九《户律·钱债》之“违禁取利”条。

续表

强夺过本利数量	强夺过本利处罚	取息过律数量	取息过律的处罚	坐赃数量	对坐赃的处罚
强夺过本利三百贯	徒二年杖八十			三百贯	徒二年杖八十
强夺过本利四百贯	徒二年半杖九十			四百贯	徒二年半杖九十
强夺过本利五百贯及以上	徒三年杖一百			五百贯及以上	徒三年杖一百

值得交代的是，明律中没有准折畜产之罪，“夫不言准折畜产之罪，以两相情愿则从民便耳”①。这是比唐宋进步的表现。

明代法律禁止人身抵当债务。《大明律》严禁债权人因债务人欠债而准折、强夺债务人之妻妾子女、奸占债务人家妇女，“若准折人妻妾子女者，杖一百；强夺者，加二等；因强夺而奸占妇女者，绞；人口给亲，私债免追”。律注云：“若因欠私债而将人之妻妾子女准折抵还者，杖八十，若欠债之人不愿准折而强夺之者，加准折罪二等；若因强夺而奸占其妇女者，绞；其准折、强夺人口给亲完聚，原欠私债免追，谨详此条。”“因而奸占专指强夺者，若准折而奸占，即从和论。人口给亲二句，通承准折、强夺而言。”②

1. 明代从法律上严禁以人为质借贷钱物，比元代有了很大进步；同时也禁止以人身为抵当来抵偿债务，禁止“折役偿酬”等

① 《大明律集解附例》卷九《户律·钱债》之“违禁取利”条。

② 《大明律集解附例》卷九《户律·钱债》之“违禁取利”条。

变相的以人身抵偿债务的做法是历史的一大进步。

2. 律文原条与律注中关于准折人妻妾子女的惩罚不一致，律文载“杖一百”，律注载“杖八十”，这必然会影响对后文的解释，对“强夺”犯罪在此基础上加二等处罚，就会引起新的歧义。杖一百加重二等为徒一年半、杖七十；杖八十加重二等为杖一百。如果是杖八十加重二等为杖一百，则与强夺而奸占所判绞刑所差等级过于遥远，私下揣度，可能杖一百加重二等为徒一年半、杖七十的可能为大，这需要进一步搜集史料来证明。

3. 对以人口准折、强夺抵债的处罚详见下表：

表 6　明代准折强夺人口抵债处罚表

<table>
<tr><td>犯罪行为</td><td colspan="2">处罚</td></tr>
<tr><td>准折</td><td>杖八十或杖一百</td><td rowspan="4">人口给亲
私债免追</td></tr>
<tr><td>强夺</td><td>杖一百或徒一年半杖七十</td></tr>
<tr><td>因强夺而奸占</td><td>绞</td></tr>
<tr><td>准折而奸占</td><td>以从和论，杖八十或杖一百</td></tr>
</table>

六、对于借贷诉讼的规定

“凡负欠私债，两京不赴法司而赴别衙门，在外不赴军卫、有司而越赴巡抚、巡按、三司官处，各告理及辄具本状奏诉者俱问罪，立案不行。若两京别衙门听从施行者，一体参究，私债不追。”官府认为，借贷是所谓细事，要求借贷之债的民事诉讼不得越级告诉。在北京、南京的借贷诉讼当事人要到法司衙门，即刑部告诉；地方的借贷诉讼当事人——军户应赴卫、所；民户应赴县、州、府衙门，按照级别依次告诉。如违反规定要问罪（具体处罚措施史载并不明确），同时不得立案；两京非法司衙门给予立案的要追究责任；私债不予追讨。

第三节　明代法律有关军人借贷的规定

一、《问刑条例》对有关军人的借贷的规定

《大明律集解附例》保留着《万历问刑条例》，有关借贷的条例是《户律·钱债》及释文后的六条，三百三十七字。明代中叶以后社会经济出现了一些新情况，商品货币对封建经济造成一定的冲击，借贷关系直接影响到了大明统治的基础——军队，为此所增加的有关借贷的条例多涉及军队、士兵方面的内容（六条中的四条）。

禁止放贷者绑打借贷的运粮兵丁，强取官粮还债。明武宗正德十四年（1519），都御史丛兰总兵官顾仕隆上奏："盗粮之害多因积债所至，积债数多则旗军月粮行粮不勾分偿债主，经手官旗畏惧债主逼讨，胆小者则不敢赴京交粮而抛弃船只逃回，胆大者盗卖正粮偿还债主。"① 明世宗嘉靖时有官员认为，"漕运之法无他，惟在舡不守冻、粮不挂筹、军不借债三事为急"②。可见，漕军借贷已经成为威胁国家漕粮运输安全的大事了。《明史》之《颜鲸传》载："奸人马汉，怙定国公势，贷子钱漕卒，偿不时则没入其粮，为怨家所诉，汉持定国书至，鲸立论杀之。"③ 高利贷者马汉借定国公徐光祚之势力，借贷漕军，准折漕粮还债。此事正反映《问罪条例》里所载之事，可以推测此条例为《嘉靖问刑条例》

① ［明］黄训：《名臣经济录》卷二二《户部》之丛兰《正德十四年漕例奏》，文渊阁四库全书本。

② 《明世宗实录》卷二一，嘉靖元年十二月壬寅。

③ ［清］张廷玉：《明史》卷二百八《颜鲸传》，中华书局1974年版。

所增加之内容，可能马汉案件是立法的导火索。

所以，《嘉靖问刑条例》规定："凡势豪举放私债，交通运粮官，挟势擅拿官军绑打凌辱，强将官粮准还私债者，问罪。属军卫者发边卫充军，属有司者发口外为民，运粮官参究治罪。"① 即是：如果高利贷者向漕军放贷，与管漕运官员勾结，逼迫漕军用所运载的国家官粮还私债，那么高利贷者要被问罪。如高利贷者是军户，发配边疆充军；如是民户，则流放到口外。运粮官问罪，具体如何处罚并未明文规定。

二、对追索军户、军匠债务的规定

卫所军户社会地位低下，生活贫困，不少举债营生，高利贷者对卫所军人追索债务，截取军人俸禄，势必会影响军队的稳定，造成军人的逃亡。所以，明政府规定："凡举放钱债，买嘱各卫委官，擅将欠债军官、军人俸粮银物领去者，问拟诈欺，委官问拟受财听嘱罪名。"高利贷者截取军人俸禄判处"诈欺官私取财罪"，律文规定："凡用计诈欺官私取财物者，并计赃准窃盗论，免刺。"所以，"举放钱债擅将欠债军官军人俸粮银物""准窃盗论"。② 据《大明律》对窃盗的处罚，可以考证出对举放钱债擅支取欠债军官军人俸粮银物的处罚。详情可参考《明代截取军人俸禄还债处罚表》。

《问刑条例》规定：对于在京的住坐军匠债务，不论时间的长短，如果是在京的住坐军匠本人借贷的债务，对其债务的追索只能在原借人名下取偿，禁止放贷人到借贷军匠人原籍其家属处追索。"内外放债之家，不分文约久近，系在京住坐军匠人等揭借者，止许于原借之人名下索取，不许赴原籍逼扰。"③

---

① 《大明律集解附例》卷九《户律·钱债》之"违禁取利"条。

② 《大明律集解附例》卷九《户律·钱债》之"违禁取利"条。

③ 《大明律集解附例》卷九《户律·钱债》之"违禁取利"条。

表 7　明代截取军人俸禄还债处罚表

贯数①	窃盗罪之惩罚			索债截取军人俸禄之惩罚		
	主犯	从犯		主犯	从犯	
一贯以下	杖六十	杖五十	初犯并于右小臂膊上刺窃盗二字，再犯刺左小臂膊，三犯者绞，以曾经刺字为坐。掏摸者罪同。若军人为盗，虽免刺字，三犯一体处绞	杖六十	杖五十	免刺字
一贯之上至一十贯	杖七十	杖六十		杖七十	杖六十	
二十贯	杖八十	杖七十		杖八十	杖七十	
三十贯	杖九十	杖八十		杖九十	杖八十	
四十贯	杖一百	杖九十		杖一百	杖九十	
五十贯	杖六十徒一年	杖一百		杖六十徒一年	杖一百	
六十贯	杖七十徒一年半	杖六十徒一年		杖七十徒一年半	杖六十徒一年	
七十贯	杖八十徒二年			杖八十徒二年	杖七十徒一年半	
八十贯	杖九十徒二年半			杖九十徒二年半	杖八十徒二年	
九十贯	杖一百徒三年			杖一百徒二年	杖九十徒二年半	
一百贯	杖一百流二千里			杖一百流二千里	杖一百徒三年	
一百一十贯	杖一百流二千五百里			杖一百流二千五百里	杖一百流二千里	
一百二十贯	杖一百流三千里			杖一百流三千里	杖一百流三千五百里	

① 注：赃物数量和主从犯的认定办法，“得财者以一主为重，并赃论罪，为从者各减一等。以一主为重，谓如盗得二家财物，从一家赃多者科罪。并赃论，如十人盗得一家财物，计赃四十贯，虽各分得四贯通算作一处，其十人各得四十贯之罪，造意者为首该杖一百，余人为从各减一等，止杖九十之类，余条准此”。

明代有一些对于军人借贷当物的禁止性规定：禁止军人用印信、关单、勘合等官府公章、公文材料作为当物去质债。“两京兵部并在外巡抚、巡按、按察司官，点视各卫所印信，如有军职将印当钱使用者，参问，带俸差操；执当之人问罪，枷号一个月，债追入官。”① 如果军官使用禁物质债要受到“带俸差操”惩罚——保留原有俸禄，编入卫属军队。收执印信为质物的放贷者要枷号一个月，原债务悉数没官。对收执住坐军匠的禁物为质的放贷者的惩罚与上文所提稍有不同，放贷者“如有执当印信、关单、勘合等项公文者，提问，债追入官”②，没有枷号的惩罚。

三、明代关于借贷之债立法的综述

1. 有关借贷的民事和刑事规定合二为一。明代仍然沿袭以前的历史传统，与借贷相关的法律没有从刑法中独立出来，即使是社会经济发展到了资本主义萌芽非常明显的明代中后期也没有出现独立的民法典，而属于西方法律体系的罗马法系在 5 世纪就出现了完整独立的民事法律汇编——《法学阶梯》，其中关于借贷之债的规定相当完备详尽。这也说明在古代中国，在民事领域只要不触及犯罪，都可以按照习俗和当事人双方的意愿处理民事问题，这样做可以保护借贷双方的契约自由。但是，经济发展到一定程度以后，这种做法不利于借贷等经济行为突破封建的人际关系范围，以民事问题为主的经济不能在法制的框架下规范运行，限制了中国社会的进步。

2. 对相关借贷的犯罪的处罚严于唐宋元时期。明太祖朱元璋开朝之初立下了“刑用重典”的治国理政的原则，在对借贷等社会经济治理中，表现为对借贷犯罪的处罚严于唐宋元三代。明代

① 《明代律例汇编》卷九《户律六·钱债·违禁取利》。

② 《大明律集解附例》卷九《户律·钱债》之“违禁取利”条。

严禁不经官司确认而私自抢夺债务人财产的行为，虽未过本利，违者就要受杖刑八十。元代多取利息六十贯才会受到比较严厉的惩罚。唐代强牵物货超出了契约约定的数量一尺以上一匹以下受笞刑二十，超过一匹加一等，十匹至二十匹受徒刑一年，十匹以上每十匹加一等，五十匹以上三年，三年封顶，因为徒刑最高为三年。可见，明法对借贷犯罪的处罚要严于唐宋元三代。

3. 强调保护借贷者相对弱势群体的利益。明政府官方对放债典当的基本观点是“放债典当本所以相济，若取利无禁实所以相病矣”。所以禁止私自抢夺债务人财产及多取利息。但从立法上看，对放贷者的约束是比较严格的，对放贷者的违法行为处罚比较严厉，但是对借贷者违契不偿等行为的处罚相对较轻，在《大明律》原文中有：“于举放私债典当财物者，则严重其典刑；于负欠私债违约不还者则宽假其月日，盖以放债多豪强之弊，而负债有不得已之情，故此则抑强扶弱，又设律深远之意也。”①

① 《大明律集解附例》卷九《户律·钱债》之“违禁取利”条。

第四章　清代关于借贷之债的法律规定（一）

第一节　清代关于借贷之债的法律体系

一、《大清律例》

满族入关前，尚处于原始部落联盟时期，没有成文法，一切遵照习惯法。明末清军入关，仓促之间，暂用《大明律》。顺治三年（1646）编订成《大清律集解附例》；康熙时，重订新例、酌定现行条例，编成《现行则例》。康熙二十九年（1690）将《现行则例》附入《大清律集解附例》中。雍正初年，重修《大清律集解》。乾隆朝，加入新例。乾隆五年（1740）颁布《大清律例》，简称《大清律》。

《大清律》虽几经修改，但律文变化不大，只对《明律》律文稍加变动，因此，谈迁就曾提出批评，“大清律即大明律改名也”。调整幅度较大的是其各种“定例”。正所谓“律文乃系递沿成书，例乃因时酌定。凡先行则例，或遇事而定，或遵旨而定”①。

清王朝在建立之初，就在《大明律例》的基础上着手对典当和借贷行为进行法律规范。有关借贷之债的法律规范中，律文基本沿用《大明律》原文，个别字句根据时代的需要做了调整，变化最大的是律例部分，一是删除了不合时代需要的部分，很多是整条删除；二是增加了分量较重的有关保护旗人和兵丁利益的内容，这些规范有的直接作为条例编入《大清律例》。

二、《大清会典》

从史料学角度而言，《清会典》属当代官修断代式政书，着重记述法令典章的历史沿革。清顺治时，魏象枢上疏阐述编修会典的目的在于“庶臣工有秉式，制度无纷更，其于治道非小补也”②。康熙帝在下令纂修《大清会典》时，明确提出撰修会典的目的在于“用以昭示臣民，垂宪万世”，且“行诸今而无弊，传诸后而可惩”。③ 乾隆帝对纂修的目的做了明确阐述，他强调：“会典一书，上自郊庙朝廷，行之直省州县，凡礼乐兵刑之实，财赋河防之要，城池邮驿之详，大纲小纪，无不并包荟萃，必使制度沿革本末了然，条贯井井，方足备一代之典章，垂之册府，非若词章之仅资讽咏，纪纂之但夸淹博而已。”④ 可见，《清会典》是作为官府行政行为准则和百姓立身行事的圭臬来编纂的，具有法典的性质。

在乾隆朝，会典的编纂体例发生改变。为了保持法典的稳定性和灵活性的统一，清代的立法者将会典立为“以典章会要为义，

① 田涛、邓秦点校：《大清律例》之《奏折三》，法律出版社1999年版。

② ［清］魏象枢：《寒松堂全集》卷一《圣朝大礼既行，亟请更定会典以明职掌，以悬国制事》，中华书局1991年版。

③ 《清圣祖实录》卷一一五，康熙二十三年五月己巳，中华书局1986年版。

④ 《钦定大清会典则例》序言之《上谕》，文渊阁四库全书本。

所载必经久常行之制”①，而将例作为可以变通的内容，期于将来有“因时损益”，将“区会典、则例各为之部”，典例分开，应时移世易，法典只需改动例则部分，既保证了法典的稳定，又照顾到了其适应时代变迁的需要。此后，会典、则例始分为两部分。以后的嘉庆、光绪两朝再修会典，均沿此例。所以，我们看到的《清会典》有关借贷之债的内容，就律文而言变化不大，基本采自大清律，变化比较大的是则例部分，也正是这一部分体现了清代有关借贷之债的特色。

《光绪会典》正文增加到一百多卷，事例增加一千二百二十卷，记载了律例沿革，凡光绪二十二年（1896）以前事之有关典礼者，一律纂入，因此它是我国封建社会最完备的法典。有关借贷之债的内容多载在《刑部》内。《光绪会典》不同于《乾隆会典》，《乾隆会典》没有专门的借贷之债的条目，而《光绪会典》借用了《大清律例·违禁取利》的条目，分为三个部分：律文、条例、事例，专门胪列了有清一代借贷之债的主要法律条文及其发展变化的情况。当然，《光绪会典》还有一些散见于其他门类的有关借贷之债的内容。

关于借贷之债，《清会典》和《大清律例》内容上有很多重复之处。具体来说，《大清律例·户律》中《违禁取利》与《清会典·刑部》中《户律·钱债·违禁取利》内容是一致的。其他散见于不同门类当中相关借贷之债的内容亦无抵牾或不同。所不同的是，《清会典》可以比较明确地显示出法律条文的变化轨迹及时代沿革，比《大清律例》稍加详细而已。

关于借贷之债，清代基本沿用了《大明律》的内容，在此基础上有所损益，其增删情况详见下表：

① 《钦定大清会典则例》之《凡例》。

表1 明清有关借贷之债规定对比表

条目	明律	清律
多取利息	凡私放钱债，及典当财物，每月取利并不得过三分。年月虽多，不过一本一利。违者笞四十。以余利计赃，重者坐赃论，罪止杖一百	凡私放钱债，及典当财物，每月取利，并不得过三分。年月虽多，不过一本一利。违者笞四十。以余利计赃，重［于笞四十］者坐赃论，罪止杖一百
监临官吏于所部内放贷	若监临官吏于所部内举放钱债、典当财物者，杖八十。违禁取利以余利计赃，重者，依不枉法论，并追余利给主	若监临官吏于所部内举放钱债、典当财物者，［不必多取余利，有犯即］杖八十。违禁取利以余利计赃，重［于杖八十］者，依不枉法论。［各主者通算折半科罪，有禄人三十两，无禄人四十两，并杖九十，每十两加一等。罪止杖一百、流三千里。］并追余利给主［兼庶民官吏言］
欠私债违约不还	其负欠私债违约不还者，五贯以上，违三月笞一十，每一月加一等，罪止笞四十；五十贯以上，违三月笞二十，每一月加一等，罪止笞五十；二百五十贯以上，违三月笞三十，每一月加一等，罪止杖六十，并追本利给主	其负欠私债违约不还者，五两以上，违三月笞一十，每一月加一等，罪止笞四十；五十两以上，违三月笞二十，每一月加一等，罪止笞五十；百两以上，违三月笞三十，每一月加一等，罪止杖六十，并追本利给主

续表

条目	明律	清律
强牵物货	若豪势之人，不告官司，以私债强夺去人孳畜产业者，杖八十。若估价过本利者，计多余之物坐赃论，依数追还	若豪势之人，［于违约负债者，］不告官司，以私债强夺去人孳畜产业者，杖八十。［无多取余利，听赎不追。］若估［所夺畜产之］价过于本利者，计多余之物。［罪有重于杖八十者，］坐赃论，［罪止杖一百、徒三年］依［多余之］数追还［主］
准折人妻妾子女	若准折人妻妾子女者，杖一百。强夺者，加二等，因而奸占妇女者，绞。人口给亲，私债免追	若准折人妻妾子女者，杖一百。［奸占加一等论，］强夺者加二等，［杖七十、徒一年半。］因［强夺］而奸占妇女者绞［监候。］［所准折强夺之］人口给亲。私债免追

表 2　《光绪会典》附律条例变化情况表

条目	清律中条例内容	与明律相应条例变化情况
听选官吏监生借贷条	听选官吏监生人等借债，与债主及保人同赴任所取偿，至五十两以上者，借者革职，债主及保人各枷号一月发落，债追入官	谨案此条系原例
民间私债告诉条	凡负欠私债，在京不赴法司而赴别衙门，在外不赴军卫有司而越赴巡抚三司官处告理，及辄具本状奏诉者，俱问罪立案不行。若本京别衙门听从施行者，一体参究。私债不追	谨案此条系原例。巡抚下有巡按二字，雍正三年（1725）删。乾隆五年（1740）于问罪下注依越诉论四字

续表 1

条目	清律中条例内容	与明律相应条例变化情况
军卫私债告诉条	凡负欠私债，在京不赴五城及步军统领衙门而赴部院。在外不赴军卫有司而越赴巡抚司道官处告理。及辄具本状奏诉者，俱问罪。依越诉论。立案不行，私债不追	谨案嘉庆六年（1801）查雍正五年（1727）奏定，凡杖笞轻罪，五城及步军统领衙门自行完结，若罪重于杖笞者，送刑部定拟。负欠私债，罪止杖笞，不应赴法司告理，因改定此条
印信质当条	在京兵部并在外巡抚巡按按察司官，点视各卫所印信，如有军职将印当钱者，参问，带俸差操；执当之人问罪，枷号一月，债追入官	谨案此条系原例。雍正三年（1725）奏准，今卫所官管理钱粮刑名，每日钤印，无质当之理，亦不点视。例文删
官粮准还私债条	凡势豪举放私债，交通运粮官，挟势擅拏官军绑打陵辱，将官粮准还私债者问罪，属军卫者发边远充军，属有司者发边外为民，该管运粮官，参究治罪。官粮与军粮不同，官粮者，漕运赴京上纳正粮也。军粮，行月二粮也	谨案此条系原例。乾隆五年（1740）将注语移在官粮二字下。又于边外为民下增注交通绑打准粮三项，有一未合，仍各照例发落，乾隆三十六年（1771）以此条所开情重罪轻，尚未允协，奏明删除
擅领欠债军人俸物条	凡举放钱债，买嘱各卫委员、擅将欠债军官军人俸粮银物领去者，问拟诈欺，委官问拟受财听嘱罪名	谨案此条系原例。乾隆五年（1740），查今无各卫委官名色，且嘱托公事，例有专条。此例删

续表 2

条目	清律中条例内容	与明律相应条例变化情况
在京住坐军匠揭借条	内外放债之家，不分文约久近，系在京住坐军匠人等揭借者，止许于原借之人名下索取，不许赴原籍逼扰。如有执当印信关单勘合等项公文者，提问，债追入官	谨案此条系原例。乾隆五年（1740）查今无另设坐京军匠人户。此例删
外省驻防旗人放债条	外省驻防旗人，与土棍串党朋奸，举放私债，盘勒重利，开赌囮骗，准折子女，强买市肆，擅砍树木，哄然罢市，辱官害民。种种行恶者，酌所犯情罪轻重，照律例定罪。本犯罪止军罪者，行查出之该管骁骑校以上各官，交该部照例分别议处。其驻防协领以下、骁骑校以上官员，本身有犯者革职，该管之将军副都统，俱交该部照例议处，督抚不行查出者，亦交部议处	谨案此条系雍正三年（1725）定，所开不法各项，俱有专条，旗民有犯，一体科罪，毋庸专为外省驻防定例，乾隆五年（1740）删
军官扣留士兵钱粮放贷条	佐领骁骑校领催等，有在本佐领或弟兄佐领下，指扣兵丁钱粮放印子银者，系佐领骁骑校，照流三千里之例，枷号六十日；系领催，照边卫充军例，枷号七十五日，俱鞭一百；伙同放印子银者，照为从杖一百徒三年例，枷号四十日，鞭一百。所得利银，勒追入官。佐领骁骑校领催等，与属下兵丁保借者，革去职役，该参领交部议处，至佐领骁骑校参领等，平时失于觉察，以致该管兵丁，将官钱粮扣还印子银者，俱交部分别议处	谨案此条乾隆五年（1740）改定

续表 3

条目	清律中条例内容	与明律相应条例变化情况
违禁向八旗官兵放贷条一	凡有民人违禁向八旗官兵放转子印子长短钱者，拏送该地方官，亦照旗人例、枷责治罪。其失察之该管文武各官，俱交部分别议处。八旗佐领每月将有无重利放债借债之处、出具印结呈报该参领，参领按季加结、呈报都统查核	谨案此条雍正十三年（1735）定
违禁向八旗官兵放贷条二	民人违禁向八旗兵丁放转子印子长短钱扣取钱粮，及旗人举放重债、勒取兵丁钱粮、并非在本佐领下放债者，或经告发，或被兵丁首出，除所欠债目不准给还外，将放债之人照讹诈例、从重治罪。欠债之人，毋庸治罪。失察之该管文武官，俱交部议处。八旗佐领，每月仍将有无重利放债之人、出具印结、呈报该参领。按季加结、呈报都统查核	谨案此条乾隆三十二年（1767）改定
八旗领催，指扣钱粮条	八旗领催，代属下兵丁指扣钱粮保借者，照伙同放债人枷号四十日，鞭一百例发落。其指米借债之人，照违制律鞭一百，仍将失察之该管各官，交部分别议处	谨案此条乾隆十七年（1752）定
嘉庆违禁向八旗兵丁放贷条	佐领骁骑校领催等，有在本佐领或弟兄佐领下，指扣兵丁钱粮放印子银者，系佐领骁骑校，照流三千里之例，枷号六十日；系领催，照近边充军例，枷号七十五日。俱鞭一百。伙同放印子银者，照为从杖一百徒三年例，枷号四十日，鞭一百。如非在本佐领下举	谨案此条系嘉庆十六年（1811）将前三条修并改定

续表 4

条目	清律中条例内容	与明律相应条例变化情况
	放重债、勒取兵丁钱粮。及民人违禁向八旗兵丁放转子印子长短钱、扣取钱粮者，照诈欺官私取财律，计所得余利准窃盗论，利银均追入官。佐领骁骑校领催等、代属下兵丁指扣钱粮保借者，佐领骁骑校革职，领催鞭一百；其指米借债之人。照违制律鞭一百；自行首出者，免其治罪。所欠帐目，并免着追。失察之该管文武各官，俱交部分别议处。八旗佐领，每月仍将有无放债之人出具印结，呈报该参领，按季加结，呈报都统查核	
短票扣折违例巧取利条	放债之徒，用短票扣折、违例巧取重利者，严拏治罪。其银照例入官。受害之人，许其自首免罪，并免追息	谨案此条乾隆二十三年(1758)定
监临官部内举放钱债条	监临官吏于所部内举放钱债与典当财物者，即非禁外多取余利，亦按其所得月息，照将自己货物、散与部民、多取价利，计赃准不枉法论。强者，准枉法论。不枉法各主者、折半科罪律，减一等问罪。所得利银，照追入官。至违禁取利，以所得月息，全数科算，准不枉法论，强者准枉法论，并将所得利银追出，余利给主，其余入官	谨案此条乾隆三十一年(1766)定
少数民族放贷条一	内地民人概不许与土司等交往借债，如有违犯，将放债之民人，照偷越番禁例、加等问拟。其借债之土苗，即与同罪	谨案此条乾隆四十六年(1781)定

续表 5

条目	清律中条例内容	与明律相应条例变化情况
少数民族放贷条二	内地汉奸潜入粤东黎境放债盘剥者，无论多寡，即照私通土苗例，除实犯死罪外，俱问发边远充军。所放之债，不必追偿	谨案此条嘉庆九年（1804）定

表 3　《光绪会典》有关借贷之债所列历年事例

条目	内容
顺治五年（1648）定	凡放债之人，每银一两，止加息三分，不许多索，及息上增息，并不许放债与赴任之官，及外官放债与民，如违，放者、借者俱治重罪
康熙八年（1669年）题准	凡旗下人在境外放债控告者，概不准行。其境内欠债之人，故意刁蹬者，准行审理。若借债之人已死，无力偿还，虽告亦不准行
康熙八年（1669年）又题准	凡旗下民人，不许质当兵器及貂鼠猞猁狲等衣服、皮端罩、朝衣、金银器皿等物。违者治罪。其收当之人，计赃坐以窃盗罪，免刺，至死者减一等
康熙十二年（1673）题准	除兵器不准典当外，其貂鼠猞猁狲等物，对明各主，方许典当，违者俱照例治罪
康熙四十七年（1708）议准	买卖人将远年私债，假名官银捏告，并将无干人捏称借帑、私造文约者，照例治罪
康熙四十七年（1708）又议准	买卖人所放银两，有年远利浮于本者，照律追取，一本一利交完
雍正五年（1727年）谕	兵丁等吉凶事，俱有恩赏银两，尽可以完伊等之事，乃仍卖粮米还人印子银两，将还过本利银两，俱着追取，赏给拏获之旗员披甲人等。嗣后系何人拏获，即以赏给拏获之人，再若有七八人将粮米全卖借印子银者，伊等内凡有一人出首，将伊等所借未还之银已还

续表

条目	内容
	之银俱追出，遵旨赏给实心出首之人。佐领骁骑校，系专理佐领事务之人，伊将一佐领下事不能查察，应革退；将买钱粮米放印子银两之人，如何治罪之处，俱定议具奏。钦此，遵旨议准。嗣后违禁图利，将兵丁粮米贱买，又放印子转子重取利息者，枷号三月，鞭一百，并妻子俱发黑龙江给穷披甲为奴，佐领骁骑校革职，作保之骁骑校领催，俱各革退，鞭一百。违禁卖粮米借重利印子转子银两之人，鞭八十，所卖粮米价银、并所借印子转子未还已还之银、俱一并追出，分为二分，一分赏拏获之旗员，一分赏披甲人等
雍正五年（1727）又议准	凡旗人在佐领下违禁放印子银，扣除钱粮，将多得重利，勒追入官。若违限不完者，枷号两月，鞭一百，入辛者库
乾隆七年（1742）议准	嗣后如有佐领骁骑校领催等，盘剥该管兵丁放印子银者，枷责、仍勒银入官外，其止系重利放债者，不论旗民，依违禁取利本律治罪；如借债人首告，究讯明确，按照律例定拟。又民人违禁向八旗官兵放转子、印子、长短钱，并交通领催兵丁扣取钱粮者，照领催枷号七十五日之例减等，枷号四十日。如旗人有举放重债，勒取兵粮，并不在本佐领下者，亦照民人减等枷责例
乾隆五十年（1785）谕	赴任各官，务宜各知自爱，谨守节用，毋堕市侩奸计之中，若有不肖之员，不知节俭，甘为所愚，仍向若辈借用银两，亦难禁止。但总不准放债之人，随往任所，并令各该督抚严行查察。如有潜赴该员任所追索者，准该员即行呈明上司，按律究办，倘隐忍不言，即至被逼索酿成事端，亦不官为办理，庶可杜市侩刁风，而不肖无耻之员，亦知所儆戒（原文过长，节选其中部分）

三、地方行政法规

《大清律》和《大清会典》的内容分为名例律和兵、刑、户、礼、吏、工七个门类，内容宏大，适用范围最为广泛，法律效力遍于全国。清代版图广大，人口众多，民族众多，风俗习惯不同，各地经济发展程度不同，中央法律难以照顾周全，因此，清代地方以制定省例来弥补中央法律的不足。

除了上述《大清律例》《大清会典》之外，清代光绪之前调整规范借贷之债的还有一批地方性法规。目前，我们可以看到的清代遗存的相关法律文本不少。杨一凡主编的《中国古代地方法律文献》乙编、丙编为我们提供了大量的古代法律珍稀文本，其中就有不少涉及借贷之债。

省例是清代省级政府以各种法律形式制定的用以规范地方事务的法规、政令和具有法律效力的规范性文件的统称。如《湖南省例成案》中有关于典铺和染铺失火失窃、船户和脚夫托运或客店住宿中发生失窃等问题的处理办法；《成规拾遗（续）·典当取息》中对典当行业不同当本的取息和统一的取赎期限等进行详细规范；《福建省例》中《当税例·开张典当分别本银行息限期》规定各地当铺应将本银分为大当、小典，确定不同利率和取赎限期，以防止重利盘剥，补中央法之未备。部分省例中的条目比较集中涉及借贷之债，其章节目录详见下表：

表 4　清代地方法规借贷规定明细表

名称	卷次	相关内容篇名
《治浙成规》	卷二	《贼犯当赃事主措备半本回赎》
《治浙成规》	卷三	《外结贼赃毋庸半价回赎》
《治浙成规》	卷五	《典铺窃赃先行查起给主于犯属名下追还当本》
《治浙成规》	卷五	《典铺被失分析议赔》

续表

名称	卷次	相关内容篇名
《治浙成规》	卷八	《零星贩私再犯三犯分别治罪》
《治浙成规》	卷八	《盗贼当赃不许典铺措留拖累事主》
《西江政要》	卷二	《典铺收当贼赃先行追起》
《西江政要》	卷二	《典染各铺失火延烧被窃分别赔偿》
《江苏省例三编》	不分卷	《查吊当赃一案》
《粤东省例新纂》	卷七	《当铺染店抢劫分别应否赔偿》
《广东省例》	不详	《当铺被窃被焚议请赔偿》
《广东省例》		《当铺失窃比例赔偿》
《广东省例》		《当铺被劫议详免赔》
《福建省例》	刑政例下	《典商收当赃物被窃照例赔偿》
《福建省例》	当税例	《当铺大小行息限期》
《福建省例》	当税例	《开张典当分别本银行息限期》
《福建省例》	当税例	《永禁当铺领买米谷》
《福建省例》	当税例	《民间开张大小典当分别行息章程》
《福建省例》	当税例	《典铺应于开张之年起税》
《福建省例》	钱法例	《严禁富户典铺盐商囤积钱文稽察奸商私收贩运出境》
《福建省例》	征收例	《征收小户钱文不许转发典商易换章程》

第二节　清代法律对借贷双方主体资格的限制

一、清代法律对官员作为放贷者主体资格的限制

（一）清代继承前代禁止官员在管辖区域内放贷的规定，目的在于防范官员以权势欺压百姓，利用职权谋取暴利。清廷虽默许

官员放贷取利，但一直沿袭唐代以来禁止官员在任所放贷的惯例。

《大清律例》规定："若监临官吏于所部内举放钱债、典当财物者，不必多取余利，有犯即杖八十。违禁取利，以余利计赃重于杖八十者，依不枉法论。各主者通算折半科罪。（有禄人三十两，无禄人四十两，并杖九十，每十两加一等。罪止杖一百、流三千里）并追余利给主，兼庶民官吏言。"①

乾隆三十五年（1770）定例："监临官不得于所部内举放钱债与典当财物者，即非禁外多取余利，亦按其所得月息，照将自己货物散与部民多取价利计赃，准不枉法论。强者准枉法论。不枉法各主者，折半科罪律，减一等问罪。所得利银，照追入官。至违禁取利，以所得月息全数科算，准不枉法论。强者，准枉法论。并将所得利银追出，余利给主，其余入官。"②

结合律文和乾隆三十五年（1770）定例，可以对立法原意有一个比较明确的理解。清律与明律意思相同，但进一步强调官员任所放贷即使无余利也杖八十的原则，更加明确了禁止官员任所内放贷的规定。

（二）清律所谓的"以余利计赃"与明律的"以余利计赃"的含义有了明显的不同。《大明律》有"违禁取利，以余利计赃重者依不枉法论"，"余利即应得本利之外所多取者"。余利是应得本利以外的利息所得，即超出月息三分所得利息，或是"利滚利"所得利息收入。而《大清律》的规定是，"即非禁外多取余利，亦按其所得月息，照将自己货物散与部民多取价利计赃，准不枉法论"。意思是，即使是非禁外取利（不是超出月息三分所得利息，

① 《钦定大清会典事例》卷六七四《刑部·户律钱债·违禁取利》，续修四库全书影印本，上海古籍出版社2002年版。

② 《钦定大清会典事例》卷六七四《刑部·户律钱债·违禁取利》。

亦非“利滚利”所得利息收入），也要按照所得利息（不扣除应得利息）计赃。清代也称“余利”，实际是参照另一条法律条文，即官员卖货物于部民多取价利称为“余利”。可见，清代计赃的标准要严于明代。

（三）清代对官员在任所放贷的处罚详见下表：

表 5　清代官员任所放贷处罚表

<table>
<tr><th rowspan="3">数量</th><th rowspan="3">贪赃枉法处罚</th><th rowspan="3">贪赃不枉法处罚</th><th colspan="4">违禁取利余利计赃处罚</th></tr>
<tr><th colspan="2">有禄人</th><th colspan="2">无禄人</th></tr>
<tr><th>不强者</th><th>强者</th><th>不强者</th><th>强者</th></tr>
<tr><td>一两以下</td><td>杖七十</td><td>杖六十</td><td rowspan="5">杖八十（不违禁取利少于二十两亦杖八十，不违禁取利超二十两者，按照不枉法处罚）</td><td>杖七十</td><td rowspan="7">杖八十（不违禁取利少于三十两亦杖八十，不违禁取利超三十两者，按照不枉法处罚）</td><td>杖七十</td></tr>
<tr><td>一两至五两</td><td>杖八十</td><td rowspan="2">杖七十</td><td>杖八十</td><td>杖八十</td></tr>
<tr><td>五两至十两</td><td>杖九十</td><td>杖九十</td><td>杖九十</td></tr>
<tr><td>十五两</td><td>杖一百</td><td rowspan="2">杖八十</td><td>杖一百</td><td>杖一百</td></tr>
<tr><td>二十两</td><td>杖六十徒一年</td><td>杖六十徒一年</td><td>杖六十徒一年</td></tr>
<tr><td>二十五</td><td>杖七十徒一年半</td><td rowspan="2">杖九十</td><td rowspan="2">杖九十</td><td>杖七十徒一年半</td><td>杖七十徒一年半</td></tr>
<tr><td>三十两</td><td>杖八十徒二年</td><td>杖八十徒二年</td><td>杖八十徒二年</td></tr>
</table>

续表 1

数量	贪赃枉法处罚	贪赃不枉法处罚	违禁取利余利计赃处罚			
			有禄人		无禄人	
			不强者	强者	不强者	强者
三十五两	杖九十徒二年半	杖一百	杖一百	杖九十徒二年半	杖九十	杖九十徒二年半
四十两	杖一百徒三年			杖一百徒三年		杖一百徒三年
四十五两	杖一百流二千里	杖六十徒一年	杖六十徒一年	杖一百流二千里	杖一百	杖一百流二千里
五十两	杖一百流二千五百里			杖一百流二千五百里		杖一百流二千五百里
五十五两	杖一百流三千里	杖七十徒一年半	杖七十徒一年半	杖一百流三千里	杖六十徒一年	杖一百流三千里
六十两						
七十两		杖八十徒二年	杖八十徒二年		杖七十徒一年半	
八十两	绞监候	杖九十徒二年半	杖九十徒二年半	绞监候	杖八十徒二年	绞监候
九十两		杖一百徒三年	杖一百徒三年		杖九十徒二年半	
一百两		杖一百流二千里	杖一百流二千里		杖一百徒三年	
一百一十两		杖一百流二千五百里	杖一百流二千五百里		杖一百流二千里	

续表 2

<table>
<tr><th rowspan="3">数量</th><th rowspan="3">贪赃枉法处罚</th><th rowspan="3">贪赃不枉法处罚</th><th colspan="4">违禁取利余利计赃处罚</th></tr>
<tr><th colspan="2">有禄人</th><th colspan="2">无禄人</th></tr>
<tr><th>不强者</th><th>强者</th><th>不强者</th><th>强者</th></tr>
<tr><td>一百二十两</td><td rowspan="2"></td><td>杖一百流三千里</td><td rowspan="2">杖一百流三千里</td><td rowspan="2"></td><td>杖一百流二千五百里</td><td rowspan="2"></td></tr>
<tr><td>一百三十两</td><td>绞监候</td><td>杖一百流三千里</td></tr>
</table>

上表未能体现内容之一，“利银如何处理”，也是刑事附带民事、行政处罚的内容：不违禁取利所得利银入官；违禁取利，按照合法利息多取的利息归还原主，应得部分入官。本金如何处理，律文未提及。

表中未能体现内容之二：“不枉法各主者，折半科罪律，减一等问罪。”《大清律例》中《受赃》规定：“虽受有事人财，判断不为袖法者，如受十人财，一时事发，通算作一处，折半科罪；一主者亦折半科罪；准半折者皆依此。”意思是，如果收受贿赂没有枉法，收受十个人的财物而一块事发，量刑时按照所收十个人的财物统共算在一起，然后折半作为量刑的依据；如果分十次收取一个人的财物，折算办法同上；其他按照受赃不枉法论处的罪行，都可以按照这一办法处理。所以，官吏部内放贷的处罚中，如果是对多人次放贷，量刑按所得利息总数折半计算。

二、清代法律对官员作为借贷者主体资格的限制性规定

（一）对京债的弹性限制

在清代，专门给在京候选或即将赴任官员放贷的借贷之债，称为京债。候选官为谋得官位或肥缺，必会向吏部官员行贿，加之在京的消费，使得候选官员生活窘迫，往往靠借贷度日；赴任官员旅途的高额费用以及路途中各种官场的应酬必不可少。清代非任上官员俸禄少得可怜，即使是中级官员，这样一笔支出也会使之捉襟见肘。但是如果获得肥缺或到任后获得优厚的俸给和多如牛毛的灰色收入，则足以弥补所借本利。放贷者也看到了经营官债的优厚利息收入和无风险的特性，纷纷投资其中，甚至出现了专放京债的机构——“帐局”。京债势必会带来官员的贪腐，影响官场的清明，因此，清廷沿袭明代法律，禁止经营京债。

顺治五年（1648）定例“凡放债之人……并不许放债与赴任之官……如违，放者、借者俱治重罪”①，直接禁止放债给赴任官员。嘉庆二十年（1815），皇帝谕御史巴龄阿奏请严禁私放官债一折，“候补候选官员在京借用重利私帐及放债之徒勒掯盘剥，本干例禁。着步军统领、顺天府、五城各衙门严行查禁，如有违例私设帐局者即行擎究，其潜赴外省官员任所索欠者，该督抚访闻一并查参究治”②。

养廉银制度和禁止官员借贷的法律规定并未杜绝官员借贷。到乾隆后期，不断发生官员被放贷者逼死的案子。乾隆五十年（1785），皇帝发表上谕：“嗣后赴任各官，务宜各知自爱，谨守节用，毋堕市侩奸计之中，若有不肖之员，不知节俭，甘为所愚，仍向若辈借用银两，亦难禁止。但总不准放债之人，随往任所，并令各该督抚严行查察。如有潜赴该员任所追索者，准该员即行呈明上司，按律究办，傥隐忍不言，即至被逼索酿成事端，亦不官为办理，庶可杜市侩刁风，而不肖无耻之员，亦知所儆戒。”③

① 《钦定大清会典事例》卷七六四《刑部·户律钱债·违禁取利》。
② 《清仁宗实录》卷三〇八，嘉庆二十年秋七月丁酉。
③ 《钦定大清会典事例》卷一三三《吏部·处分例·重利盘剥》。

乾隆除了要求候选和赴任官员要节俭外，还改变了过去直接禁止官员借贷的规定，强调了不许放贷者随官员到任所取偿，可以看出皇帝对官员借贷的无可奈何的态度。

《大清律例》对《大明律》下面一条未做任何修改而加以保留，“听选官吏、监生人等借债，与债主及保人同赴任所取偿，至五十两以上者，借者革职，债主及保人各枷号一月发落，债追入官”①。对于清廷禁止京债短票折扣的禁令在利率限制一节另有交代。

（二）对官员在任所的借贷的绝对禁止性规定

相对于对京债的宽容，清廷对官员在任所的使用借贷和消费借贷都实行了比较严厉的禁止性规定。

> 凡监临官吏挟势，及豪强之人求索借贷，所部内财物并计［索借之］赃准不枉法论，强者准枉法论，财物给主。［无禄人各减有禄人一等］。若于所部内买物不即支价，及借衣服器玩之属，各经一月不还者，并坐赃论，［仍追物还主］。若私借用所部内马牛驼骡驴及车船碾磨店舍之类，各验日计雇赁钱，亦坐赃论，追钱给主，［计其犯时雇工赁直虽多不得过其本价］。其出使人于所差去处求索、借贷、卖买，多取价利及受馈送者，并与监临官吏罪同。若去官而受旧部内财物及求索借贷之属，各减在官时三等。②

通过上文我们可以总结出清代对特殊人群——官员借贷的禁止性规定。如果触犯禁令，如何处罚详见下表：

---

① 《钦定大清会典事例》卷七六四《刑部·户律钱债·违禁取利》。

② 《钦定大清会典事例》卷八二一《刑部·刑律受赃·在官求索借贷人财物》。

表 6　监临官吏及豪强之人部内借贷的处罚

<table>
<tr><th rowspan="3">数量</th><th rowspan="3">贪赃枉法处罚</th><th rowspan="3">贪赃不枉法处罚</th><th colspan="4">部内借贷的处罚</th></tr>
<tr><th colspan="2">有禄人</th><th colspan="2">无禄人</th></tr>
<tr><th>不强者</th><th>强者</th><th>不强者</th><th>强者</th></tr>
<tr><td>一两以下</td><td>杖七十</td><td>杖六十</td><td>杖六十</td><td>杖七十</td><td>杖五十</td><td>杖六十</td></tr>
<tr><td>一两至五两</td><td>杖八十</td><td rowspan="2">杖七十</td><td rowspan="2">杖七十</td><td>杖八十</td><td rowspan="2">杖六十</td><td>杖七十</td></tr>
<tr><td>五两至十两</td><td>杖九十</td><td>杖九十</td><td>杖八十</td></tr>
<tr><td>十五两</td><td>杖一百</td><td rowspan="2">杖八十</td><td rowspan="2">杖八十</td><td>杖一百</td><td rowspan="2">杖七十</td><td>杖九十</td></tr>
<tr><td>二十两</td><td>杖六十徒一年</td><td>杖六十徒一年</td><td>杖一百</td></tr>
<tr><td>二十五两</td><td>杖七十徒一年半</td><td rowspan="2">杖九十</td><td rowspan="2">杖九十</td><td>杖七十徒一年半</td><td rowspan="2">杖八十</td><td>杖六十徒一年</td></tr>
<tr><td>三十两</td><td>杖八十徒二年</td><td>杖八十徒二年</td><td>杖七十徒一年半</td></tr>
<tr><td>三十五两</td><td>杖九十徒二年半</td><td rowspan="2">杖一百</td><td rowspan="2">杖一百</td><td>杖九十徒二年半</td><td rowspan="2">杖九十</td><td>杖八十徒二年</td></tr>
<tr><td>四十两</td><td>杖一百徒三年</td><td>杖一百徒三年</td><td>杖九十徒二年半</td></tr>
<tr><td>四十五两</td><td>杖一百流二千里</td><td rowspan="2">杖六十徒一年</td><td rowspan="2">杖六十徒一年</td><td>杖一百流二千里</td><td rowspan="2">杖一百</td><td>杖一百徒三年</td></tr>
<tr><td>五十两</td><td>杖一百流二千五百里</td><td>杖一百流二千五百里</td><td>杖一百流二千里</td></tr>
</table>

续表

<table>
<tr><th rowspan="3">数量</th><th rowspan="3">贪赃枉法处罚</th><th rowspan="3">贪赃不枉法处罚</th><th colspan="4">部内借贷的处罚</th></tr>
<tr><th colspan="2">有禄人</th><th colspan="2">无禄人</th></tr>
<tr><th>不强者</th><th>强者</th><th>不强者</th><th>强者</th></tr>
<tr><td>五十五两</td><td rowspan="3">杖一百流三千里</td><td rowspan="2">杖七十徒一年半</td><td rowspan="2">杖七十徒一年半</td><td rowspan="3">杖一百流三千里</td><td rowspan="2">杖六十徒一年</td><td rowspan="2">杖一百流二千五百里</td></tr>
<tr><td>六十两</td></tr>
<tr><td>七十两</td><td>杖八十徒二年</td><td>杖八十徒二年</td><td>杖七十徒一年半</td><td rowspan="2">杖一百流三千里</td></tr>
<tr><td>八十两</td><td rowspan="6">绞监候</td><td>杖九十徒二年半</td><td>杖九十徒二年半</td><td rowspan="6">绞监候</td><td>杖八十徒二年</td></tr>
<tr><td>九十两</td><td>杖一百徒三年</td><td>杖一百徒三年</td><td>杖九十徒二年半</td><td rowspan="5">绞监候</td></tr>
<tr><td>一百两</td><td>杖一百流二千里</td><td>杖一百流二千里</td><td>杖一百徒三年</td></tr>
<tr><td>一百一十两</td><td>杖一百流二千五百里</td><td>杖一百流二千五百里</td><td>杖一百流二千里</td></tr>
<tr><td>一百二十两</td><td>杖一百流三千里</td><td rowspan="2">杖一百流三千里</td><td>杖一百流二千五百里</td></tr>
<tr><td>一百三十两</td><td>绞监候</td><td>杖一百流三千里</td></tr>
</table>

表7　对监临官吏部内使用借贷的处罚

数量	坐赃罪的处罚	借衣服器玩一月不还的处罚	借用所部内牛马车船的处罚
一两以下	笞二十	笞二十	笞二十
一两之上至十两	笞三十	笞三十	笞三十
二十两	笞四十	笞四十	笞四十
三十两	笞五十	笞五十	笞五十
四十两	杖六十	杖六十	杖六十
五十两	杖七十	杖七十	杖七十
六十两	杖八十	杖八十	杖八十
七十两	杖九十	杖九十	杖九十
八十两	杖一百	杖一百	杖一百
九十两	杖一百	杖一百	杖一百
一百两	杖六十徒一年	杖六十徒一年	杖六十徒一年
二百两	杖七十徒一年半	杖七十徒一年半	杖七十徒一年半
三百两	杖八十徒二年	杖八十徒二年	杖八十徒二年
四百两	杖九十徒二年半	杖九十徒二年半	杖九十徒二年半
五百两以上	罪止杖一百徒三年	罪止杖一百徒三年	罪止杖一百徒三年

由上表可看出：（1）如果是出使地方的中央官员于出使地犯了同样的罪行，其处罚与监临官相同；（2）如果是离职的官员在原来的任职地借贷，要按照上述二表的处罚减轻三等处罚。（3）监临官吏家人，包括兄弟子侄奴仆，于所部内取受［所］求索借贷财物，依不枉法论处，若本官吏知情与同罪，不知者不坐；（4）例中对风宪官吏“于所按治去处求索借贷人财物”“各加其余官吏［受财以下各款］罪二等”处理，但是，“加罪不得加至于死”。只有达到普通官吏判处绞刑的程度才可判处绞刑。

第三节 清代关于借贷之债的清偿的法律规定

一、清代法律对强力索债的惩罚性规定

《大清律例》基本沿袭了《大明律例》关于强力索债的规定。只是因为时代不同了，定罪量刑的标准发生了改变。“若豪势之人[于违约负债者]，不告官司，以私债强夺去人孳畜产业者，杖八十，[无多取余利听赎不追]。若估[所夺畜产之]价过本利者，计多余之物[罪有重于杖八十者]坐赃论，[罪止杖一百徒三年]，依[多余之]数追还[主]。”① 详细情况见下表：

表 8 清代强力索债处罚表

<table>
<tr><th>数量</th><th>坐赃罪的处罚</th><th colspan="2">以私债强夺去人孳畜产业的处罚</th></tr>
<tr><td>一两以下</td><td>笞二十</td><td rowspan="7">只要有强夺行为，不拘数量的细小，只要过本契少于七十两，均杖八十</td><td rowspan="10">多余之数还主，无多取余利听赎不追</td></tr>
<tr><td>一两之上至十两</td><td>笞三十</td></tr>
<tr><td>二十两</td><td>笞四十</td></tr>
<tr><td>三十两</td><td>笞五十</td></tr>
<tr><td>四十两</td><td>杖六十</td></tr>
<tr><td>五十两</td><td>杖七十</td></tr>
<tr><td>六十两</td><td>杖八十</td></tr>
<tr><td>七十两</td><td>杖九十</td><td>杖九十</td></tr>
<tr><td>八十两</td><td>杖一百</td><td>杖一百</td></tr>
<tr><td>九十两</td><td>杖一百</td><td>杖一百</td></tr>
</table>

① 《钦定大清会典事例》卷七六四《刑部·户律钱债·违禁取利》。

续表

数量	坐赃罪的处罚	以私债强夺去人孳畜产业的处罚	
一百两	杖六十徒一年	杖六十徒一年	
二百两	杖七十徒一年半	杖七十徒一年半	
三百两	杖八十徒二年	杖八十徒二年	
四百两	杖九十徒二年半	杖九十徒二年半	
五百两以上	罪止杖一百徒三年	罪止杖一百徒三年	

二、清代关于人口准折私债的规定

《大清律》规定："若准折人妻妾子女者，杖一百，[奸占加一等论]，强夺者加二等，[杖七十，徒一年半]，因［强夺］而奸占妇女者，绞［监候]，[所准折强夺之］人口给亲，私债免追。"①

清代与明代以人口准折私债的规定稍异，其变化有二：一是明代此项规定有三个量刑层次——准折、强夺、强夺而奸占，律注云：准折而奸占从和奸论处。清代明确了单独的奸占层次，即为准折、奸占、强夺、强夺而奸占，其处罚分别是：准折，杖一百；奸占，杖六十、徒一年；强夺，杖七十、徒一年半；强夺而奸占，绞监候。二是澄清了明律的律例相互矛盾的规定，统一规定准折人妻妾子女者杖一百。

三、清代关于索债逼死人命的规定

《大清律例》第299条《威逼人致死》规定："凡因事［户婚、田土、钱债之类］威逼人致［自尽］死者，［审犯人必有可畏之威］杖一百……并追埋葬银一十两，[给付死者之家]。"如果因强索借贷之债逼债务人自尽者，杖一百，同时附带民事赔偿，给付

① 《钦定大清会典事例》卷七六四《刑部·户律钱债·违禁取利》。

埋葬银十两。

四、清代对违契不还的惩戒

为了维护正常的经济秩序和借贷活动能够顺利进行，清代与前代一样，设专条以惩罚欠债不还的行为。《大清律》规定："其负欠私债违约不还者，五两以上，违三月笞一十，每一月加一等，罪止笞四十；五十两以上，违三月，笞二十，每一月加一等，罪止笞五十；百两以上违三月，笞三十，每一月加一等，罪止杖六十，并追本利给主。"① 同明律相比只是量刑的欠负数量标准发生改变，其他依旧遵从明代立法。具体情况见下表：

表 9　清代违约拖欠债务处罚表

月数两数	五两以下	五两至五十两	五十两至一百两	百两以上	附加处罚
三个月以下	不予处罚	不予处罚	不予处罚	不予处罚	追本利给主
三个月		笞一十	笞二十	笞三十	
四个月		笞二十	笞三十	笞四十	
五个月		笞三十	笞四十	笞五十	
六个月以上		笞四十	笞五十	杖六十	

古代借贷的主要原因是贫困，保护弱势群体是每一朝代立法者所遵循的基本原则，相对于对放贷者的处罚，对借贷者违契不偿的处罚要轻许多，而且清代对因贫困而不能按期偿还债务的借贷者保留了三个月的缓冲期，目的是使之筹措资金偿还债务。这样的人性化做法既可以保护弱势群体，不致弱势群体被逼无奈而铤而走险，又可以增加债务偿还的可能，维持正常的经济秩序。

① 《钦定大清会典事例》卷七六四《刑部・户律钱债・违禁取利》。

第五章　清代关于借贷之债的法律规定（二）

第一节　清代关于利率的法律规范

利率是借贷之债的核心问题，利率的大小直接关系着借贷双方的利益，对利率的调整是借贷立法的重要问题。

一、清代相关法律规定

清代前期，法律对借贷利率的规定："凡私放钱债及典当财物，每月取利并不得过三分。年月虽多，不过一本一利。违者笞四十，以余利计赃重者，坐赃论，罪止杖一百。"①

《大清律例会通新纂》中有对此有专门的解释，其谓"借银一两，按每月三分取利，积至三十三个月以外则利钱已满一两，与本相等，是谓一本一利。虽年月之多，不得复照三分算利，即五年十年亦止还一本一利，此债当取利之禁限也。如违此禁而取利

① 《钦定大清会典事例》卷七六四《刑部·户律钱债·违禁取利》。

三分以上及积算利钱过于其本者，笞四十。仍计三分之外及过于本钱之余利，坐赃论罪。三十两笞五十，则赃罪重于笞四十，应坐赃论，至八十两以上罪止杖一百”①。

综上可知，一是清代法定借贷最高利率不得超过月息三分；二是利息总量最高不得超过本钱，即所谓“倍称之息”；三是如果月取息超过三分，或利息总量超过本金，则应受到法律制裁，其制裁量刑标准基本参照明律规定，只是将“贯”改为“两”。相比于官员部内放债的惩处要减轻许多。具体量刑标准见下表：

表 1　清代取息过律处罚表

取息过律数量	取息过律的处罚	坐赃数量	对坐赃的处罚
取息过三分及多取二十两及以下	笞四十	一两以下	笞二十
		一十两	笞三十
		二十两	笞四十
三十两	笞五十	三十两	笞五十
四十两	杖六十	四十两	杖六十
五十两	杖七十	五十两	杖七十
六十两	杖八十	六十两	杖八十
七十两	杖九十	七十两	杖九十
八十两及以上	杖一百	八十两	杖一百
		一百两	徒一年杖六十
		二百两	徒一年半杖七十
		三百两	徒二年杖八十
		四百两	徒二年半杖九十
		五百两及以上	徒三年杖一百

① ［清］姚雨芗原纂，胡仰山增辑：《大清律例会通新纂》卷一四《户部·钱债》，台北：文海出版社 1987 年版。

二、对变相增加利率的处罚

清代法律规定取利最高不得超过月息三分，并对超过月息三分和取息过本给予处罚。放债者采取短票扣折的方法、变相加息的方式，利上加利。如放债者借出一百两银子，实际才支付给借贷者七八十两，甚至是五六十两，到欠债人偿还时，本金仍按一百两计算，利息也按一百两本金的利息来算。清廷在立法上对放债人用短票折扣暗地增加利息的行为进行打击。乾隆二十三年（1758）的条例规定："放债之徒，用短票扣折，违例巧取重利者，严拏治罪，其银照例入官。受害之人，许其自首免罪，并免追息。"① 嘉庆四年（1799），饬令五城御史，"严惩牟利之徒，不得向候选官员，私用短票扣折，重利盘剥"②。条例并未对短票扣折者制定具体的具有可操作性的刑事惩罚措施，只是笼统地讲要"严拏治罪"，操作弹性很大，另外还附带行政处罚规定，没收交易银两。而且，为了禁止这一变相的违禁取利行为，条例规定，借贷人同样治罪，许自首免罪，交上本钱，不交利息。

三、清代地方政府关于利息限制的行政命令

清代地方政府以中央颁布的《大清律例》为依据，利用地方行政法规直接接触百姓的特点，制定了不少关于禁止违禁取利的地方性行政法规，其核心是对高利贷利率的限制。

高拱乾任台广兵备道兼理学政期间，下令禁止高利贷者重利盘剥平民、苦累高山族同胞，颇得百姓拥戴。他颁布的《禁重利

① 《钦定大清会典事例》卷七六四《刑部·户律钱债·违禁取利》。又见该书卷一〇三九《都察院·五城·违例放债》载："乾隆二十三年议准，嗣后在京放债之人，凡有通挪借贷，务遵定例取息，按年计算，其三月倒票刁风，交步军统领、五城御史，出示晓谕，永行禁止。如示禁之后，仍有短票盘剥情弊，查访确实，即行严拏，交部治罪，其银入官，借债之人。许其自首免罪。"

② 《钦定大清会典事例》卷一三九《都察院·五城·违例放债》。

剥民示》规定："仰所属典铺、债家、军民人等知悉：嗣后一遵律例，取利毋过三分。如有倚势横取、不遵示禁者，三尺具在；本道不徇情面，断行按律究治。庶民生日有起色，豪强知所畏儆。"① 河南巡抚田文镜在雍正三年（1725）《禁重利放债》的告示中规定："律载私放钱债，每月取利不得过三分，年月虽多，不过一本一利。访得豫民违禁取利，竟有每月加五六分至大加一五不等，穷民任其盘剥。凡有势力之人，官亦听从指使，代为追比，殃民殊甚。除从前借欠者照律还本利外，嗣后，不许再犯，如违，重究。"② 以上两例是地方督抚县道遵循中央立法条文，强调中央立法在地方的实行，重申最高利率为月息三分。

不仅如此，地方政府根据地方的实际情况，在月息三分的最高限度内对各自辖区内的借贷利率做了适当调整。刘秋根对清代地方政府对典当业利率的立法调整做过专门研究，他认为："从顺治年间即开始了对典当业利率进行法律上的调整。这种调整或是强迫典商在一定幅度内降低利率，如三分改二分、二分改一分五、一分五降为一分等；或是要求在年终时节的一定期限内降利，以便穷民取赎还债。从时间上看，从顺治、康熙到乾隆、嘉庆，有一个利率下降的过程；从空间上看，东部、西部表现出利率高低及时间先后的差异。"③ 下面再就几个典型的地方立法做一探讨。

1. 山东：乾隆十一年（1746），山东地方政府规定，凡遇灾年，正、二、三月有取赎农器者，概以二分起息，其余别物，俱

① ［清］高拱乾辑：《台湾府志》卷十《艺文志·公移》之高拱乾《禁重利剥民示》，中华书局1985年版。

② ［清］田文镜：《抚豫宣化录》卷四《告示一条禁事》，中州古籍出版社1995年版。

③ 刘秋根：《清代典当业的法律调整》，《中国经济史研究》2012年第3期，第67—80页。

照旧例三分起息。后又规定，凡冬月取赎一律减息一分。长山县南北、通济二当，为了不减少利息收入，常年二分起息，遇冬月减利政策遂改为三分起息，于是乾隆二十三年（1758）三月，山东巡抚批示，由布政使司颁布法律规定："如有二分行利之当铺，俱照旧通年二分起息，冬月免其减利。如有情股案梓，自愿冬月一体让息者，听从其便，并不得借冬月减利改为三分起息。"① 山东改变了冬日减息的规定，常年二分起息；对有当铺自愿通年二分起息的，国家给予鼓励和嘉奖。乾隆二十三年（1758）五月二十一日山东规定："据阳信具呈详，当铺毕万盛、万聚二商，自愿通年二分起息，永不更改……殊可嘉尚仰武定府转饬奖予，并令冬月免其减息。"②

山东还依当期不同规定了相应的让利政策，乾隆年间，山东省宪司规定："原经本司会议，除行息仍照旧二分外，如有当物期满一年取赎者让利一月，二年取赎者让利二月，久经通行并示敕遵在案。"③ 典当期限越长，所纳利息越多，享受利息的折扣应该越多，期满一年，让利一月；期满两年，让利二月，分别让利1/12。

2. 江苏：江苏元和县以嘉庆八年（1803）江苏苏州府元和县郭景安控告俞三观等重利盘剥一案为契机，勒石刻碑于市面，禁止客民高利放贷，其规定为："嗣后再有外来流民在苏州放债，一两以内，三分取息；五两以内，二分八厘取息；五两以外，二分五厘取息；十两以外，二分取息；其在百两以上，本钱愈重，其

① 《乾隆朝山东宪规》第一册《当铺常年二分起息，冬月免其让利通饬》，《中国珍稀法律典籍续编》第7册。

② ［清］佚名：《乾隆朝山东宪规》第三册《当铺通年二分行息应详立案》，世界图书出版公司2009年版。

③ ［清］凌燽：《西江视臬纪事》卷四《示当铺》，世界图书出版公司2009年版。

利亦当递减。且只许按月计利，不许本利滚盘，倘敢故违，照律惩治。”① 元和县依据放贷银两多寡设置不等的利率，本钱越多，利率越低，按月计利，明确禁止放印子钱、鞭子钱等高利贷形式，阶梯利率符合市场经济的惯例，亦降低了百姓的利息负担。

3. 福建：《福建省例》为今人留下了官方利率形成比较详细的过程，今作为案例稍做详细叙述，以便了解事情的梗概。

乾隆二十九年（1764）之前，“民间开张典当，如闽、侯二县本银稍殷，故前据报开二分、三分行息，限期概以三十六个月为满。如长乐等各县，地处卑湿，衣服粗贱，难以久贮，故前报三分或二分四厘行息，期限二十四个月或二十六个月不等，相安已久”②。福建省内对利率和行息期限并无统一的规定。乾隆二十九年（1764）二月十七日，增修省例：“如大当仍应以行息规定二分、限期三十六个月为满，小典行息二分四厘、限期二十四个月为满，通饬各属画一，遍行晓谕，遵照奉行。务期严密查访，毋任阳奉阴违。仍令于详报开典详内，查明本银多寡，切实声明，分别大小行息限期，取具族邻地保并无扶同捏报，以大作小，藉称每两每钱、零日算月等弊甘结，详送察核请升。倘详报给帖之后，查有捏报盘剥情事，即以违制律治罪。所有从前已经开张各当铺，应准照旧办理，毋庸即为纷更。”③ 可知，乾隆二十九年（1764）福建省统一划定大当小典的利率标准和行息期限，大当二分，行息期限三十六月为满，小当二分四厘，行息期限二十四月为满。

① 苏州历史博物馆等编：《明清苏州工商业碑刻集》（第九目），江苏人民出版社1981年版。

② ［清］佚名：《福建省例》之《当税例·当铺大小行息限期》，台北：台湾省文献委员会，1997年。

③ 《福建省例》之《当税例·当铺大小行息限期》。

但是省例并未开具区分大小典的标准，所以出现下述现象，“有本银二、三百两者请照大当限期，有本银五六百两者又照小典限期行息。更有多本捏为小典，冀图重利，为害贫民”。于是，乾隆三十九年（1774）规定，“嗣后凡有开张典当，如本银在五百两以上者，概照大当行息二分，限期三十六个月为满。如在五百两以下者，悉照小典行息二分四厘，限期二十四个月为满。通饬各属，通行晓谕。仍于详报开典文内，声明本银多寡确切数目，分别办理。并取具该当户族邻地保，并无扶同以大捏小甘结，加粘印结，详送请升，以昭画一”①。

但是问题并未就此解决，因为在经营过程中，典当铺发展并不平衡，有的当铺因经营不善可能倒闭，但有典当铺发展起来，积累了大量的货币资本，这就与原来注册时确定的经营规模有了很大的不同。由于经营规模的不同，按照政府的规定所要遵从的法定利率就应不同，但是典当铺为了增加利息收入，仍旧按照小典的高额的利息率标准收取利息，与现行法律本意相违背。“据诸罗县详报当户薛文琛开张典铺，备本银一千两，请照小典行息限期，致奉宪批饬薛文琛备银千两开典，已属多本，据请行息二分四厘、二十四个月为限，与例未符。当经转行该县查明换结，并通饬遵照各在案。今查各属详报开典，有本银二三百两者请照大当限期，有本银五六百两者又照小典限期行息。更有多本捏为小典，冀图重利，为害贫民。亟宜明定章程，俾有遵守。”② 因此就有了乾隆四十八年（1783）的第三次修改章程。

第三次修改章程的过程经历了福建地方政府反复的讨论，最后才得以确定。这一过程完整地保留在《民间开张大小典当分别

① 《福建省例》之《当税例·开张典当分别本银行息限期》。

② 《福建省例》之《当税例·开张典当分别本银行息限期》。

行息章程》中。最初，福州府上报，闽县、侯官县两当户赴县请求在遇有荒歉、青黄不接之时，民间多有典当，要求官方许可增添本钱，以避免地棍借端串诈扰害。两县提出方案："除乾隆三十九年（1774）以前报开小典，应照原议准各照旧开张，免其纷更，及大典原报五百两以上，本银不拘定数，均毋庸置议外，所有三十九年以后报开小典，声明本银五百两以下者，似应各准添本，以五千两为率，一逾五千，即照大典呈改息限。如遇新报开典，体照画一办理，于原定章程，益觉周密，而民间亦各得其便。"①

福建府按察使司上报福建巡抚，福建巡抚要求福州府查明情况，提出具体方案。福州府提出遵照上述两县的方案："除乾隆三十九年（1774）以前报开小典，应照原议准各照旧开张，免其纷更，及大典原报五百两以上，本银不拘定数，均毋庸置议外，所有从前开报小典，请如县拟，准其随时添本接济，准以五千两为率，若逾五千，呈政大典息限，不得影射，违者按律究治。"②

但是，福建提刑按察使司准许小典追加资本，但驳回了五千两的标准，提刑按察使司的方案是："应请准其随时酌量，添本接济，以通贫民缓急，毋庸拘定成数，则弊端自可永绝。凡嗣后新报开典，仍于结内填明本银五百两上下，以凭分别大小行息限期，并声明听其随时酌量添本字样，似此既不紊于原定章程，复于民商咸称利便矣。"福建巡抚驳回了福建提刑按察使司的方案，令其再议。

福建提刑按察使司参考其他省份的情况，提出新的方案："嗣后各属典当，银三两、钱三千以上、二分行息、三十六个月为满，银三两、钱三千以下、二分四厘行息、二十四个月为满。如此酌量分别，在贫民缓急可通，无大典不收之病；在当户本资既裕，

---

① 《福建省例》之《当税例·民间开张大小典当，分别行息章程》。

② 《福建省例》之《当税例·民间开张大小典当，分别行息章程》。

无小典改报之烦。立法仍有等差，奸徒无从索诈。”具体过去与今后的衔接问题方案：“统以乾隆四十八年（1783）五月初一日为始，改设当票，注期行息、限期，如有逾额多取，查出重究。台湾地隔重洋，应以八月初一日为始。各属续开新典，一体照办。其请颁当帖时，不须限定本银分别大小名目。从前所有当铺原领司帖，本无大小字样，亦毋庸换给。至本年五月、八月未经定例以前，所当物件，仍照旧时行息限期取赎，以杜纷争。”①

福建巡抚驳回了福建提刑按察使司的方案，提出了比较简略的方案：“当本既不定银数，无分大小，自应不论银钱之多寡，统定以二分起息。并将向来二十四月、二十六月满限之处，亦折中核定，统改为三十个月满限。并拟定□□为始，严饬通省出示晓谕，画一办理，则事不繁而人易知，一切争端自可永除。至当铺原领司帖，本无大小字样，毋庸另换。其未经定例以前，所当物件，仍照旧时行息限期取赎。”② 并令再行察议。

福建提刑按察使司又重申了原来方案，并强调了自己的理由。按察使司认为，应该尊重市场的现状，小典适应当物低价、借贷数量较少的普通百姓借贷之需，而且转输费用较高，所以利率也应较高，这也是私典存在的必然原因，如果按照巡抚的意见，小典必会从市场退出，普通百姓借贷必会转向私典，实际并未减轻百姓的负担。应该说福建提刑按察使司的说法是符合市场经济规律的。但福建巡抚驳回了提刑按察使司的意见，并提出简单的方案：不分大小典，“分别银三两、钱三千上下，以二分及二分四厘起利，限期遵照批示，统以三十个月为满”③。至此关于福建典当

① 《福建省例》之《当税例·民间开张大小典当，分别行息章程》。
② 《福建省例》之《当税例·民间开张大小典当，分别行息章程》。
③ 《福建省例》之《当税例·民间开张大小典当，分别行息章程》。

法定利率之争画上了句号。

正如刘秋根所言，这场利率调整行动，多数是由上到下推动，即由地方政府发动，由布政司、按察使与各府县共同推动，主要体现政府与典当商人之间的斗争、妥协，最为典型的是福建、江西、湖南，一般是以典商呈请为缘由，经府县呈请，藩司、臬司斟酌，报巡抚批示，再修改，再报批，两三个回合之后再做决定，一般不在朝堂讨论。①

经过康熙至乾隆、嘉庆年间的立法减利运动，法定典当利率整体有所下降，并且下降的幅度较大。虽然《大清律例》法定利率仍是三分，但多数地方的利率降到了两分左右，有些达到两分以下，甚至降到一分五、一分。

法定利率的降低正反映了市场利率降低的事实。同时，高利贷商人和政府的博弈也说明法律等上层建筑对经济基础的影响不容小觑，政府在很大程度上对经济的运行具有相当的影响力。

第二节　清代关于借贷业准入、当税、当物的规定

一、当帖、当税制度及对私当、小押的打击

（一）清代当帖、当税制度概况

清代经营典当业必须要领取营业执照、正常纳税方许营业。典当行的营业执照，亦称当帖、典帖、行帖。清编《六部成语注

---

① 刘秋根：《清代典当业的法律调整》，《中国经济史研究》2012 年第 3 期，第 67—80 页。

解补遗·户部》解释："典商领帖：凡开典当，商家必须赴部请领凭贴始许开设。"领帖制度始于清雍正六年（1728）。《清朝通典》载："雍正六年设典当行帖。"① 雍正六年（1728）规定：直隶各当铺"均令布政使司钤印颁帖，交各州县转给输税。如有新开典当，报司给帖，于开设时增税。无力停开者，即交帖免输"②。当帖由各省布政司加盖印章，由各州县负责核发，一般均注明准许典当行经营的年限，定期更新换旧，凡非官准立案，私自设立典当行，称为"私典"，均为违法。

典当行开设伊始，就要像其他商业部门那样向国家交税。清编《六部成语注解·户部成语》载："典税：业质物典铺之人应纳之税也。"典当行纳税已经在顺治朝开始了。据《清朝续文献通考》卷二六《征榷一·顺治九年》载："定直省典铺税利：在外当铺每年定税银五两，其在京当铺并各铺，仍令顺天府查照铺面酌量征收。"康熙三年（1664）户部规定："当铺每年征银五两，大兴、宛平大行店铺同，十五年定京城行铺税例，上等每年五两，余二两五钱。"③

其后，当帖、当税制度扩大到全国范围。乾隆四十一年（1776）议准："各省民间开设典当，呈明地方官，转详布政司请帖，按年纳税报部。其有无力停止者，缴帖免税。"并规定了当铺的税率："直隶、江苏、安徽、江西、浙江、福建、湖北、湖南、河南、山东、山西、陕西、甘肃、四川、广东、广西等省，每年每座税银五两；云南每年每座税银四两；贵州每年每座税银三两；奉天每年每座税银二两五钱。"④

---

① 《清通典》卷八《食货八·赋税下》，文渊阁四库全书本。

② 《钦定大清会典事例》卷二四五《户部牙帖商行当铺税》。

③ 《清通典》卷八《户部·杂赋下》，浙江古籍出版社 2000 年版。

④ 《钦定大清会典事例》卷二四五《户部·杂赋·牙帖商行当铺税》。

道光年间对雍正六年（1728）当税规定做了进一步的阐释。雍正六年（1728）规定："如有新开典当，报司给帖，于开设时增税。"① 何为"开设时"？按照福建布政使司的解释应为"开张营业时"，而非"领取当帖时"。为消除误解，规定："嗣后凡有商民于上年十一、二月赴县呈报开典，均须切实声明。如系岁底开张，即于呈报之年入额输税。如于次年正月内开张，即准其于次年入额起科。如此画一办理，庶于国课民生，两无窒碍。"②

到了清后期，典当业除了纳税之外，还多出一层捐助。据宓公干《典当论》载："因海防筹款，又责令各当商于正税外，每户领帖一张，另捐饷银若干，谓之帖捐。随地方情形，无一定额数，与正税性质不同。又依各省秋收之惯例，正税帖捐之外，复有各项杂费，名目繁多。"

因为长江中下游是太平天国农民战争的主战场，典当业遭到灭顶之灾，此后逐渐恢复，但未再领帖，也就未曾纳税，因此，光绪十一年（1885）奏准："湖北自军兴以后，各当铺荡然无存。嗣经绅富凑集资本，开设质当，均未照章领帖纳税。应令各州县查明境内质当若干座，无论城乡市镇，资本大小，一律捐银一百两，遇闰加增银八两。从本年春季起，按季呈缴，报解藩库，另储充饷。傥有情愿领帖纳税者，即予免捐，以示区别。"③ 从此以后就开始了典当业纳捐的恶例。光绪二十三年（1897），户部以当商取利较厚，税额犹轻，因奏准自是年起，每年每当纳税银五十两。清末安徽一省典捐即多达七万多两，更遑论江苏、安徽和江西三省之总数。从《皖政辑要》的记载中可窥见长江中下游几省

① 《钦定大清会典事例》卷二四五《户部·杂赋·牙帖商行当铺税》。
② 《福建省例》之《典铺应于开张之年起税》。
③ 《钦定大清会典事例》卷二四五《户部·杂赋·牙帖商行当铺税》。

典捐的征缴情况。

皖省典铺月息，向皆二分五厘，经江督左宗棠通饬减去五厘，而凤、颍、泗等属仍多未减。此次议行典捐，委员先赴各州县典铺查明近三年架本，以年终存架者为断，就三年所存酌中定数，令取息二分者按年捐息二厘，取息二分五厘者按年捐息三厘，此架本捐也。初行之时，从典商之请，将二分取息者加取质户二厘，连同架本，共捐四厘，以助赔款。旋以有累贫民，即于光绪二十八年七月罢去，只令自捐二厘，与凤、颍、泗等处自捐三厘者均著为定章，经巡抚聂缉规奏明立案。其缴捐之法，许就近缴交州县衙门转解，或由各典径缴筹议公所，均照时价易银统计。此款岁收七万数千两不等。①

（二）清代对私当、小押的打击政策

不领当帖即经营者称私当。资本较小的私当又称小押。咸丰间的福建人刘家谋称："私典有曰'小押'者，皆兵卒为之。每质物一百文，只给九十一，谓之'九抽'；赎时仍满其数。每十日，一百文计息六文。其限期之缓急，以物之高下为差；然无过一岁者。"② 清代地方政府对于那些不领帖、规模小、利率高的私当、小押往往进行打击。对于私当、小押打击的理由不外乎两点：取利过高、窝赃买赃。

早在康熙年间，尚未推行领帖制时节，一些地方官就开始了

① ［清］冯煦主修，陈师礼总纂：《皖政辑要》卷三五《筹议典捐》，黄山书社2005年版。

② ［清］刘家谋：《刘家谋全集汇编》之《海音诗》，出自《清代宦台文人文献选编》，台湾龙文出版社2012年版。

对私当、小押的打击。乾隆以后，对于私当、小押的禁令规定细密化，对私当、小押的打击逐渐常态化。乾隆中后期，福建省规范大典、小典利率和满当期限，充分考虑了私当的情况，认为私典扰乱市场秩序，高利盘剥，收盗贼赃，主张严禁。“查闽省更有一种名曰‘私当’，三月为限，加一起息，闾阎受其剥削。兼收当贼赃，深为民害，并请饬令该地方官实力稽查，严加访拏详究，毋任胥役包揽狥庇，俾当户无影射小典之弊，贫民受利济缓急之便矣。巡抚部院批示中说：仰饬各该县实力访查，严行示禁革除。”①

湖南省亦在乾隆年间下令禁绝私当、小押。乾隆二十四年（1759），长沙知县张为鑊奏称：“卑县现在安置军流各犯，原挟有微资者，竟与地方无赖之徒私行开设典押小铺，贱价押进，贵价变出。”建议“各速改别业”。鉴于其他州县亦有此种情形，禁止开设私当、小押在湖南全省推开。巡抚批复：“在配军流私开典押小铺以销盗赃，实为地方之害，既有此弊，即应查禁。”②

后至乾隆三十六年（1771），湖南布政使、按察使提出查禁私当小押的方案，建议：对于私当小押也须首先示禁，禁而不止，再分情况治罪，要求“如有前项军流私开小押者，立即严行查察……概令停押侯赎，毋许复行私押”。如有再开者“一面将衣物查起给主，本追入官，仍将该犯加杖示儆”。这一方案遭到巡抚批驳：“小押典质微物，为值无多，无非觅蝇利而便贫民，例所不禁，倘违禁取利，知情故押贼赃，事发自有应得之罪。”③ 巡抚认

① 《福建省例》之《当税例·开张典当分别本银行息限期》。

② 《湖南省例成案》卷三三《户律·钱债·违禁取利·严饬私开点押小铺》，《中国古代地方法律文献》丙编，社会科学文献出版社2012年版。

③ 《湖南省例成案》卷三三《小押毋许违禁取利及知情故押贼赃除照例治罪外，仍不许复开小押》。

为，军流配犯挟微资开小押，正可让其谋生，不可禁止。但到乾隆四十九年（1784），情况发生变化，陆耀升任湖南巡抚，对军流配犯开小押，采取了严禁政策，严令“即行停歇小押，并行自行首明免罪，所存物件令各人照三分月利尽行赎回”①。

嘉庆八年（1803），在北京开始禁绝新增设小押，并限制小押营业时间。皇帝发表上谕：“现在街市有买零星小押铺，不过希图谋利，而鼠窃匪徒借以消赃，并闻各街市于天尚未明时，即摆摊售卖，最为藏奸。而售主亦贪图便宜，即明知实系贼赃，亦不查明来历，殊非日中为市之义。此时若将小押铺概行查禁，在彼生理微薄者，或不免失业无依；若不示以例禁，则奸宄公然售卖赃物，尚复何所顾忌。嗣后着五城出示晓谕，不得仍前开设小押，其在街市摆摊者，总于日出后方准售卖，傥其中有来历不明之物，于犯案后查出，即将知情售卖之人按律治罪。”②

地方上，苏州私典小押极多，嘉庆年间“苏松内外私开小押、重利盘剥者，竟有数百十家，盗贼易于消赃，赌博便于取本”。同湖南情形相似，配军开设小押的情况较多。“为因羁縻军流人犯起见，有一犯准开一店之议，遂致地棍影射，兵役朋开，日渐日多”，因而江苏按察司下达禁令，限三个月放赎期，之后停止营业。“将所押各物，定例三分，只准放赎，不准再行质押，勒限三个月，再行停止。”③

光绪年间，庆亲王奕劻提出《整顿当商章程》，其中一条：

---

① ［清］陆耀：《切问斋集》卷一五《严禁在配流违例私押示》，江苏书局清光绪十八年重刻本。

② 《钦定大清会典事例》卷一三七《都察院・五城・窃案》。又见《钦定大清会典事例》卷一一六一《步军统领・职制・禁令二》，内容基本相同。

③ 江苏省博物馆编：《江苏省明清以来碑刻资料选集》之《江苏按察司严禁私开押店永杜民害碑》，生活・读书・新知三联书店1959年版，第230页。

"小押局、暂押局更为民害，自出示之日为止，一律止当，候赎限至赎尽期满后，概行勒令改业，如违标封提究。"[①] 获从。光绪二十八年（1902），发表上谕："有人奏请将私设小押暂押当局查封提究，开单呈览一折。据称京畿盗案，层见叠出，实由小押私当为之罪魁，请将私设各当局，严密查抄，永远封禁，并将开设私当之人，送交刑部治罪等语。着步军统领衙门、顺天府、五城御史、按照单开各处，严密查封，分别究惩。"[②] 并且在光绪三十年（1904）惩办了开设私当的宗室祥山。"宗室祥山于奉饬禁止之后，仍敢私押物件，实属故违禁令，若不严加惩办，何以苏民困而挽浇风，祥山及伙犯李义清等均着交刑部会同宗人府严行审办，以儆效尤。"[③]

私当、小押屡禁不止的原因在于，衙门不法胥吏在典铺开张之时，索取贿赂，容隐当铺不领当帖、不纳当税即行开业。地方官府查禁私典、小押的过程中，一些地方上靠讹诈混饭的黑社会"棍徒"，常将规模较小的当铺，当作私当向官府告发，引起社会秩序不稳。（因为大当与小当的法定利率和满当期限不同，也有"棍徒"告诉当铺以大报小，敲诈当铺。）地方官不分情况，混同骚扰。"今无论先报未报，是典非典，概事混查，甚至米粮油盐铺户，向以斗米斤油与穷民偶通缓急，乃被地豪土棍以平素赊取不遂，或一时索账过严，偶撄其怒，动捏私典名色具首，地方官不加详察，随即混行拘扰，二三十两之资本倾于一旦。"地方政府为了维护正常的市场秩序，对此加以禁止"严饬有司借遵法以扰民，再禁蠹胥假奉公而生事，各惜身命，共保残黎"。这种禁令带有保

① ［清］甘韩辑：《皇朝经世文新编续集》卷十《商政·析津杨凤藻兰坡校正商政户部议覆奏整顿茶务摺》，清代经世文全编本，学苑出版社2011年版。

② 《清德宗实录》卷五〇九，光绪二十八年十二月庚寅。

③ 《清德宗实录》卷五三七，光绪三十年十一月乙亥朔。

护典当及其他商铺合法经营之意图。①

二、清代法律对当物的限定

清代借贷可分为两大类：纯信用借贷和抵押借贷。抵押借贷又可分为不动产抵押借贷和动产抵押借贷，不动产抵押多为土地、宅院的典卖形式，这将另文讨论。本文主要讨论动产抵押借贷。因此，抵押物品也是借贷之债法律规定所关注的对象。

清代的借贷多是抵押借贷，但并非所有物品都可抵押。康熙八年（1669）定例："凡旗下民人，不许质当兵器及貂鼠猞猁狲等衣服、皮端罩、朝衣、金银器皿等物。违者治罪。其收当之人，计赃坐以窃盗罪，免刺，至死者减一等。"② 因为高级皮料衣物是满洲贵族专用物品，禁止平民穿戴，平民亦无此物，所以，禁止以貂鼠猞猁狲等高级衣服作为当物典当钱财。但是，贵族并非没有暂时的资金短缺，借贷应急在所难免，故此于康熙十二年（1673）改变了原来的政策，规定："除兵器不准典当外，其貂鼠猞猁狲等物，对明各主，方许典当，违者俱照例治罪。"③ 在对明主人的情况下，可以以貂鼠猞猁狲等物作为当物去质借钱物。清代还规定印信、敕书、诰命等官方文件信物不得作为当物。康熙十一年（1672）又议准："武职各官将敕书、诰命质当者，革职。"④ 兵器一直被禁止作为质物典当。

康熙朝对以禁物质当的双方当事人处罚并不相同，对收当者处罚比较明确，处罚的量刑标准见下表：

---

① ［清］胡衍虞辑：《居官寡过录》卷三，佟寿民《严饬假公扰民》，黄山书社1997年版。

② 《钦定大清会典事例》卷七六四《刑部·户律钱债·违禁取利》。

③ 《钦定大清会典事例》卷七六四《刑部·户律钱债·违禁取利》。

④ 《钦定大清会典事例》卷六二二《兵部·绿营处分例·奏章文册》。

表 2　清代康熙朝收质禁物处罚表

<table>
<tr><th>数量</th><th>对窃盗处罚</th><th>对收质禁物的处罚</th></tr>
<tr><td>一两以下</td><td>杖六十</td><td>杖六十</td></tr>
<tr><td>一两以上十两以下</td><td>杖七十</td><td>杖七十</td></tr>
<tr><td>二十两</td><td>杖八十</td><td>杖八十</td></tr>
<tr><td>三十两</td><td>杖九十</td><td>杖九十</td></tr>
<tr><td>四十两</td><td>杖一百</td><td>杖一百</td></tr>
<tr><td>五十两</td><td>杖六十徒一年</td><td>杖六十徒一年</td></tr>
<tr><td>六十两</td><td>杖七十徒一年半</td><td>杖七十徒一年半</td></tr>
<tr><td>七十两</td><td>杖八十徒二年</td><td>杖八十徒二年</td></tr>
<tr><td>八十两</td><td>杖九十徒二年半</td><td>杖九十徒二年半</td></tr>
<tr><td>九十两</td><td>杖一百徒三年</td><td>杖一百徒三年</td></tr>
<tr><td>一百两</td><td>杖一百流二千里</td><td>杖一百流二千里</td></tr>
<tr><td>一百一十两</td><td>杖一百流二千五百里</td><td>杖一百流二千五百里</td></tr>
<tr><td>一百二十两</td><td>杖一百流三千里</td><td>杖一百流三千里</td></tr>
<tr><td>一百二十两以上</td><td>绞监候</td><td rowspan="4">免刺字，罪止于杖一百流三千里</td></tr>
<tr><td>初犯</td><td>于右小臂膊上刺窃盗二字</td></tr>
<tr><td>再犯</td><td>再刺左小臂膊上刺窃盗二字</td></tr>
<tr><td>三犯</td><td>不论赃数绞［监候］</td></tr>
</table>

但对以禁物质当的借贷者仅言“违者治罪”，具体处罚并未言明；雍正元年（1678）规定：“不肖兵丁，将军器质当，应行严禁。嗣后有将盔甲、撒袋、腰刀、鸟枪等物质当者，本人及开当铺之人，一并严加治罪。其该管佐领骁骑校等，交该部议处。”①

① 《钦定大清会典事例》卷一一四六《八旗都统·公式·禁令一》。

后又议准了对八旗以军器质当者的处罚，“官革职，兵鞭一百、革退，军器追缴，该管官失察者，罚俸一年”①。雍正二年（1679）重申：“从前曾经禁止质当盔甲器械等物，今再严加禁约，交与八旗五城于京城内外当铺中所有盔甲器械，着以来年正月为限，此时稍宽其期，俾得办理完结。正月以后，朕派侍卫官员将各当铺稽察，傥经查出，务将五城官员及开当铺人质当之人，并该管稽察人等，从重治罪。”② 可见，在康熙、雍正朝军器质当禁而不止，对以军器质当的借贷者的处罚并不得力，原因是八旗兵的贫困问题不能从根本上解决，所以不可能铲除八旗兵以武器质贷的现象，因为武器是他们比较值钱的物品了。又因为八旗子弟是清朝统治者依靠的主要力量，所以，对他们以武器质贷的处罚执行的并不严格，这一点从条文的措辞也可看出，雍正时的举措只不过是权宜之计。

后经乾隆二十六年（1761）、乾隆三十六年（1771）、嘉庆十七年（1812）几次对当物规定的修改，③ 最后定型为《大清律例》

---

① 《钦定大清会典事例》卷一一二二《八旗都统·兵制·军器》。

② 《钦定大清会典事例》卷一一二二《八旗都统·兵制·军器》。

③ 乾隆二十六年（1761）十二月丙寅，福州将军舍图肯奏称：“旗营军器为防护掺演之用。近有兵丁擅行私当开当之人明知违例收当取利，请严加禁止等语。查私当军器，例无治罪专条。应请嗣后军人军官私当衣甲旗帜者照军人私卖例，减一等杖一百徒三年。至收当之人，即照私有军器计数治罪，律减一等问拟每一件加一等，止杖一百徒三年，军器及当本利均入官。失察之该管地方及将领各官，分别议处。”从之。乾隆三十七年（1772）因杨成儿等重利私当军器一案，定例加上“重利收当军器者，枷号三月，发黑龙江等处为奴”等字。乾隆三十七年。壬辰。八月。癸亥朔。谕军机大臣等，据刑部审拟杨成儿等重利私当军器一折。“遵旨严讯杨成儿等，究出认识之护军披甲等姓名。据供，散给止操时，官未收回，故得押当。现照例拟杖一百，徒三年，至收当军器，倍利盘剥者，例止徒流。今请从重改发黑龙江等处，给披甲人为奴，其失察各管官咨部查议。”从之。嘉庆十七年（1812）又加以修改，将发黑龙江改为发极边足四千里充军。

相关条文：“军人、军官私当关给衣甲、旗帜、应禁军器，照私卖律减一等杖一百徒三年。至收当之人，照私有军器律减一等，杖七十，每一件加一等，罪止杖一百徒三年。如有结伙盘踞、加倍重利收当军器者，枷号三个月，发极边足四千里充军，军器、当本照例入官。其非应禁者不在此限，失察之地方将领各官交部议处。”①

综上可知：1. 军人、军官私自典当政府发给衣甲、旗帜、应禁军器，比照私卖律减一等处罚，杖一百徒三年，明确了私自质当兵器的处罚；2. 对收取武器等禁物作为当物的放贷者较康熙年间的处罚减轻了不少。如下表：

表 3　《大清律例》收质禁物处罚表

<table>
<tr><th>数量</th><th>对私有禁物处罚</th><th>对收质禁物的处罚</th><th>备注</th></tr>
<tr><td>一件</td><td>杖八十</td><td>杖七十</td><td rowspan="11">如有纠结团伙，加倍收取重利，并收当军器，枷号三个月，发极边足四千里充军发配，军器、当本按照规定没收入官，失察之地方将领各官也要受到处罚，交部议处</td></tr>
<tr><td>二件</td><td>杖九十</td><td>杖八十</td></tr>
<tr><td>三件</td><td>杖一百</td><td>杖九十</td></tr>
<tr><td>四件</td><td>杖六十徒一年</td><td>杖一百</td></tr>
<tr><td>五件</td><td>杖七十徒一年半</td><td>杖六十徒一年</td></tr>
<tr><td>六件</td><td>杖八十徒二年</td><td>杖七十徒一年半</td></tr>
<tr><td>七件</td><td>杖九十徒二年半</td><td>杖八十徒二年</td></tr>
<tr><td>八件</td><td>杖一百徒三年</td><td>杖九十徒二年半</td></tr>
<tr><td>九件</td><td>杖一百流二千里</td><td rowspan="3">杖一百徒三年</td></tr>
<tr><td>十件</td><td>杖一百流二千五百里</td></tr>
<tr><td>十一件及以上</td><td>杖一百流三千里</td></tr>
</table>

① 《钦定大清会典事例》卷七七二《刑部・兵律军政・私卖军器》。

第三节　清代借贷之债中有关八旗官兵的规定

一、清代早期对驻外省八旗放贷的处罚规定

康熙三十一年（1692）议准旗人放贷取利的处罚，旗人犯放债违例取利不仅本人要受到处罚，而且其责任长官也要受相应的组织处罚和行政处罚："外省驻防旗人，有犯串结土豪放债盘利，开赌诈骗，准折子女……依律治罪，如犯至枷三月鞭一百之罪者，将该佐领、防御、骁骑校，降二级调用；协领、参领、城守尉，降一级留任；将军、都统等，罚俸一年。"①

如果八旗官员犯违例取利之罪，本人及责任长官也要受到相应处罚，"如协领以下、骁骑校以上各官，有本身自犯此等罪者，皆革职治罪，该将军、都统等降一级留任。佐领以下各官有犯，该管协领、参领、城守尉、防守尉，降二级调用，将军、都统等，罚俸一年"②。

如果旗人官员子弟、奴仆犯违例取利之罪要累及家长，"若各官纵子为恶，有犯此等罪者，降二级调用；该管各官，降一级留任；将军、都统等，罚俸一年。至奴仆有犯此等罪者，家主系官，照佐领例议处，常人鞭一百，该管各官皆免议"③。

可见，1. 旗人犯放债违例取利之罪同样要受到处罚，只是处罚的方式不同于汉人，这与民族政策有关，相比较而言，旗人犯

① 《钦定大清会典事例》卷六一三《兵部·八旗处分例·杂犯》。
② 《钦定大清会典事例》卷六一三《兵部·八旗处分例·杂犯》。
③ 《钦定大清会典事例》卷六一三《兵部·八旗处分例·杂犯》。

放债违例取利之罪的处罚要轻一些；2. 八旗既是行政组织，又是军事组织，所以，旗人犯罪其官长要负领导失察责任，子弟、奴仆犯罪其家长要负监护失职责任；3. 八旗官员犯放债违例取利之罪只是受到行政处罚。

表 4　旗人犯放债违例取利之罪及相应的长官连带责任所受处罚表

<table>
<tr><th></th><th>本人（或家长）</th><th>佐领防御骁骑校</th><th>协领参领城守尉（防守尉）</th><th>将军都统</th><th>备注</th></tr>
<tr><td>外省驻防旗人犯放债盘利之罪</td><td>依律治罪</td><td>降二级调用</td><td>降一级留任</td><td>罚俸一年</td><td>管下旗人犯枷三月鞭一百之罪</td></tr>
<tr><td>协领以下骁骑校以上各官犯放债盘利之罪</td><td>革职治罪</td><td>—</td><td>—</td><td>降一级留任</td><td>—</td></tr>
<tr><td>佐领以下各官犯放债盘利之罪</td><td>革职治罪</td><td>—</td><td>降二级调用</td><td>罚俸一年</td><td>—</td></tr>
<tr><td>各官子犯放债盘利之罪</td><td>降二级调用</td><td colspan="2">降一级留任</td><td>罚俸一年</td><td>—</td></tr>
<tr><td rowspan="2">奴仆犯放债盘利之罪</td><td>家主系官，照佐领例议处</td><td colspan="3" rowspan="2">免议</td><td rowspan="2">—</td></tr>
<tr><td>常人鞭一百</td></tr>
</table>

雍正三年（1725）此项规定被重申，部分内容有所改易，其文如下：“外省驻防旗人，与土棍串党朋奸，举放私债，盘勒重

利，开赌囮骗，准折子女……种种行恶者，酌所犯情罪轻重，照律例定罪。本犯罪止军罪者，行查出之该管骁骑校以上各官，交该部照例分别议处。其驻防协领以下、骁骑校以上官员，本身有犯者革职，该管之将军、副都统，俱交该部照例议处；督抚不行查出者，亦交部议处。"后因所开不法各项，"俱有专条，旗民有犯，一体科罪，毋庸专为外省驻防定例，乾隆五年删"①。

二、雍乾嘉时期禁止八旗官兵放贷、借贷立法的发展变化及其内容

（一）禁止佐领、骁骑校、领催等在本佐领或弟兄佐领下放高利贷。雍正五年（1727）例则为："佐领、骁骑校、领催等②，有在本佐领或弟兄佐领下，指扣兵丁钱粮放印子银者，旗人照边卫充军例，枷号三月，鞭一百；伙同放印子银者，照为从杖一百徒三年例，枷号四十日，鞭一百。所得利银，勒追入官。"③

乾隆五年（1740）改定为："佐领、骁骑校、领催等，有在本佐领或弟兄佐领下，指扣兵丁钱粮放印子银者，系佐领、骁骑校，照流三千里之例，枷号六十日；系领催，照边卫充军例，枷号七十五日。俱鞭一百。伙同放印子银者，照为从杖一百徒三年例，枷号四十日，鞭一百。所得利银，勒追入官。"很明显，乾隆时期

---

① 《钦定大清会典事例》卷七六四《刑部·户律钱债·违禁取利》。

② 佐领，八旗官员，早期称牛录额真，改称牛录章京，入关后，改为汉称佐领，正四品。驻京师者置于参领之下；驻防，则置于协领之下。战时领兵官，平时为行政官，掌管所属户口、田宅、兵籍、诉讼诸事。清昭梿《啸亭杂录·国初官制》："入关后，始改总统旗务者为都统，每旗一员，其参协者为副都统，每旗二员。其下设参领、佐领等官。"骁骑校，清代八旗低级军官名，早期称代子，满语称"分得拨什库"，代行者之意。设于佐领之下，正六品。领催，催促人之意，低级军职，专司登记档案及支领俸饷诸务。

③ 《钦定大清会典事例》卷七六四《刑部·户律钱债·违禁取利》。

的律例比雍正时的处罚减轻了，并且进行了细化，分类进行处罚。①

乾隆七年（1742）议准："嗣后如有佐领骁骑校领催等，盘剥该管兵丁放印子银者，枷责、仍勒银入官外，其止系重利放债者，不论旗民，依违禁取利本律治罪；如借债人首告，究讯明确，按照律例定拟……如旗人有举放重债，勒取兵粮，并不在本佐领下者，亦照民人减等枷责例。"②

乾隆三十九年（1774）重申："八旗佐领下人私放印子转子银钱，典买官兵俸饷，或伙同有力之家，重利借放，或领催等于中取利，坐扣兵饷者，经佐领查出，将私放重利之人送部治罪，其本利由放债人名下追出，交存该旗，以为奖赏良善兵丁贫苦旗人之用。其借债之人责处，所借银钱，免其着追。"③

（二）禁止非旗民向旗民放贷的规定：雍正五年（1727）谕："违禁图利，将兵丁粮米贱买，又放印子、转子重取利息者，枷号三月，鞭一百，并妻子俱发黑龙江给穷披甲为奴，佐领骁骑校革职，作保之骁骑校、领催，俱各革退，鞭一百。"④ 雍正十三年（1735）定："凡有民人违禁向八旗官兵放转子、印子、长短钱者，拿送该地方官，亦照旗人例枷责治罪。"

乾隆七年（1742）议准："民人违禁向八旗官兵放转子、印子、长短钱，并交通领催兵丁扣取钱粮者，照领催枷号七十五日之例减等，枷号四十日。"⑤ 乾隆三十二年（1767）又议定："民人违禁向八旗兵丁放转子、印子、长短钱扣取钱粮，及旗人举放重债、勒取兵丁钱粮、并非在本佐领下放债者，或经告发，或被

---

① 《钦定大清会典事例》卷七六四《刑部·户律钱债·违禁取利》。
② 《钦定大清会典事例》卷七六四《刑部·户律钱债·违禁取利》。
③ 《钦定大清会典事例》卷六〇六《兵部·八旗处分例·钱粮》。
④ 《钦定大清会典事例》卷七六四《刑部·户律钱债·违禁取利》。
⑤ 《钦定大清会典事例》卷七六四《刑部·户律钱债·违禁取利》。

兵丁首出，除所欠债目不准给还外，将放债之人照讹诈例从重治罪。欠债之人，毋庸治罪。”①

（三）嘉庆十六年（1811）将上述两种规定杂糅在一起：“佐领、骁骑校、领催等，有在本佐领或弟兄佐领下，指扣兵丁钱粮放印子银者，系佐领、骁骑校，照流三千里之例，枷号六十日；系领催，照近边充军例，枷号七十五日。俱鞭一百。伙同放印子银者，照为从杖一百徒三年例，枷号四十日，鞭一百。如非在本佐领下举放重债、勒取兵丁钱粮，及民人违禁向八旗兵丁放转子、印子、长短钱扣取钱粮者，照诈欺官私取财律，计所得余利准窃盗论，利银均追入官。”② 其处罚详见下表：

表 5　清代八旗领内外放贷处罚表

放贷范围	放贷者	处罚
本佐领内或与弟兄佐领内放贷	佐领、骁校骑	照流三千里之例，枷号六十日，鞭一百
	领催	照近边充军例，枷号七十五日，鞭一百
	伙同放印子银者	照为从杖一百徒三年例，枷号四十日，鞭一百

① 《钦定大清会典事例》卷七六四《刑部·户律钱债·违禁取利》。

② 刘连群：《马三立别传》之《山门贵客：鸭子刘》讲到，清末民国时期北京几种高利贷形态，其中就有印子钱和转子钱。当时高利贷放债大致有几种：一种是印子钱，借十元钱，每天来要两毛，一天未给，次日补齐，六十天还清，如果每天还一毛，五六个月期满，不准间断；一种叫转子钱，即鸭子刘说的，借十元者，每月还两元，六个月还十二元；还有利息钱，借十元者，当月即扣一元，只付九元，然后整借整还，拖一个月一元利钱；再有坠把钱，借十元者，每星期日交两毛，一年期满。最可怕的是一种叫两死账的，借十元钱，借债人除去工作单位（如书场）之外，在什么地方见着债主，就得还二分钱，不论是路上、门口、饭馆以及厕所，也不管是否大庭广众，众目睽睽，见面就得还钱，数目不大，却如同一片阴云罩顶，令人时时刻刻提心吊胆。当众还债更使人名声扫地，颜面丧尽。债主与借债人之间的这种阴魂附体般的关系，直到有一方死亡才告消失，故而称“两死帐”。

续表

放贷范围	放贷者	处罚	
非在本佐领下举放重债或非旗人放贷	照诈欺官私取财律，计所得余利准窃盗论，利银均追入官	一两以下	杖六十
		一两以上十两以下	杖七十
		二十两	杖八十
		三十两	杖九十
		四十两	杖一百
		五十两	杖六十徒一年
		六十两	杖七十徒一年半
		七十两	杖八十徒二年
		八十两	杖九十徒二年半
		九十两	杖一百徒三年
		一百两	杖一百流二千里
		一百一十两	杖一百流二千五百里
		一百二十两	杖一百流三千里
		一百二十两以上	绞监候

（四）禁止八旗军官作为中保参与借贷。“佐领、骁骑校虽未出本放银，不能禁止他人，反与属下兵丁保借者，革职，该参领交部议处。”① 嘉庆《大清律例》改为：“佐领、骁骑校、领催等，代属下兵丁指扣钱粮保借者，佐领、骁骑校革职，领催鞭一百。”②

（五）八旗军官呈报义务和追究失察之责。雍正元年（1723）

① 《钦定大清会典事例》卷七六四《刑部·户律钱债·违禁取利》。

② 《钦定大清会典事例》卷七六四《刑部·户律钱债·违禁取利》。

议准："八旗兵丁指借私债，以应领银米充为利息，该管佐领、骁骑校知情者，革职。参领、副参领罚俸一年。领催鞭一百，革退。失察者，骁骑校降一级留任，佐领罚俸一年。参领、副参领、罚俸九月，领催鞭六十。"①后将八旗军官对本佐领内的高利贷事件有觉察、呈报之责改为"该参领失于觉察者，交部议处……至佐领、骁骑校、参领等，平时失于觉察，以致该管兵丁将官钱粮扣还印子银者，俱交部分别议处"。乾隆三十年（1730）议准："八旗佐领及族长人等，能将该旗欠债之人尽心稽察，至查出一二件重利借贷之事者，年终汇题。三年无过，给与纪录，如将欠债之事，知情隐忍，或被该大臣查出，或被他人出首，俱交部严加议处。"②嘉庆十六年（1811）规定："八旗佐领每月将有无重利放债借债之处，出具印结呈报该参领，参领按季加结、呈报都统查核。"③

（六）禁止八旗官兵以月供粮米为典借贷。雍正五年（1727）谕："违禁卖粮米，借重利印子、转子银两之人，鞭八十，所卖粮米价银，并所借印子转子未还已还之银，俱一并追出，分为二分，一分赏拿获之旗员，一分赏披甲人等。"④乾隆十七年（1752）议定："其指米借债之人，照违制律鞭一百；自行首出者，免其治

① 《钦定大清会典事例》卷六百六《兵部·八旗处分例·户口钱粮》。又见《钦定大清会典事例》卷一三三吏部"处分例重利盘剥"乾隆三十年奏准："兵民违禁重利放债，该管之文武官员等，如能实力查拏，及有官职之族长首报者，并计所查拏案数，每二案纪录一次。傥该管官不准自首、硬作查出者。将谎报之该管地方官降二级调用。若纵容兵丁民人违例放债者，将各该管文武地方官，均照徇庇例、降三级调用。如该管文武地方官，及有官职之族长，不能实力查拏，止于失察者，每案照失于查察例罚俸一年。"

② 《钦定大清会典事例》卷一一四七《八旗都统·公式·禁令二》。

③ 《钦定大清会典事例》卷七六四《刑部·户律钱债·违禁取利》。

④ 《钦定大清会典事例》卷七六四《刑部·户律钱债·违禁取利》。

罪。所欠帐目，并免着追。”①

（七）旗人索债之规定。康熙八年（1669）题准：“凡旗下人在境外放债控告者，概不准行。其境内欠债之人，故意刁蹬者，准行审理。若借债之人已死，无力偿还，虽告亦不准行。”康熙十九年（1680）谕：“各旗差遣家人或往外省索债，或令随官赴任，或以情干求外官者甚多，借端营私，小民最为苦害，令吏兵刑三部及都察院会同定例严禁寻议。旗人私往外省借端挟诈、嘱托行私，扰累小民者，平人枷号三个月、鞭一百。失察之佐领，罚俸三个月，其差遣家仆之人系闲人，鞭一百；系官，革职；差去之仆，枷号一月、鞭一百。”② 从之。道光五年（1825）定：“凡闲散旗人及旗下官员，私自出境取债探亲者，均照逃走例分别办理。庄屯居住之另户人，照闲散例办理。其另户家人私自出境者，本犯照例治罪，本主免议。”③ 综上可知，八旗内部可以相互借贷，如内部借贷有故意违契不还，官为理偿，但是禁止以粮米为典高利借贷，同时禁止旗人出境索债。

---

① 《钦定大清会典事例》卷七六四《刑部·户律钱债·违禁取利》。《钦定大清会典事例》卷二〇八《户部·漕运·漕运杂禁》。五年题准：“奸徒专放粮船私债，旧例许运官并运军自首，照私放官债加等治罪。嗣后有违禁取利盘剥运军者，责令地方文武各官及坐粮厅立拏究治。如地方官、坐粮厅不即严拏，及该管运弁纵军私自借债者，一经发觉，皆交部严加议处。”

② 《钦定大清会典事例》卷八五六《刑部·督捕例·旗人私出境外》。康熙十九年定。凡旗人私自出境取债探亲者，系闲散，鞭一百。系官，交部议处。失察之佐领骁骑校，亦交部议处。领催，鞭五十。如将家人明知差去者，鞭八十。系官，交部议处。其屯庄居住之另户人及家人私自出境者，除本犯照例治罪外，佐领、骁骑校、领催及本主俱免议。屯领催照领催例治罪。

③ 《钦定大清会典事例》卷八五六《刑部·督捕例·旗人私出境外》。

第六章　清代关于借贷之债的法律规定（三）

第一节　清代关于借贷之债诉讼、中保及事涉少数民族借贷的规定

一、清代关于借贷之债诉讼相关问题的规定

（一）关于诉讼顺序的规定：清代借贷之债诉讼顺序基本沿袭《大明律》的规定，但雍正三年（1725）删巡抚下“巡按”二字，乾隆五年（1740）于问罪下注“依越诉论”四字，“凡负欠私债，在京不赴法司而赴别衙门，在外不赴军卫有司而越赴巡抚三司官处告理，及辄具本状奏诉者，俱问罪，依越诉论，立案不行。若本京别衙门听从施行者，一体参究。私债不追”①。

嘉庆六年（1801）依据雍正五年（1727）条奏定，“凡杖笞轻罪，五城及步军统领衙门自行完结，若罪重于杖笞者，送刑部定拟。负欠私债，罪止杖笞，不应赴法司告理”。将乾隆五年

① 《钦定大清会典事例》卷七六四《刑部·户律钱债·违禁取利》。

（1740）的律文改为："凡负欠私债，在京不赴五城及步军统领衙门而赴部院，在外不赴军卫有司而越赴巡抚司道官处告理，及辄具本状奏诉者，俱问罪，依越诉论，立案不行，私债不追。"① 强调借贷债务案件应在基层解决，不能越级告诉，减轻上层衙门的压力。

（二）借贷之债诉讼的管辖权。清廷以为，"民间词讼，不于犯事地方呈告，则原告易驾虚词；而关提质审，被告又易于抗延支饰"。雍正六年（1728）议准，钱债等事的诉讼，"必令于犯事地方告理，不得于原告所住之州县呈告。原籍之官，亦概不得滥准行关。彼处之官，亦不得据关文即为拘发。违者将该地方官详参，滥准行关者，罚俸一年。据关拘发者，罚俸六月。如有于犯事之地方官处，告准关提质审，而彼处地方官，匿犯不解者，照徇庇例、降三级调用"②。律文强调，借贷之债的诉讼必在事发地的官府告诉，不得于原告的原籍官府告诉，如果原籍官府滥行关调质审，要罚俸一年，事发地官府滥行据关拘发，要罚俸六个月。犯事之地方官府，行文到被告原籍地方官府，而被告原籍地方官府不解送其到事发地受审，该官员要照徇庇例，降三级调用。

（三）借贷之债诉讼的审理。雍正六年（1728）规定：地方的债负案件"赴本州县呈控审理，曲在民人，照常发落，曲在旗人，录供加看，将案内要犯审解该厅发落"③。该厅即各省理事厅。嘉

---

① 《钦定大清会典事例》卷七六四《刑部·户律钱债·违禁取利》。

② 《钦定大清会典事例》卷一二四《吏部·处分例·提解人犯》，又见《钦定大清会典事例》卷八一五《刑律·诉讼·越诉一》，内容稍有差别。原文如下："户婚、田土、钱债、斗殴、赌博等细事，即于事犯地方告理，不得于原告所住之州县呈告，原籍之官，亦不得滥准行关，彼处之官，亦不得据关拘发，违者分别议处，其于事犯之地方官处告准，关提质审，而彼处地方官匿犯不解者，照例参处。"

③ 《钦定大清会典事例》卷八一七《刑部·刑律·诉讼告状不受理》。

庆十年（1805）重申：钱债细事“仍照例听城坊及地方有司自行审断，毋得概行送部”。嘉庆十八年（1813）例定：京城钱债细事由五城及步军统领衙门审理，“审明罪止枷杖笞责者，照例自行完结。其旗民词讼，各该衙门均先详审确情，如应得罪名在徒流以上者，方准送部审办，不得以情节介在疑似，滥行送部。若将不应送部之案率意送部者，刑部将原案驳回，仍据实奏参”①。后再次强调：户婚钱债等细事“均应由各该衙门自行完结，不得滥行送部，例有明文”。即使是旗民互控的借贷之债的纠纷，“由户部令各该旗及地方官讯明，咨部断理，至必须刑讯者，方会同刑部严审”。②

二、清代关于借贷中保的规定

（一）禁止为违禁取利放贷者作保。中保作为借贷的中介和担保经常发挥着重要作用，为借贷者和放贷者中间撮合，并且负有担保的职责，在借贷者不能偿还债务时要为其代偿，因此，一些为获得佣金，常以欺骗手段促成借贷事宜达成协议；在借贷者偿还有困难时又充当放贷者的帮凶，以暴力逼迫借贷者偿还，避免自己的损失。“有贪夫牟利，于保借时则扣除加一二，于还利时则抽取一二分，只图作做中肥己，不顾剥害他人。”因此，康熙间闽浙总督发布文檄：“如有奸棍串通假冒营头倚势出本放债分肥利息者，定行按名严拿。中保之人重责四十板、枷号两个月示儆，并同放债之人一并发问治罪。”③

（二）禁止为京债作保。《大清律例》规定，不得为放京债者作保，并且保人不得随借贷京债的官员同赴任所取债，“听选官

---

① 《钦定大清会典事例》卷八四四《刑部·刑律断狱·有司决囚等第一》。

② 《钦定大清会典事例》卷八五〇《刑部·刑律断狱·有司决囚等第七》。

③ ［清］刘兆麒：《浙闽总制文檄》卷四《禁缉保窝营债奸徒》，黄山书社 1997 年版。

史、监生人等借债与债主及保人同赴任所取偿，至五十两以上者，借者革职，债主及保人各枷号一月发落，债追入官”①。

（三）禁止为八旗兵丁典卖粮米作保。八旗的下层官员与放贷者通同作弊，作为担保人，代为属下兵丁以充作军饷的钱粮为典借贷，该官员要受到处罚。雍正九年（1731）议准，“外任旗员借银以六七百两为千两，出二四分利息者，该旗参领、佐领、骁骑校等不得具保，如有滥行具保者，罚俸一年”②。“佐领、骁骑校、领催等代属下兵丁指扣钱粮保借者，佐领、骁骑校革职，领催鞭一百”③。八旗兵丁以钱粮为典自行借贷，其中保之人亦要问罪。“八旗兵丁私借银两，以每季所关米石充作利息者，该参佐领等查出，将借银、放银及中保人等一并送部治罪。”④

（四）禁止八旗佐领以官方图记作保。雍正八年（1730）议准：“八旗铸给图记，原为公事而设，至私借债负等事，不得用图记作保，如有滥用者，该都统指名题参。”⑤ 嘉庆六年（1801）奏准：“佐领因本身借贷银钱，押典房地，并代人作保，于契券内妄用图记者，降一级调用。”⑥ 道光二年（1822）奏定：八旗佐领“若将图记质当”“革职提问”⑦。

三、清代关于少数民族借贷的规定

少数民族往往地处边疆地区，少数民族地区的稳定与国家的统一和边疆的安宁密切相关，清朝政府担心对少数民族的借贷取

---

① 《钦定大清会典事例》卷七六四《刑部·户律钱债·违禁取利》。
② 《钦定大清会典事例》卷六〇六《兵部·八旗处分例·钱粮》。
③ 《钦定大清会典事例》卷七六四《刑部·户律钱债·违禁取利》。
④ 《钦定大清会典事例》卷一一四七《八旗都统·公式·禁令二》。
⑤ 《钦定大清会典事例》卷一一四七《八旗都统·公式·禁令二》。
⑥ 《钦定大清会典事例》卷六〇八《兵部·八旗处分例·印信》。
⑦ 《钦定大清会典事例》卷六〇八《兵部·八旗处分例·印信》。

利行为会引起民族纠纷，影响边疆的稳定，因此，清廷一直规范甚至是限制内地人向少数民族居民放贷。

清朝初期，人口流动非常频繁，内地百姓大量迁徙到东南、西南等少数民族聚居的边疆地区，同时也带去了资金。但是这些牟利的资金通过高利贷的形式注入当地，资金和劳力分割新创造的价值必会引起矛盾，形成当地土著居民与新居客民的冲突。为消除客民放贷的危害，国家直接禁止客民放贷给少数民族，禁止内地人到少数民族地区放债。

雍正二年（1724）规定："客民田主借放茶布、牛马、银两、谷筱籽种，止照二分取息，不得重利滚折，盘剥夷民。"① 内地放贷取息以三分为律，禁止利滚利，而在少数民族地区采用的低于内地的法定利率体现了政府对少数民族地区的重视和力图融洽民族关系的倾向。

乾隆三十一年（1766）两广总督杨廷璋、广东巡抚王检奏岐黎仇杀客民一案，认为发生此案缘于久居黎地之客民，欺黎民贫愚，"放债盘剥，凌虐难堪，黎图报复，故酿巨案"。故上奏请求"仍饬该总管、哨管、黎头稽查，不许黎岐往来民村，私相借贷。如违，该甲长、黎头禀究，从前钱债数目饬地方官彻底查明，其非违例取息，已收一本一利者，将券缴销，否则仍令清还。如系重利招盘剥，将收过一本一利外，余息追出充公，永禁客民入黎放债，违者递解回籍"②。

乾隆四十六年（1781）增修清律，规定"内地民人概不许与土司等交往借债，如有违犯，将放债之民人，照偷越番禁例加等

---

① 《钦定大清会典事例》卷七六四《刑部·户律钱债·违禁取利》。

② 《清高宗实录卷》七六一，乾隆三十一年五月丙申。

问拟，其借债之土苗，即与同罪”①。

嘉庆九年（1804）重定条例，“内地汉奸潜入粤东黎境，放债盘剥者，无论多寡，即照私通土苗例，除实犯死罪外，俱问发边远充军，所放之债，不必追偿”②。《大清律例》之《盘诘奸细》“交结外国及私通土苗，互相买卖借贷，诓骗财物，引惹边衅……遗患地方者，除实犯死罪［如越边关出外境，将人口、军器出境，卖与硝黄之类］外，俱问发边远充军”③。

清廷不仅禁止汉民借贷给黎族、苗族等少数民族，而且禁止少数民族对汉人放贷。乾隆五年（1740）定例，“苗民接壤，除粮食布帛现钱交易外，至兵民向苗族借债卖产，令文武官永远严禁，犯者照拐骗律治罪。该管及上司不报，照失察民苗结亲例议处。其已经与苗借债者，令兵民自首，勒限赔还，不首事发，照前例治罪”④。

清朝初年在南部边疆采取民族隔离政策，企图阻断民族间的经济往来而保持边疆的稳定。这样的政策不仅鲁笨而且无效。清朝初年，北疆的民族政策要开明一些，但同样禁止向蒙古人放贷。

康熙九年（1670）奏准：“不准借与乌梁海人等银两、赊给物件、私往游牧地方讨债，违者从重治罪。”⑤ 嘉庆十年（1805）规定：“商民账目已完者令其速回，未完者展限完结，嗣后若有无照私往者，即行拿送将军大臣处照例治罪，该札萨克官员容隐不报。查出一并参处。”⑥ 嘉庆十一年（1806），因商民孙幅培向乌梁海

① 《钦定大清会典事例》卷七六四《刑部·户律钱债·违禁取利》。
② 《钦定大清会典事例》卷七六四《刑部·户律钱债·违禁取利》。
③ 《大清律例》卷二〇《兵律·盘诘奸细》。
④ 《钦定大清会典事例》卷九八三《理藩院·边务·蒙古民人贸易》。
⑤ 《钦定大清会典事例》卷九八三《理藩院·边务·蒙古民人贸易》。
⑥ 《钦定大清会典事例》卷九八三《理藩院·边务·蒙古民人贸易》。

人收债一事而发布上谕："该商民等任意私往放债，而乌梁海人等赊欠不清，日久讼狱纷繁，必所不免……嗣后务以现银实物交易，毋许商民再赊物借银与乌梁海人等，致滋事端，违者不特将商民及乌梁海人等治罪，该管总管佐领等亦着一并参奏治罪。"①

汉族和少数民族杂居相处，双方必要的经济交流是不可避免的，借贷行为作为经济交流的一种方式也必是不可缺少的。如果用简单粗暴的强制命令的方式绝对禁止是不现实的，这样做必然会遭到失败。

第二节 清代关于当铺发生盗窃、火灾的处理规定

一、清代关于当物盗失的赔偿规定

在清代，当铺对借贷者所典当的当物负有保管的职责，即使当铺发生了盗抢或火灾，丢失或损坏了当物，当铺均要负赔偿责任。

《大清律例》把当铺发生的盗抢分为被窃和被劫两类，"劫"是强盗使用暴力强行将当铺中保存的当物抢掠而去，当铺责任相对要小；"窃"是盗贼暗中行窃，偷偷地把当物窃取，当铺保管不够尽力，责任相对要大，所以，当铺对"被劫"和"被窃"的赔偿不尽相同。《大清律例》道光二十四年（1844）增订："典铺被窃，无论衣服、米豆、丝棉、木器、书画以及金银、珠玉、铜铁、铅锡各货，概照当本银一两再赔一两。如系被劫，照当本银一两再赔五钱，均扣除失事日以前应得利息。如赔还之后，起获原赃，

① 《清仁宗实录》卷一五六，嘉庆十一年二月丁酉。

即给与典主领回；变卖，不准原主再行取赎。”①

如果当铺被抢劫，按照当本加半赔偿，如果当铺被窃，按照当本加倍赔偿。当铺不论是被窃还是被劫，赔偿都要扣除失事以前应得利息，也就是赔偿金额要扣除被窃或被劫之前的利息。如果当铺因被抢或被盗赔偿之后，当物再次被查获找回，当物就不再属于原当户所有了，当铺完全可以自行处理，不准原主取赎。

《大清律例》还规定：“倘奸商店伙人等于失事后，有贪利隐匿、乘机盗卖等弊，即照所隐之物，按所值银数计赃，准窃盗论。若祇以窃报强，希图短赔价值者，即计其短赔之值为赃，准窃盗为从论分别治罪。”② 如果当铺在发生盗抢之后，故意隐匿当物或是乘机盗卖隐匿的当物，要按照所隐匿的当物的价值，按照窃盗罪论处；如果是被窃而上报官府说被抢，妄图少赔偿借贷者，按照少赔的价值准窃盗为从论处。其处罚详见下表：

表1　清代盗卖当物处罚表

数量	对窃盗处罚	贪利隐匿 乘机盗卖	窃盗为从	以窃报强， 短赔价值
一两以下	杖六十	杖六十	杖五十	杖五十
一两以上 十两以下	杖七十	杖七十	杖六十	杖六十
二十两	杖八十	杖八十	杖七十	杖七十
三十两	杖九十	杖九十	杖八十	杖八十
四十两	杖一百	杖一百	杖九十	杖九十
五十两	杖六十徒一年	杖六十徒一年	杖一百	杖一百

① 《钦定大清会典事例》卷七六四《刑部·户律钱债·违禁取利》。

② 《钦定大清会典事例》卷七六四《刑部·户律钱债·违禁取利》。

续表

数量	对窃盗处罚	贪利隐匿乘机盗卖	窃盗为从	以窃报强，短赔价值
六十两	杖七十徒一年半	杖七十徒一年半	杖六十徒一年	杖六十徒一年
七十两	杖八十徒二年	杖八十徒二年	杖七十徒一年半	杖七十徒一年半
八十两	杖九十徒二年半	杖九十徒二年半	杖八十徒二年	杖八十徒二年
九十两	杖一百徒三年	杖一百徒三年	杖九十徒二年半	杖九十徒二年半
一百两	杖一百流二千里	杖一百流二千里	杖一百徒三年	杖一百徒三年
一百一十两	杖一百流二千五百里	杖一百流二千五百里	杖一百流二千里	杖一百流二千里
一百二十两	杖一百流三千里	杖一百流三千里	杖一百流二千五百里	杖一百流二千五百里

二、关于当铺失火损失当物的赔偿规定

18世纪，关于典当当物赔偿制度有过一次规模较大的省级立法运动，立法主要围绕是否要减少当铺的赔偿比例、保护典铺的利益而展开，核心是是否要区分典铺“自行失火”与“邻火延烧”两种情况，这场运动从浙江、江苏、安徽蔓延到湖南、江西，并且扩展到典铺失窃乃至染坊失火与失窃，且在某种程度上影响到中央的立法，《大清律例》最终在乾隆四十二年（1777）的新例中纳入了“自行失火”与“邻火延烧”的区别性赔偿原则。在此之

后，各省的省例基本在此基础上又进行了细化。① 本文主要不研究典当铺当物损失的赔偿制度的立法过程，而偏重探讨律文本身的内容。

江苏：乾隆十二年（1747）江苏省对当铺失火赔偿据时间不同和当物成本不同制定了具体赔偿标准。如“二十个月者，原当一两扣利六钱，计赔银四钱；十一个月者，原当一两，扣利二钱二分，计赔银七钱八分；一个月者，原当银一两，扣利二分，赔银九钱八分，其余总照此计算赔偿”②。

原当价是指典物的典卖价，一般采用值十当五的原则来确定典价。比较贵重的当物以其总价值的50%为典价作为赔偿准数，以十个月为一期，如果当物在当二十个月了，扣除原典价的60%作为利息，赔偿原典价的40%，借贷者实际获得原典价＋原典价的40%＝140%×原典价＝原当物价值×50%＋原当物价值×50%×40%＝原当物价值×70%，即借贷者获得了原当物的70%；如果当物在当十一个月了，扣除原典价的22%作为利息，赔偿原典价的78%，借贷者实际获得原典价＋原典价的78%＝178%×原典价＝原当物价值×50%＋原当物价值×50%×78%＝原当物价值×89%，即借贷者获得了原当物的89%；如果当物在当一个月了，扣除原典价的2%作为利息，赔偿原典价的98%，借贷者实际获得原典价＋原典价的98%＝198%×原典价＝原当物价值×50%＋原当物价值×50%×98%＝原当物价值×99%，即借贷者获得了原当物的99%。如果是棉花、米豆粮食质当时间期限短，则按照典价的10%来赔偿，“质当棉花半年为满，米豆

① 邱澎生：《18世纪中国商业法律中的债负与过失论述》，出自《古代中国：传统与变革》，复旦大学出版社2005年版。

② ［清］万维翰辑：《失火规条》之《失火成规》，世界图书出版公司2009年版。

粮食等项扣至接新一年为期，与衣饰不同，俱以贯一赔偿”①。因此，据上述推理，借贷者可获得原当物价值的55%。

山东：乾隆朝《山东宪规》列举了几次当铺失火赔偿的案例。乾隆十九年（1754）七月，平原县永顺当店自行失火，官府下令赔偿：“当本一两，在十月以内者，赔银三钱；十月以上者，赔银二钱。其已过二十个月，概免赔偿，颇为酌中。”② 即以十个月为一期，如果当物在当二十个月了，免于赔偿；如果当物在当十个月了，赔偿原典价的20%，借贷者实际获得原典价＋原典价的20%＝120%×原典价＝原当物价值×50%＋原当物价值×50%×20%＝原当物价值×60%，即借贷者获得了原当物的60%；在当十个月以下，赔偿原典价的30%，借贷者实际获得原典价＋原典价的30%＝130%×原典价＝原当物价值×50%＋原当物价值×50%×30%＝原当物价值×65%，即借贷者获得了原当物的65%。乾隆二十五年（1760）聊城县万顺当铺失火，定例“邻火延烧……以十分减四议赔，如当本一两，在十月以内，赔银一钱八分；十月以上，赔银一钱二分；已过二十个月者，概免赔偿”③。如是邻火延烧，以十个月为一期，如果当物在当二十个月了，免于赔偿；如果当物在当十个月了，赔偿原典价的60%×12%，借贷者实际获得原典价＋原典价的60%×12%＝112%×原典价＝原当物价值×50%＋原当物价值×50%×60%×12%＝原当物价值×53.6%，即借贷者获得了原当物的53.6%；在当十个月以下，赔偿原典价的18%，借贷者实际获得原典价＋原典价的60%×18%＝110.8%×原典价＝原当物价值×50%＋原当物价值×50%×

① 《失火规条》之《失火成规》。

② 《乾隆朝山东宪规》第四册《当店失火分别赔偿》。

③ 《乾隆朝山东宪规》第四册《当店失火分别赔偿》。

60%×18%=原当物价值×55.4%，即借贷者获得了原当物的55.4%。

《山东宪规》还要求：当铺所在地方官在失火之时，令该管官详查当号，分别核实被烧物件及其数量，取具该商及地邻人等证明并无乘机隐匿情由，该县加具印结附详察夺。倘有隐瞒情弊，将该商照费用受寄财物律治罪，所瞒物照追给主，不给当本。乾隆二十七年（1762）十一月，藩司详院通饬，当铺失火，分别赔偿，照乾隆二十五年（1760）议定章程办理。

乾隆三十四年（1769）规定："凡京城当行失火，除所当货物未被焚烧者，仍按律准其取赎外，其已被烧毁者，俱按票价量减以七成赔还。傥奸商店伙人等有乘机偷盗情弊，审实照窃盗律治罪。"① 可知，京城当铺失火，当物没有被烧毁的，依旧按法律允许取赎，如已经烧毁，当铺赔还按照原典价的百分之三十，加上原获得的典价（典价一般为原物价值的百分之五十，即所谓值十当五），可以得出，借贷者最高可获得总价值=典价+典价×30%=原当物价值×50%+原当物价值×50%×30%=原当物价值×65%，借贷者可获得原当物总价值的百分之六十五，损失百分之三十五。

在中央修订《大清律例》后，地方政府基本按照《大清律例》来处理本地类似案件，并在此基础上形成成例，作为处理本地案件的省例。《福建省例》载，乾隆四十六年（1781），"查典商收当民间货物，按月计利，听凭扣限取赎。一应门户火烛，均宜小心谨慎，遇有疏失，自应着赔。典商收当货物，自行失火烧毁者，以值十当五计，至被窃（著者按：考其义'窃'当为'焚'或'烧'字）之日为止，扣除月利赔偿，定例以归画一"②。这与

① 《钦定大清会典事例》卷八二九《刑部·刑律杂犯·失火》。

② 《福建省例》之《刑政例（下）·典商收当货物被窃，照例赔偿》。

《大清律例》规定的原则是一致的。具体赔偿数量＝典价—该纳利息＝当物价值×50％—月息率×至被焚月数×典价。所以，借贷者总的获得＝典价＋典价—该纳利息＝当物价值—月息率×至被焚月数×典价。

为了避免执政的麻烦，以及造成法外之法所引歧义，《福建省例》又提出，不要将银器赔偿与他物区别开来。立法者以为，如果将银器赔偿与其他当物区别开来，又重新订立法条会引起新的争议，而且银器和其他当物均为一事，不必两立条例。“该府议将银器一项另照分两计算，恐当票内所载分两，皆系典伙随意混书，不足为准。且既欲计算原当分两，则必又论银色之高低，转滋争执。而一事两例，亦不足以昭公允。应将该府所请首饰银器另照原当分两计算之处毋庸议。”① 其立法原则也是尽量与中央的《大清律例》保持一致。

全国：《大清律例》规定：“凡典商收当货物，自行失火烧毁者，以值十当五，照原典价值计算，作为准数。邻火延烧者，酌减十分之二。按月扣除利息，照数赔偿。”② 其赔偿的原则是自行失火烧毁当物要按照原典价赔偿，邻火延烧烧毁当物要按照原典价的百分之八十赔偿。而且要扣除失火之前的利息。按照典当“值十当五”的惯例，我们可以得到公式：自行失火的赔偿数额＝（原当物价值×50％）×100％—失火之前的利息＝原当物价值×50％—失火之前的利息；邻火延烧的赔偿数额＝（原当物价值×50％）×80％—失火之前的利息＝原当物价值×40％—失火之前的利息。如果加上借贷者获得的原典价（当物价值的50％），我

① 《福建省例》之《刑政例（下）·典商收当货物被窃，照例赔偿》。

② 《钦定大清会典事例》卷八二九《刑部·刑律杂犯·失火》。此条乾隆四十二年增修。道光二十四年，移附费用受寄财产门内修并。

们可以计算出借贷者总共获得的金额：自行失火所获总数＝原当物价值—失火之前的利息；邻火延烧所获总数＝当物价值×90%—失火之前的利息。

如果是粮食、棉花等当物，因为当铺保管费用较大，满当期限较短，赔偿给还的金额更少。《大清律例》规定："其米麦豆石棉花等粗重之物，典当一年为满者，统以贯三计算。照原典价值给还十分之三。邻火延烧者，减去原典价值二分，以减剩八分之数，给还十分之三，均不扣除利息。"① 自行失火的按照原典价的百分之三十赔偿，邻火延烧的按照原典价的百分之八十给还百分之三十，但均不扣除利息。所以，我们可以得到赔偿的公式：自行失火的赔偿＝（原当物的价值×50%）×30%＝原当物的价值×15%；邻火延烧的赔偿＝（原当物价值×50%）×80%×30%＝原当物的价值×12%。借贷者得到了原当物价值的百分之十五或百分之十二的赔偿，加上借贷者获得的原典价（当物价值的50%），我们可以计算出借贷者总共获得的金额：自行失火获得总数＝原当物的价值×15%＋原当物价值×50%＝原当物的价值×65%；邻火延烧获得总数＝原当物的价值×12%＋原当物价值×50%＝原当物价值×62%。

表 2　当铺火灾赔偿标准表

江苏	衣饰等类二十个月	借贷者获得了原当物价值的 70%
	衣饰等十个月以上	借贷者获得了原当物价值的 89%
	衣饰等一个月以内	借贷者获得了原当物的价值 99%
	棉花米豆粮食	借贷者可获得原当物价值的 55%

① 《钦定大清会典事例》卷八二九《刑部・刑律杂犯・失火》。

续表

山东	自行失火	在当二十个月	免于赔偿
		在当十个月	借贷者获得了原当物的 60%
		在当十个月以下	借贷者获得了原当物的 65%
	邻火延烧	在当二十个月	免于赔偿
		在当十个月	借贷者获得了原当物的 53.6%
		在当十个月以下	借贷者获得了原当物的 55.4%
北京	京城当铺失火，当物被烧毁的		借贷者获得原当物总价值的 65%
	京城当铺失火，当物没有被烧毁的		依旧按法律允许取赎
福建	当物价值—月息率×至被焚月数×典价		
全国	自行失火		借贷者获得原当物价值×50%—失火之前的利息
	邻火延烧		借贷者获得原当物价值×90%—失火之前的利息
	棉花米豆粮食自行失火被毁		借贷者获得原当物价值的 65%
	棉花米豆粮食邻火延烧被毁		借贷者获得原当物价值的 62%

《大清律例》还规定："其未被焚烧及搬出各物，仍听当主、染主照号取赎。"没有被焚烧或者搬出的当物，原当主仍可以交还典价取赎。"傥奸商店伙人等，于失火时有贪利隐匿乘机盗卖等弊，即照所隐之物，按所值银数，计赃准窃盗论，追出原物给主。若止以自己失火为邻火延烧，希图短赔偿值者，即计其短赔之值

为赃，准窃盗为从论，分别治罪。”① 对于失火时贪利、隐匿乘机盗卖或以自己失火为邻火延烧短赔价值的犯罪，其处罚详见下表：

表 3　清代对当铺失火违法行为处罚表

数量	对窃盗处罚	失火时贪利隐匿乘机盗卖的处罚	窃盗为从	以自己失火为邻火延烧短赔价值的处罚
一两以下	杖六十	杖六十	杖五十	杖五十
一两以上十两以下	杖七十	杖七十	杖六十	杖六十
二十两	杖八十	杖八十	杖七十	杖七十
三十两	杖九十	杖九十	杖八十	杖八十
四十两	杖一百	杖一百	杖九十	杖九十
五十两	杖六十徒一年	杖六十徒一年	杖一百	杖一百
六十两	杖七十徒一年半	杖七十徒一年半	杖六十徒一年	杖六十徒一年
七十两	杖八十徒二年	杖八十徒二年	杖七十徒一年半	杖七十徒一年半
八十两	杖九十徒二年半	杖九十徒二年半	杖八十徒二年	杖八十徒二年
九十两	杖一百徒三年	杖一百徒三年	杖九十徒二年半	杖九十徒二年半
一百两	杖一百流二千里	杖一百流二千里	杖一百徒三年	杖一百徒三年

① 《钦定大清会典事例》卷八二九《刑部・刑律杂犯・失火》。

续表

数量	对窃盗处罚	失火时贪利隐匿乘机盗卖的处罚	窃盗为从	以自己失火为邻火延烧短赔价值的处罚
一百一十两	杖一百流二千五百里	杖一百流二千五百里	杖一百流二千里	杖一百流二千里
一百二十两	杖一百流三千里	杖一百流三千里	杖一百流二千五百里	杖一百流二千五百里

《大清律例》另有规定：如典商及店伙人等，“图盗货物，或先有亏短因而放火故烧者，即照放火故烧自己房屋盗取财物及凶徒图财放火故烧人房屋各本律例从重问拟”①。查《大清律例》律文三三八条有：“凡放火故烧自己房屋者，杖一百；若延烧官民房屋及积聚之物者，杖一百徒三年；因而盗取财物者斩监候，杀伤人者，以故杀伤论。”条例三三八·二有：“凶恶棍徒，纠众商谋计图得财，放火故烧官民房屋及公廨仓库或官积聚之物，并街市镇店人居稠密之地，已经烧毁抢夺财物者，堌照强盗律，不分首从，拟斩立决，杀伤人者枭首示。”可知，如果典商或店伙计“图盗货物，或先有亏短因而放火故烧者”，可判斩监候；如果情节严

① 《钦定大清会典事例》卷七六四《刑部·户律钱债·违禁取利》。

重，可判斩立决、枭首示。①

第三节　清代关于收质盗贼赃物及当铺货币行用的规定

典当常是盗贼出脱赃物的重要手段之一，因此清代法律有相当的篇幅是关于收质的盗贼赃物如何处理的内容。《大清律例》有比较原则性的规定："强窃盗贼见获之赃，各令事主认领外，如不足原失之数，将无主赃物赔补，余剩者入官。如仍不足，将盗犯家产变价赔偿。若诸色人典当、收买盗贼赃物，不知情者勿论，止追原赃，其价于犯人名下追征给主。"②

其包含三层含义：（1）如当铺收质到贼赃，非系故意，并不知情，不追究刑事责任；（2）但因上手的权利瑕疵，当铺要负部

① 《钦定大清会典事例》卷八二九《刑部·刑律杂犯·失火》。乾隆三十四年（1769）规定京城当铺失火，当货没有被烧毁的，依旧按法律允许取赎；被火烧毁的"俱按票价量减，以七成赔还"，当铺赔还当票原定价的百分之七十。当户就这样平白无故地遭受损失，颇为不公。"凡京城当行失火。除所当货物未被焚烧者。仍按律准其取赎外，其已被烧毁者俱按票价量减，以七成赔还。傥奸商店伙人等有乘机偷盗情弊，审实照窃盗律治罪。"谨案此条乾隆年定。乾隆四十年（1775）对当铺失火条例进行修改，"凡典商收当货物自行失火烧毁者，以值十当五，照原典价值计算，作为准数。"值十当五，就是按半价计算，依据就是收当时当物的价值。细细推敲，当户利益仍是受损的，当铺收当时即贬低当物给予当物百分之五十的价格，待失火赔偿当物时，又是按此典价赔偿。

② 《钦定大清会典事例》卷七八三《刑部·刑律贼律·强盗一》，见《续修四库全书》第809册，第596—597页。此条例康熙九年制定，乾隆五年删并。不同版本文字有不同。"诸色人典当、收买盗赃及窃赃，不知情者勿论，止追原赃，其价于犯人名下追征给主。"

分民事责任，官府要追回被典当的赃物，并给还原主，“随时查起给主”①。（3）原来当铺支付给盗贼的典价由犯人给还，“于犯属名下追还当本”②。“其价于犯人名下追征给主”之主应理解为当铺，“其价”应理解为当铺给盗贼的典价。如果本句中的主人理解为当赃的原失主则是不对的，因为原失主已经拿到了失去的财物了，不可能给予两次。此条律文制定于康熙九年（1670），后于乾隆五年（1740）删并。

在地方的司法实践当中，有一些衙门胥吏蓄意讹诈当铺及放贷者，诈称窝赃，做出不法之事，勒索当铺及放贷者，侵害当铺及放贷者权益。“有积恶捕快往往缉获盗贼，私刑吊拷，恣其供扳殷实人家、典当铺户以为窝囤赃私之处，不行禀官擅自押追起获者，亦有不肖有司听信蠹役假借窝寄贼赃之名，妄拿良民典商，夹打监禁勒诈赃私者，以致无辜被害，冤屈莫伸。”于是康熙间，刘兆麒总督闽浙，行下《禁获盗起赃诈害积弊》，以杜绝此弊。

> 所属禁饬：嗣后凡有地方拿获真正强盗窃贼，除随身起获赃物外，如有供出寄赃人家，必须研讯是否知情，窝主或系无知误收，又如供出转卖赃物与人，亦须讯明是否知情或系误买，明立文案，然后押同盗贼失主前去起出。若果系窝主知情人犯，方许执拿到官，覆审定案，如系原不知情则误

① ［清］佚名：《治浙成规》之《典铺窃赃先行查起给主于犯属名下追还当本》，黄山书社 1997 年版。

② 《治浙成规》之《典铺窃赃先行查起给主于犯属名下追还当本》。杨贞的硕士论文《清代前期民间借贷法律研究》认为此项规定“此条有些粗略，未考虑当铺已付当本，故不能详尽体现如何处置失主利益和当铺利益”。此乃对原文理解有误，《大清律例》已经非常明确地规定了盗贼、当铺、原典主各自的权利义务以及应负的法律责任。

> 收误买之人一概不许妄拿株害。至于开张典当商人，必系原有身家，断无窝囤贼赃之理，以后如有盗贼供出赃物质当某典铺者，问官追取原执当票，明写事由牌面，止差一役前赴该铺起取原物，当堂辨验，其典商不许拘拿到官，致启诈索之弊。俟失主认明之后，或贮库，或给领，若系轻微之物，应免追偿其有价值，贵重当本多至三五两、十两以上者，仍将盗贼家产于照例变赔失主之时一例偿还当铺，不许扣克隐匿。若使家仆盗逃，及指称官机窃取缎匹质当者，此系自失觉察，更与盗赃不同，务须执票将银取赎，一概不许扎诈白取。①

该文件有四个内容：（一）官府拿获盗贼如赃物寄存在别人之处，必须讯问清楚寄赃或典买之家是否知情。如并不知情而窝赃或买赃，要写明书面文字材料，押解盗贼一起起赃；如知情窝赃或买赃，可以缉拿归案；如不知情，不许株连迫害。（二）该法条对当铺收赃问题做无罪推断，认为当铺自有身家，不会窝藏质押贼赃。如果确有误质，衙门派出差役一名，携带当票及写明理由的官方牌面前去起赃，不许缉拿当商到官。（三）如果失主认明之后，或者存贮官库，或者直接让失主领去。如果赃物是轻微之物，当铺应免于追偿其价值；如果赃物价值贵重，当本多至三五两或十两以上者，应在将盗贼家产按照法律折价赔偿失主之时一块偿还当铺，官府不许扣克隐匿。（四）如果赃物原失主因为自己的疏忽，没有对自己的家仆做必要防范，致使其乘机偷盗财物质当，这与普通盗贼偷盗不同，因为失主有失察之责，所以失主一定要执票携银取赎，本金归还当铺，一概不许讹诈白取。

---

① 《浙闽总制文檄》卷四《禁获盗起赃诈害积弊》。

还有一种赔偿当铺的方式是由当地地方官捐资取赎，赔偿当铺因当赃被失主取回而造成的损失。据《于清端公政书》记载，康熙年间，江苏、江西两省规定：

> 凡盗贼赃物窝家知情寄顿，自应依律究拟，毋容少贷，惟有等原不知情，如典铺当银居民误买之类，当以理恕，乃有等玩法捕役乐于生事，动以起赃为由，率领虎役多人咆哮入室，名虽搜查，实同抢掠，稍拂其意，即唆令盗口咬扳，更有仇隙诬陷者，糊涂有司听其拨调，拘解追经司府审明超豁而无辜受累，家资业已荡然，言之深可痛恨。嗣后各属捕盗厅印等官，拿获贼盗时，止究现在之赃，立案定罪。其已经典卖者，如果经失主认明，应照贼犯原典原卖之数，该地方官捐资取赎，以警疏防之愆，俟臬司审结日，径将赃物给付失主收领。至盗犯供扳借寄之赃，非有确实证据者，一概不许诛求。倘恶捕仍敢违禁唆扳勒索及典卖之赃，地方官不与失主取赎，或白向铺户强取者，许被害人等奔控，各该上司转详，本部院官则飞章。①

总之，在康熙年间，如果当铺误典赃物，按照当时的规定，应当无条件交出误典的赃物，至于当铺曾出典价，所受损失由盗贼家产抵还，另有部分地区则要求地方官帮失主出钱取赎。但在实际生活中，当铺较少会得到补偿，而是经常被官府的衙役所勒索。

乾隆初年，江苏省在当铺的强烈要求下，变通了《大清律例》当铺质当贼赃的法条，以期保护当铺的利益。如乾隆九年（1744）

① ［清］于成龙：《于清端公政书》之《弧盗安民条约》，台北：文海出版社 1966 版。

江苏省按察司拟定：“如强盗及始窃终强、拒捕、满贯、抢夺等项，供出当赃，即时起取给主，于犯属名下追本还典。其余一切外结窃案当赃，着捕传同事主赴典认明画押，待于犯属下追本免利取赎给主。如贼属无力，听事主备本赴典免利取赎。如期不赎，听典变卖作本。”① 乾隆九年（1744）三月，江苏震泽县接到苏州府转发的臬司通饬规定，刻碑示众：“仰县凡获贼供出当赃，遵照宪看事理，赴典认明，据案送结。如果事关题请内结重案，吊起给主。倘一切外结窃案，追本免利取赎。”② 乾隆四十九年（1784）江苏按察司明确规定：即使定拟徒罪、应咨报刑部的盗案，因其性质与纯粹的内结（由中央审结）案件不同，也照上述规定办理。

江苏按察司将案件分为两类：一类是盗案，一类是窃案。凡类盗案，如强盗、始窃终强、拒捕、满贯、抢夺等按照《大清律例》的规定办理，窃案按照地方省例规定办理。盗案所供当赃即时退给失主，当本在犯属名下追本还典；外结窃案当赃由犯属下追本免利取赎给主，如果贼人无财产可追缴，失主只得自认倒霉，自己备本免利取赎，如果过期不赎，当铺可以自行拍卖该物品以求得典本。此立法意在保护当铺的利益，却损害了盗窃案件中受害人的利益。据《西江政要》载，江西于乾隆十六年（1751）做出相同性质的规定，并明确规定免利取赎的时限为三十个月。③

浙江省在当铺质当贼赃的问题上几经博弈与反复，最终还是回到了《大清律例》规定的轨道上运行。在乾隆初年，地方上有一股厘定当铺质当贼赃的法条的潮流。早在江苏省改订之前，浙

① 《江苏省例三编》之《查吊当赃一案》，社会科学文献出版社 2012 年版。

② 王国平、唐力行：《明清以来苏州社会史碑刻集》之《震泽县奉宪禁起窃赃碑》，苏州大学出版社 1998 年版，第 571—572 页。

③ 参见《西江政要》卷二《典铺收当贼赃先行追起》。

江按察司就曾提出“赃分强、窃，盗案之赃照例查起给主，窃案之赃认明储当，追本免利取赎，并定以三年限期，限满不赎，原赃公同估变，除还当本，余给事主”的建议，但被巡抚驳回，“历奉各宪严切指驳，仍照定例遵行”。①

当地典商不屈不挠，仍于乾隆十年（1745）、十七年（1752）、十九年（1754）、二十年（1755）又屡次呈请，如：乾隆十七年（1752），“间有嘉秀二县典商陆质义等以当赃无分强窃，概行吊起，本无一偿，商力难堪”②；乾隆十九年（1754），“仁钱二县典商茅大来等，请将窃贼当赃照江省碑记，认明储典，候本取赎，勒石永遵”③。要求仿照江苏的办法办理类似案件。但均被按察使、巡抚驳回，仅允许以犯人及家属名下财产赔付，以至于出现当铺拒绝交出贼赃，不能追出贼赃的局面。“典当盗赃，例应起出认领，在犯人名下追还当本，惟江南窃盗赃只令事主赴认画押，如本犯无退，事主取赎，浙江遵例办理。近日，各县竟有捕役须同事主起认，即给票差提，呼应不灵，此经差舞弊，以致贼虽到案，赃不追领。则在承审时，加意查察，遵循例也。”④ 但在乾隆十九年（1754）的议详中，增加了“起取当赃之后，即查贼犯家产抵给，如有不足，查明无主赃物补给”的内容，此乃典商多次呈请的结果。

至乾隆五十九年（1794），“仁和县典商陈生生，赴前抚宪吉

① 《治浙成规》卷五《典铺窃赃先行查起给主于犯属名下追还当本》。另可参见该书卷二《贼犯当赃事主措备半本回赎》。

② 《治浙成规》卷五《典铺窃赃先行查起给主于犯属名下追还当本》下之《附旧详案》。

③ 《治浙成规》卷五《典铺窃赃先行查起给主于犯属名下追还当本》下之《附旧详案》。

④ ［清］万维翰：《幕学举要》之《盗案》，黄山书社1997年版。

辕下具呈，贼犯当赃务须失主认明物件，再行办本取赎，毋许空提，有亏商本”。浙江布、按二司于乾隆六十年（1795）做出四项规定：

> 1. 凡遇当赃，失主措备一半当本免息取赎，在失主不必守候领赃，兼免房差需索；而典铺误当贼赃，令赔一半当本，询属商民两平。
>
> 2. 窃案获贼，供认赃物当于某典，缴出当票，即时盖印。该县饬役协同事主赴典认明，实系原赃，该典另包存储，听事主随时备一半当本免息取赎，如限满不赎，准该典变卖。其无事主到典认货，概不准半本取赎，以杜冒混。
>
> 3. 贼属名下追出当本，先尽失主，后归典商，分别给领，以昭平先允。
>
> 4. 窃贼当赃半本取赎，系奉大宪札饬，准情酌理议详定案，以便商民，倘有经捕串同地匪藉词纷扰，即行拿究，以戢刁风。①

地方政府，如江苏、浙江、江西对《大清律例》等国家大法做了某种变通性的改变，但是这种变通是局部的，又是有限的，表现在三个方面：一是我们只看到部分省份，主要是江苏、浙江、江西等省份，对《大清律例》当铺误当贼赃律条有所变通，湖南省以及北方省份则似乎维护原例未变；二是让失主备本取赎的办法仅限于“外结”案件，即由地方审结的案件，内结案件，即由中央审结的案件仍依中央通行法律办理；三是备本取赎的办法实行的时间并不很长，大都又回到原来的规定上来。

---

① 《治浙成规》卷二《贼犯当赃事主措备半本回赎》。

江苏省就不知道何时恢复了“于贼犯名下追还当本”的规定。据《治浙成规》载：嘉庆六年（1801）九月十三日“长元吴三县典商黄润泰等赴司具呈，以窃盗当赃浙省颁发成规，均令事主备半本免息取赎，现各遵行，两省近在咫尺，浙则事主备半本取赎，苏则全行吊起，苦乐既属不均，且恐贼人将一案之赃分当两省，典铺事主认领或赎或吊亦不画一，钞粘榜案，请照浙省一体半本免息取赎，刊榜永遵”①。嘉庆间，江苏省的典商向本省提出仿照浙江省实行的“备半本取赎”的办法，其实早在乾隆九年（1744）江苏省曾经实行了“当铺误当贼赃，令失主备本取赎”的办法，但是从此材料来看，江苏省此规定不知在何时出现了反复，重新恢复了《大清律例》的规定的办法。

浙江省亦在嘉庆间重新回归到原来的规定。此与上述嘉庆间江苏省驳回当商请求仿照浙江“备半本取赎”的办法有关。苏州府将当商的请求发下征询各县意见，苏州府治下昆山、新阳二县提出反对意见。“昆山、新阳二县会详，内称查例载，诸色人典当收买盗贼赃物，不知情者勿论，止追原赃，其价于犯人名下追征给主等语，是定例盗赃先行给发无典铺措留待赎之理，况典商皆属富饶，平时获利累万盈千，即或误当一二贼赃，稍亏资本亦无损于锥刀之末，若如该商等所请，令事主半本取赎，实于定例有违，该事主被窃一空，控官追比获贼究出原赃所在，仍须措备半本方获被失之赃，在有力之家已属累而又累，设贫户一时无可措办，承审官势难向其追比当本，定至案悬莫结，况当赃与买赃者事同一例，若当赃定以半价取赎，则买赃之人亦必措赃勒赎，势必讦讼不休，若事主再以违例具诉更属难以办理，此与定例显违未便，以邻省有此成议，本省踵而行之，所请半本取赎一款，断

① 《治浙成规》卷三《浙省外结之赃令事主备半价回赎之旧议删除》。

不能行。”所以，江苏省移文浙江省，“咨明浙省，一体遵照定例办理，以免两歧”。因此，嘉庆九年（1804）五月，浙江省“自应将旧议删除，仍遵定例画一办理”①。

但是由于“备半本取赎”的办法实行了大约十年的时间，当铺对“典铺窃赃先行查起给主于犯属名下追还当本”存有抵触，早在嘉庆九年（1804），“浙省报窃之案几同山积，在失窃者往往徒有起赃给主之名，而实则尽饱经胥之橐”②，而且“典铺人等仍有狃于积习，故违定例，掯留待赎，以致赃沉贼纵，要案久悬”③。于是嘉庆二十二年（1817）浙江按察司议定：“凡遇当赃一经地方官印票饬吊，即行付给，以便事主，随时认赃，地方官按例究办。至于当本候照例于犯人名下追给，不许典铺掯留当赃，故违定例，擅向事主索价，亦不得私换赃物，致难辨认。如敢图利违玩，定行查究。第典当提赃后，地方官应即实力追缴商本，毋任经差侵扣，稍有偏枯。”④ 强调当铺不得留滞典质已经由失主认明的赃物，地方官下实力追缴盗贼得到的当本应偿还当铺。

在当铺货币行用的立法方面，早在宋代就出现过对典当、借贷货币行用的规定。宋乾道四年（1168）五月五日敕规定：“民间举质及还欠钱物，其会子正行使用，不得减退百数。”⑤ 后来又规定：“州县之赋租，商贾之贸易，已既并用见钱流转行使，独有民户典买田宅，解库收执物色，所在官司则与之参酌人情，使其初交易元是现钱者，以现钱赎，元是官会者，以官会赎，元是钱会

① 《治浙成规》卷三《浙省外结之赃令事主备半价回赎之旧议删除》。
② 《治浙成规》卷三《浙省外结之赃令事主备半价回赎之旧议删除》。
③ 《治浙成规》卷三《盗贼当赃不许典铺掯留拖累事主》。
④ 《治浙成规》卷三《盗贼当赃不许典铺掯留拖累事主》。
⑤ 《庆元条法事类》卷八〇《出举债负・申明・诈伪》。

中半者，以中半赎。自畿以至于远方，莫不守之以为成说。”[①]

清代银钱同时在市面流通行用，银钱比价变化频繁，为了平衡借贷双方的利益，避免利益的畸轻畸重，顺治十三年（1656）苏州常熟县规定：“当时赎时不同，自后当钱出入，因此按票上记录数字为准。各于出票时照依时值，议定银数，填明当票。日后取赎，不论或银或钱，悉照票上银数，照例算还，自然出入两平。”[②] 以银为本位，出入均以银为标准来核算。

另外，清代大部分时间银仍作为称量货币使用，成色和称量标准是使用银两必须要考虑的因素。康熙四十二年（1703），因为典当铺平戥轻重、银色高下不一，更明确规定：“其当赎银色若纹出纹归，在典商倾熔固易，而小民零星取赎，□□不便，今等量一九八颁给，较准官法，出入一体。”[③] 乾隆初年，江西按察司的规定：“质当一切物件，各典务宜各秉公道，银水戥头，出入一例。”[④] 湖南省于乾隆十六年（1751）对于当铺银两成色及称量规定“其银色戥头，毋许高下轻重。责令各州县较准制戥二把，发给称用”[⑤]。概括起来就是，借贷及典物买赎出入银两成色一致，银钱兑换比例一致，采用的称量标准必须使用官府规定的标准度量衡，前后务必一致。

清代前期，有关当铺货币行用的立法并不是为了从微观上平

---

① 《清明集》卷九《户婚门·取赎·典买田业合照当来交易或见钱或钱会中半收赎》。

② 《明清苏州工商业碑刻集》第九目《金融工商业》“常熟县给帖勒石永禁借端衅扰典铺碑”。

③ 《江苏省明清以来碑刻资料选集》之常熟县《典铺当赎值银一例帖》。

④ 《西江视臬纪事续补》之《禁临江府典铺苛勒并钱桌包当包赎示》，续修四库全书本。

⑤ 《湖南省例成案》卷三三《户律·钱债·违例取利·典当每年十二月初十日起至正月初十日止一月以二分息向赎》，社会科学文献出版社 2012 年版。

衡借贷双方的利益，而是从银钱数量比例上平衡市面比价，以维护货币市场的稳定。

乾隆年间出现了比较严重的银两贬值、铜钱升值的问题，即所谓钱贵银贱问题，造成了交易的困难和政府财政收入的减少，所以清政府十分重视平抑银价。当铺中大量银钱的出入直接会影响市场上钱银的数量，影响银钱的兑换比例，所以，从立法角度希望当铺多吐出一些制钱，多吸纳一些银两。

一是限定典当经营过程中所积聚的钱文数目。乾隆三年（1738）三月，户部尚书海望等上奏请求“应令大当只许存钱三四百串，小当只许存钱一百串，其余概令发出市卖”①。福建巡抚周学健奏“京师钱法六条”，其中有“市镇米麦成石、布帛成匹以上，及民间田房交易、客账收放、典当出入成两以上者，概不准用钱”。“富户毋得贮至五十串以上，典铺亦不得过三百串，取具甘结备查”。② 至乾隆二十四年（1759）整顿铜钱囤积问题，重申“经前宪奏明定例，凡富户不得积钱五十千，典铺不许存三百千”。在此基础上形成《福建省例》，规定典当铺经营中积聚铜钱的总数“不许藏积三百千以上”③。湖北则令当铺“零星收赎聚积已多至十千以上者，即应兑给钱铺发卖”④。

二是规定典当铺经营中每一笔交易用钱的数量，力图减少铜

---

① 档案：《朱批奏折》之《乾隆三年三月初六日内大臣户部尚书兼管三库事务内务府总管海望等奏》，转引自《〈红楼梦〉历史背景资料（之三）——清代前期的高利贷和典当业》，《北京师范大学学报》1978 年第 6 期，第 63—81 页。

② 《清高宗实录》卷二三二，乾隆十年正月辛巳。

③ 《福建省例》卷二二《钱法例·严禁富户典铺盐商囤积钱文、稽察奸商私收贩运出境》。

④ 《清高宗实录》卷二三四，乾隆十年二月癸丑大学士议覆中所言。朱批奏折：乾隆十年正月初十日湖北巡抚晏斯盛奏。转引自《〈以红楼梦〉历史背景资料》，《北京师范大学学报》（社会科学版）1978 年第 6 期。

钱的使用量，从货币需求的角度做文章。早在乾隆三年（1738）海望就指出，“从前御史肖炘奏请五百文以上俱令使银”，被驳议，后来钱价昂贵，御史明德“请嗣后当铺除银六钱以下，仍准当钱，六钱以上，止准当银”。海望以为“大当存钱过多，不足以济民间流转之资”。于是新提方案，请求“小当照依该御史所奏，六钱以下仍准当钱，六钱以上只许当银”；“架本充裕之大当，一两以下准其当钱，一两以上只当银”。但这一方案未被推行。直到乾隆十年（1745）福建巡抚周学健奏请：“凡买卖交易，一两以下者，准银钱兼用，一两以上，只许用银，典当出入银钱，亦照此例。”[①] 沿袭至乾隆二十年（1755），《福建省例》重申规定：一两或三五两以上必须用钱；“市镇米麦成石、布帛成匹以上，及民间田房交易、客账收放、典当出入成两以上者，概不准用钱”[②]。

湖北所规定单笔交易的钱银用量稍异于福建。乾隆十年（1745）二月，大学士议覆引湖北巡抚晏斯盛请求“民间质当，多系零星，不能禁其使钱。惟价在三五两以上者，当给本色取赎；在二三两以上者，亦照本色交还”。晏斯盛奏称湖北汉口等各州县当铺三百八十五座，小民质当“多系些小衣饰器皿，需钱数十百文”，故而请求：“所当之物，或价在三五两以上至十余两二三十两者，俱应当给本色银两取赎，在二三两以上者，亦照本色交还。”[③] 湖南省约与福建省同。“典当出入一两以下，概用满串钱文，不许扣抵；一两以上听用库平纹银，其银色戥头，毋许高下

---

① 《清高宗实录》卷二三二，乾隆十年正月辛巳。

② 《清高宗实录》卷二三二，乾隆十年正月辛巳。

③ 《清高宗实录》卷二三四，乾隆十年二月癸丑。其原奏据朱批奏折，乾隆十年正月初十日湖北巡抚晏斯盛奏。

轻重。责令各州县较准制戥二把，发给称用。”①

三是政府以行政指令的方式，规定典当铺必须完成一定量的银钱的买入卖出，平衡市场上的银钱的数量。从乾隆初年，清政府要求当铺借贷政府官银购买官府铜钱，并强制要求当铺将多余钱文发卖，通过这样的方式增加铜钱的市场供应。

乾隆二年（1737），户部有设立官钱局之议，“工部现有余钱八万串，请于京师内外，开设官钱局十处，令各部派员管理，再于京城内外当铺赎当钱文，令各官局将兑收银两，酌量各当铺存贮钱文之多寡，照依市价，公平易出，以为官局输转之资。将来交春之际。各当铺须钱，仍许向各官局兑换，以作资本”。给事中田懋则建议：“将工部余钱若干，俱发与顺天府五城衙门，议定官价每银一两钱若干文，仍令经纪铺户领买，按京城钱铺之多寡，每日约许每铺买钱若干串，因照官价，竟平其市价，为之酌余利，则商民两便，钱自流通矣。”② 二者思路基本一致，唯具体操作方法不一，户部意见按照市价出卖官钱，收兑银两；田氏则强调官准定价收兑银两。若按照现代经济学之原理，田氏意见有违市场经济规律，官府主观臆断银钱比价，强制买入银两，配发铜钱。

清政府基本上按照向当铺等货币经营大户卖出铜钱收兑银两的思路平抑钱价。乾隆九年（1744），大学士鄂尔泰整顿京城钱币流通、平抑钱价的奏章被皇帝批准执行。其所提出的措施有两项与典当铺有直接关系，其中一项即是“京城各当铺，宜酌量借给赀本银，收钱发市流转”。其具体做法是：政府强制“借给”当铺

① 《湖南省例成案》卷三三《户律·钱债·违例取利·典当每年十二月初十日起至正月初十日止一月以二分息向赎》。

② ［清］贺长龄：《皇朝经世文编》卷五三《钱币》下之田懋《平钱价疏》，岳麓书社2004年版。

政府掌握的银两，令其每日交还制钱二十四串，送到政府设立的官局向市面发卖，企图增加市面铜钱的供给。[①] 鄂尔泰在京城的做法较上述工部和给事中田懋建议而言，强制借银的做法与其目的背道而行，实属不妥。因为强制借银给当铺同时令当铺交出铜钱再由官局发卖到市场，虽然通过货币市场增加了铜钱的供应，但是强制借银两给当铺也就同时增加了市场上银两的供给，等于扬水止沸，不利于钱价的回落。

鄂尔泰认为，因秋冬当铺积钱较多，影响了市面铜钱的供应，命当铺，“每大当一，彻出制钱三百串；小当一，彻出制钱一百串”。交官局发卖，再易银还铺。[②] 此为另一种措施。实际是秋冬季当铺积存铜钱最多的时节，同时也是当铺向市面提供铜钱最多的时节，如果强制当铺在此时出卖铜钱给朝廷，再由官钱局发卖，其实质是由不同的机构向市面增加供应铜钱，对降低钱价没有太大意义。同时，陆续易银给还当铺，当铺作为市场的活动主体，势必又增加了市面银两的供给，所以鄂尔泰在京城的做法不会成功。

鄂尔泰的建议如作为短时间内的微调措施可以采用，如果长时间的大规模的铜钱价格上涨，用鄂尔泰的建议平抑钱价效果不会十分理想。

---

① 《清高宗实录》卷二二六，乾隆九年十月壬子。

② 《清高宗实录》卷二二六，乾隆九年十月壬子。

第二编　中国古代的借贷伦理

第七章　“因果报应”理论与唐宋借贷信用伦理

第一节　“因果报应”观念发展轨迹简介

因果报应观念在我国传统文化中有着悠久的历史。先秦时期，虽未形成系统的因果报应学说，但朴素的因果报应的思想已经萌芽。三代的语录体史书《尚书》记载了夏末商初商汤、伊尹等人的誓训，反映了早期因果报应思想为商部落意识形态的主流。《尚书·汤诰》中记有“天道福善祸淫”①。《尚书·伊训》有：“作善降之百祥，作不善降之百殃。”② 西周承继夏商之因果报应观念，将其作为立国思想。《尚书·蔡仲之命》有：“皇天无亲，惟德是辅。民心无常，惟惠之怀。为善不同，同归于治；为恶不同，同

① ［西汉］孔安国传，［唐］陆德明、孔颖达疏：《尚书注疏》卷七《商书·汤诰传以伐桀大义告天下》，文渊阁四库全书本。

② 《尚书注疏》卷七《商书·伊训传作训以教道太甲》。

归于乱。”①

人们最常引用的反映中国因果报应思想的最典型的名句是：“积善之家必有余庆，积不善之家必有余殃。臣弑其君，子弑其父，非一朝一夕之故，其所由来者渐矣。”② 《易传·文言》是对《易经》乾坤两卦的解释，注解《易经》的《易传》约略是从春秋开始的，到战国时期基本成书，反映了春秋战国时期对夏商因果报应思想的继承。另外，战国诸子中反映因果报应思想的言论亦不少。诸如，《墨子·法仪》道：“圆以规，直以绳，正以县。爱人利人者天必福之，恶人贼人者天必祸之。”③ 《韩非子·安危》言：“祸福随善恶。”④ 再如，《荀子·宥坐》载，子贡常听到“为善者天降之以福，为不善者天报之以祸”⑤ 的言论。

秦汉继承先秦的因果报应观念，并且这种观念已经在社会上广为传播。据刘昭瑞研究，马王堆汉墓出土帛书《老子》乙本前四篇佚书抄本中《称篇》屡见“天有环（还）刑，反受其央（殃）”之语，另“有宗将兴，如伐于口；有宗将坏，如伐于山。贞良而亡，先人余央（殃）；商（猖）（撅）而括（活），先人之连（烈）”中的后两句又见刘向《说苑》卷十六《谈丛》，作“贞良而亡，先人余殃；猖獗而活，先人余烈”。《谈丛》一篇系采自当时流行于各种典籍中的“警句”而成。⑥ 西汉《淮南子·人间训》

---

① 《尚书注疏》卷一六《周书·蔡仲之命传蔡国名仲字因以名篇》。

② 《子夏易传》卷一《上经乾传第一》，文渊阁四库全书本。

③ 周才珠、齐瑞端译注：《墨子全译》卷一《法仪第四》，贵州人民出版社 2009 年版。

④ ［战国］韩非：《韩非子》卷八《安危第二十五》，中华书局 2010 年版。

⑤ ［清］王先谦：《荀子集解》之《宥坐篇》，中华书局 1988 年版。

⑥ 刘昭瑞：《“承负说”缘起论》，《世界宗教研究》1995 年第 4 期，第 100—107 页。

强调，“君子致其道德而福禄归焉，夫有阴德者必有阳报”①。《淮南子》属于杂家，是各流派思想的融合，由此可知因果报应已成为当时社会人们普遍信仰的一种观念。

东汉道教“承负”说发展了秦汉之际的因果报应说，使之成为一套系统的学说，这一学说随着道教的传播在民间广为流布。道教重视生命久长，认为行善可延年益寿。“行善可尽年命，行恶失长就短，恶恶不止；祸及未生，何可希望，行自得之。”② 《太平经》卷三十九《解师策书诀》云：“真人问天师：不知承与负，同邪？异邪？答曰：然。承者为前，负者为后。承者，乃谓先人本承天心而行，小小失之，不自知，用日积久，相聚为多，今后生人反无辜蒙其过谪，连传被其灾，故前为承，后为负也。负者，流灾亦不由一人之治，比连不平，前后更相负，故名之为负。负者，乃先人负于后生者也。病更相承负也，言灾害未当能善绝也。”③

东汉时佛教传入中国，其教义中的因果报应说迎合中国传统因果思想。二者虽然在某些因果报应的阐释上有所不同，但其基本思想是一致的，都强调不同的行为会导致不同的结果。东晋慧远的《三报论》发展了因果报应学说。它的核心观点是：“业有三报：一曰现报，二曰生报，三曰后报。现报者，善恶始于此身，而此身受。生报者，来生便受。后报者，或经二生三生，百生千生，然后乃受。”④ 慧远阐述的因果报应说认为，报应的主宰是业报、自身报，不是中国原始因果报应中所说的上帝鬼神的赏善罚恶；报应的方式是三世报，而非传统的现报和子孙受报。慧远的

① ［西汉］刘向：《淮南子》之《人间训》，上海古籍出版社 1989 年版。又见《说苑》卷五《贵德》。

② 王明：《太平经合校》卷一一一《有德人禄命诀》，中华书局 1960 年版。

③ 《太平经合校》卷三九《解师策书诀》。

④ ［南朝梁］僧祐：《弘明集》卷五，慧远《三报论》，四部丛刊本。

因果报应说具有极大的弹性和圆融性，对后世影响深远。

佛道二教的因果报应学说在相互砥砺中逐渐融合。佛教进入中国后改变自己的教义，以适应中国环境，“世典以一生为限，不明其外，其外未明，故寻理者自毕于视听之内，此先王即民心而通其分，以耳口为关键者也，如今合内外之道，以求弘教之情，则知理会之必同，不惑众涂而骇其异”①。到唐代，民间的以道教传统为主的因果报应说已经逐渐融合了佛教灵魂不灭、转世轮回的观点，形成了具有中国本土特色，即注重家族性、现世性和功利性的因果报应说。这种观念通过一代又一代的传承，逐渐积淀成为一种思维定式，成为比较稳定的民族伦理观念，并影响到社会生活的方方面面，其中包括对信用文化的影响。经济利益和伦理道德密不可分，伦理道德反映了人们获得经济利益的价值取向，又反映了人们的经济诉求。因果报应伦理观念与其他伦理观念相结合，影响着古人的生活，并通过各种方式反映在社会生活之中。

第二节　唐宋时期“因果报应”观念与信用伦理的结合

在宋代，不管放贷者还是借贷者除了法律之外都受到信用伦理的约束，既限制放贷者过高取利，又要求借贷者偿还债务，在精神层面维护和调整高利贷信用的正常运行。

一、“好借好还”借贷伦理和因果报应观念的结合

“好借好还”的借贷伦理，在唐宋代早已浸润于人们的心灵深

① 《弘明集》卷五，慧远《三报论》。

处。宋代即有谚语“杀人偿命，欠债还钱，理也”的说法。[①] 早在北朝时期，《辩意长者子经》将高利贷信用和因果报应观念结合，来解释人生和社会现象。此教义把“负债抵而不偿”当作畜生行径，认为“畜生行堕畜生中”，欠债抵而不偿将转生为畜生。“常私窃盗人物，负钱财抵不偿，喜杀生猎鱼网，作俗缘不法会，无诚信不知道，去来事今现在，作众罪不自觉，稍稍积堕畜生，牛马象驴骆驼，猪羊犬不可数。常负重死剥皮，如是苦甚叵当。”[②]《幽明录》所载短篇小说《赵泰》以赵泰口吻叙述其在阴曹地府所见鬼魂如何转世投胎：“入北门，见数千百土屋，中央有大瓦屋，广五十余步。下有五百余吏，对录人名，作善恶事状，受是变身形之路，从其所趋去。杀者云当作蜉蝣虫，朝生夕死；若为人，常短命。偷盗者作猪羊身，屠肉偿人。淫逸者作鹄鹜蛇身，恶舌者作鸱鸮鸺鹠，恶声人闻皆咒令死。抵债者为驴马牛鱼鳖之属。”[③] 俨然一副官府判决图。

《辩意长者子经》又宣扬“负债逃避不偿”会“常生卑贱为人奴婢”，与不敬二亲、无恭恪心、不礼三尊、盗窃为生相并列，“后生奴婢中，衣食仰于人，走使不自在，功力偿其主，罪毕乃得出”。[④] 另外，古人认为女人的社会地位较低，依附于男人，遭受男人的打骂，并受十月怀胎之苦，如果欠债不还，来世便会托生为女人，以遭受苦难来还债。《夷坚志》中记载的一个故事反映了这一思想：“朝散大夫池州通判丁赚，妻寿昌县君施氏，病卒于官舍。越十四日，子愉梦母如存，且曰：‘我将往生于淮南，然犹为

① ［清］潘永因：《宋稗类钞》卷二三，格言第三十八，文渊阁四库全书本。
② ［北魏］法场：《辩意长者子经》，大正藏第十四册。
③ ［宋］李昉：《太平广记》卷一〇九《赵泰》，中华书局 1981 年版。
④ ［北魏］法场：《辩意长者子经》，大正藏第十四册。

女人，寿复不永，所以然者，以宿负未偿也，汝与汝父言，亟营胜事，使我得转为男子。’愉觉以告父。”① 总之，上世欠债不还来生要变作牲畜、奴婢、女人，通过遭受苦难来偿还所欠债负。

古人还认为欠债不还会折损自己的寿限，以寿命偿还欠负。北宋张君房编纂的道教典籍《云笈七签》中的一则故事反映了这一思想。“赵业，定州人。开成中，为晋安县令，因疾暴卒，手足柔软，心上微暖，三日乃苏。云初为冥官所追，牵拽甚急，问其所以，但云为欠债抵讳事，自思身心无此罪犯，必恐误追。”② 所谓抵讳即是抵赖隐瞒之意。赵业暴卒的原因是阴司误判赵业抵赖隐瞒债务，但因赵业没有此项罪过，后又被阴司放还阳间继续为人。

《太上感应篇》成书于北宋末年，于南宋初年开始广为流传。它进一步认为，欠债不还不仅祸及自己，而且还会殃及子孙。《太上感应篇》把借贷不还与其他不合伦理的经济活动并列，如果实施不法活动，不仅缩短寿限，还可能殃及子孙。“施与后悔，假借不还，分外营求，力上施设……短尺狭度，轻秤小升，以伪杂真，采取奸利……如是等罪，司命随其轻重，夺其纪算，算尽则死，死有余责，乃殃及子孙。”③

《云笈七签·说戒部三·说百病》以“贷不念偿、借不念还、负债逃窃”喻为百病当中之三病，以为“盖灾生于稍稍，病起于微微。人以小善为无益，故不肯为；以小恶为无损，故不肯改。小善不积，大德不成；小恶不止，以成大罪”。④ 同时在《崇百药》中，以“不负宿债”与“富有假乞、矜贫救厄、与穷恤寡”

---

① ［宋］洪迈：《夷坚丙志》卷七《寿昌县君》，中华书局 1981 年版。

② ［宋］张君房：《云笈七签》卷一一九《灵验部三·赵业受〈正一箓〉验》，华夏出版社 1996 年版。

③ ［宋］佚名：《太上感应篇》，经济日报出版社 2011 年版。

④ 《云笈七签》卷四〇《说戒部三·说百病》。

等善行并为百药，可除疾病。道家以因果报应的观点解释疾病、灾害的原因，“人有疾病，皆有过恶，阴掩不见，故应以疾病。因缘饮食、风寒、温气而起。由其人犯违于神，致魂逝魄丧，不在形中，体肌空虚，精炁不守，故风寒恶炁得中之”。如果能够除掉日常生活中的“贷不念偿、借不念还、负债逃窃”等“百病”，“则无灾累，痛疾自愈，济度苦厄，子孙蒙佑矣”。所以，“圣人虽处幽暗，不敢为非；虽居荣禄，不敢为利。度形而衣，量分而食。虽富且贵，不敢恣欲；虽贫且贱，不敢犯非。是以外无残暴，内无疾痛，可不慎之焉！”①

唐代敦煌变文里宣扬因果报应有代表性的当是《庐山远公话》，远公前世是一个保人，因所担保之人欠人五百贯文，于是今世只能自卖为奴来偿还前世的五百贯文。此变文还通过远公之口明言善恶因果循环之事：“贫道作为保人，尚自六载为奴不了，凡夫浅识，不惧罪想，广造众罪，如何忏悔！”②

《夷坚志》多载这样一些借贷不还，来生变作动物也要偿还债务的故事，反映了当时人们的信用伦理思想。略举几例：

> 建阳医僧师逸，好负债，尝从县吏刘和借钱十千，累取不取偿。刘愤曰：“放尔来生债。”自是绝口不言。后五岁，逸死。又二岁，刘之母梦其来，如平常，俯而言曰：“昔欠录公钱十贯，今同谨奉还。”遂去。母觉而告刘：“此何祥也?”拂旦，田仆来报：“昨夕三更，白特生犊。”③

① 《云笈七签》卷四〇《说戒部三·崇百药》。
② 黄征、张涌泉：《敦煌变文校注》，中华书局1997年版。
③ 《夷坚丁志》卷五《师逸来生债》。

建阳乡民张一，贷熊四郎钱两千，子本信之，经年不肯偿。熊督索倦奂，好与言曰："无复较息，但求本钱，可乎?"张愧谢，稍以与之，竟负元数八百，熊亦不复取。三年而张卒，卒之四年，熊梦张以八百钱来偿，置地上，皆小钱。留与坐，啜茶乃去。觉而与妻说，方竟，一仆扣门曰："牛生犊甚大。"急欲酒作福。熊喜甚。仅再旬，犊不疾辄死。邻屠来就买，熊需两千，屠笑曰："是有何所直？剥而尽货，岂不及此数！但有鬻牛之名，当先以酒及杯羹啖里正，又以饷四邻，乃取其赢。今唯有八百钱，幸见付，否则已耳。"解腰间囊掷于地，正张生梦中所偿处，俨然小钱也。熊方悟前事，亟与之。①

此外，还有一些欠债者来生变作动物主动偿还前生债务的故事。

许元惠卿，乐平之人也，其父梦有乌衣客来语曰："吾昨贷君钱三百，今以奉还。"未及问为何人及何时所负而觉。明日思之，殊不能晓。平常蓄十余鸭，是日归，于数外见一黑色者。小童以为他人家物，约出之。鸭盘旋憩于傍，堕一卵，乃去。自是历一月，每日皆然，凡诞三十卵，遂不至。竟不知为谁氏者。计其值，恰三百钱。②

乐平八间桥农民张八公，壮年亡赖，不事生理。一日，忽自悔悟，积善存心，自称道人，唯赊放米谷，取其赢息以詹家，每岁置一簿，遇贷则书之，已偿则勾去。近村程七借大麦二斗五升，为钱五百，秋成不曾偿，至于累岁，张亦不

① 《夷坚丁志》卷五《张一偿债》。
② 《夷坚支戊》卷八《许客还债》。

复索。程死后，张育一犬甚俊，历九年，老而不食。程七之子百三为屠，过其门，张以鬻犬为言，需值五百，程曰：“此犬老瘦，能有肉几何？”只还其半，张令牵去。而将至桥，犬盘旋不肯行，遂作人语呼百三曰：“来，我是汝爷，以绍兴二年二月某日赊了张小八公大麦，失于还钱，今责罚作犬，陪填宿摈。虽在它家有吠守之劳，然日食糟糠之费积之不少，汝当尽还元钱，使我托化。”子且信且疑，系之桥柱，反询张公，乞假绍兴故簿检视，果如所言，遽奉上半直，以犬归，喂饲加谨，未几而毙。子殓以棺衾，埋诸野，仍为设僧供资度之。①

可见，欠债还钱在宋代已经是深入人心的公理，牢牢地刻在人们的心里。时至今日，尚有“人死账烂”的说法，人已死去，生前所欠债务因此而了结，不会因不偿还债务而受到舆论谴责。故事中的人物没有因死亡而赖账，而是变作动物偿还生前债，暗含歌颂信义的意味。

唐宋时期小说笔记的一些因果报应故事则反映了中下层人民对佛道因果范畴的朴素理解，他们将社会生活中的经济伦理和因果观念相结合，创作了大量因果故事，广泛地传播了经济规则；它们利用人们对未来不确定性的恐惧，以及对自己和子孙利益的关注，让人们从主观上相信违约成本将会很大，从精神领域约束破坏规则的行为，对民间信用的维持起到不可估量的作用。

二、“急人之困”借贷伦理和因果报应观念的结合

唐宋大部分时间内，借贷，特别是生活借贷，多是一个家庭生活不能维持下去不得已才去借贷。如果能够假贷给人，帮其渡

① 《夷坚三志辛》卷二《张八道人犬》。

过难关，是善举，会获得好评。古人惯以“善有善报”的因果理论劝恶扬善。如：宋初窦仪之父窦禹钧“年三十未获嗣，夜梦祖父谓曰：‘汝年过无子，又寿不永，当早修阴德’”①，“后十年复梦其亡祖亡父告之曰：‘汝三十年前实无子分，又寿促，我尝告汝。今汝自数年以来，名挂天曹阴府，以汝有阴德，延算三纪，赐五子各荣显，仍以福寿而终，死后当留洞天充真人位。’言讫复祝禹钧曰：‘阴阳之理大抵不异善恶之报，或发于见世，或报于来世，天网恢恢，疏而不漏，此无疑也。’禹钧愈积阴功，年八十二，沐浴别亲戚，谈笑而卒，五子八孙皆贵显于朝廷，后之称教子者必曰燕山窦十郎云”。范仲淹列举其积阴德的事例之一为“故旧相知与公有一日之雅遇，其窘困，则必择其子弟可委以财者，随多寡贷以金帛，俾之兴贩，自后由公而活族者数十家，以至四方贤士赖公举火者不可胜数”②。对此，宋代的士大夫深信不疑。

又如，苏轼的先祖和刘宰的父亲的故事亦反映了这一思想。

> 眉州苏先生杲，老泉之祖，轻财好施，急人之急，孜孜若不及，岁凶卖田赈济，其乡里逮秋熟，人将偿之，终怜其窭，辞不受，久致破业，厄于饥寒，然未尝以为悔，而好施益甚，后三苏以文章名天下。近世金坛刘漫塘父，忘其名，号云茅居士，家贫尚义，尝除夕绝粮，转贷得斗粟，忽所亲来贷米，家人有难色，居士曰：“我犹有借处，彼谁与之？”分遗一半，不少吝，居乡曲多有济人利物之事，后漫塘亦以文章显。上天佑善，其报不爽类此。③

① ［宋］张镃：《仕学规范》卷二十九《阴德》，文渊阁四库全书本。
② ［宋］范仲淹：《范文正集》别集卷四《窦谏议录》，文渊阁四库全书本。
③ ［元］白珽：《湛渊静语》卷一，文渊阁四库全书本。

科场中举是宋代文人的理想，但是文人并不能把握科场中自己的命运，如同人们不能决定自己的寿命一样，因此更容易将此归为因果报应，而借贷于人，或免其利息等急人之困的善举可以为自己或子孙带来科场上的成功。

一些官员劝喻放债者轻息薄敛。黄震在抚州任上处理灾后债务问题时，劝喻上户减放穷人债务，其劝喻榜称：“近据晏府新恩札状称：本州上户放债取息有至合倍以上者，乞行禁戢。当职读之骇然。最是去秋大歉，小民必是无可还债，今年春夏饥饿，必是债上添债，今秋若因稍熟，上户便欲一顿对合取偿，则小民今岁之苦更甚于去岁之荒矣，是虽尽与蠲阁可也。但念其贫富相资，世代相聚，不敢行官司一旦直截之令，反绝小民他日求债之门。先布腹心，晓谕上户：上户若非读书兴家，亦是积德致富，义理所在，其谁不知。请自今脱去凡近，致身广大，念性命本同一源，知人我本同一体，财货不过外物，贫富久必易位，将利债痛减分数，许邻佃量力渐还，种德无穷，永保富厚。如或故违，则有法在。”① 黄震从贫富相资的立场出发，没有直接蠲免债务，而是采取劝谕渐还的方法，保留了贫困者借贷的途径。

三、“反对苛求厚息”借贷伦理和因果报应观念的结合

在 10—13 世纪的欧洲，借贷现象是存在的，但是，借贷业的经营从来都被认为是不合法、不合理的事情。在中国古代，收取过高利息的行为虽然被谴责，但从没有直接否定借贷行为，相反，却主张经营借贷业去谋取利益。《袁氏世范》载有：“人有兄弟子侄同居，而私财独厚，虑有分析之患者，则置金银之属而深藏之，此为大愚……用以典质营运，三年而其息一倍，则所谓百千者我

① ［宋］黄震：《黄氏日钞》卷七八《七月初一日劝上户放债减息榜》，文渊阁四库全书本。

已取之，其分与者皆其息也。况又二年再倍，不知其多少，何为而藏之箧笥，不假此收息以利众也！余见世人有将私财假于众，使之营家，久而止取其本者，其家富厚，均及兄弟子侄，绵绵不绝，此善处心之报也。”①

但在商品经济尚不发达的宋代，借贷者主要利用人们的困难处境，剥削社会中下阶层，而且有的还剥削得相当残酷，所以当时社会大多对借贷业抱有敌视的态度，人们往往谴责借贷取息之家。

以长生库为例，我们可以窥见时人对借贷业的态度。寺院长生库是一种特殊的以营利为目的的金融机构，同时，寺院宣扬佛教精神，清心寡欲是其基本的修行原则，在世人看来，借贷牟利与清心寡欲相违背，而且高利贷本来就被人们所谴责，因此寺院长生库更遭到时人的唾弃、鄙薄。陈亮说：“浮图氏以空寂无我为宗，三世诸佛、诸大菩萨，因地行愿，皆由众心起，故其为教，慈忍悲施，悉以利它，不求自利，悖是而行，非如来之像，法既衰，人鲜知道，其徒炽然以希求，心行违律，事穹庐沃壤，文衣丰食，薄众人之奉以厚己，拔一毛而利众不为也。”② 又有，南宋宝祐间的徐闻诗说：“余尝慨近世大禅刹，号称领袖，往往视如传舍，占一席于偏庑，以苟朝夕，顾视囊中赀聚足，以易善地，望丰报而心猿意马，已坐驰于南北东西数千里之外，以故钟鼓不鸣，庭无盖障，不蔽风雨，金仙梵帝、楼观丹青之饰，尘烟晦蒙，脱粟藜苋之供无以继，在在皆然也。”③ 一针见血地指出了寺僧的贪婪自私。陆游更是直接指斥长生库的经营，甚至要求立法禁绝寺院长生库。他说：“今僧寺辄作库质钱取利，谓之长生库，至为鄙

① ［宋］袁采：《袁氏世范》卷上《居家不必私藏金宝》，文渊阁四库全书本。

② ［宋］李弥逊：《筠溪集》卷二二《福州乾元寺度僧记》，文渊阁四库全书本。

③ ［元］单庆修、徐硕编纂：《至元嘉禾志》卷二二《本觉禅院记》，上海古籍出版社 2010 年版。

恶。予按梁甄彬，尝以束苎就长沙寺库质钱，后赎苎还，于苎束中得金五两，送还之，则此事亦已久矣。庸僧所为，古今一揆，可设法严绝之也。”①

《夷坚志》则以故事的形式反映了长生库寺僧的贪婪。故事一：“庙中有黑漆连椅一座，初拟更塑神像，不暇致功。行者法坚以为徒设弗用，且障蔽画壁，取置长生库中，掩为己有。遽蒙神詈责，亟负以还之。”② 故事二：饶州“沙棠庵一僧，正据案间，阅算簿书，雷狭下而诛之，腰斩为二，背上朱刻痕如小斗者十数。此庵素富，度僧七八员，一意牟利，所震者尤贪，专以升斗为轻重，大入小出，故婴天诛。其徒秘不许泄，而里落遍知之矣。”③ 可以说，当时社会存在一种敌视寺院长生库的情绪。

高利贷者对穷苦下层人民的剥削非常明显，当时的人们只有以因果报应论直接指斥高利贷者，诅咒高利贷者。“富贵之家积谷以邀价，放债以取息，开库以解质，与民争利，不一而足，方且语人曰：‘吾家支遣颇广，不得不如此耳。’吁倘用度果不足，曷不减损，环列之侍姬，曷不谨节，非法之费用，乃甘为是狼贪，使水火盗贼之灾、刑祸戮辱之危、子孙荡覆之报，不在目前，则在他日，昭然有不能免者，善乎！孟子有言曰：‘不仁者可与言哉！不仁而可与言，则何亡国败家之有？’”④

下层的百姓通过故事来谴责为富不仁的借贷者。兹举几例：

贞元中，苏州海盐县有戴文者，家富性贪，每乡人举债，必须收利数倍。有邻人与之交利，剥刻至多。乡人积恨，乃

---

① ［宋］陆游：《老学庵笔记》卷六，文渊阁四库全书本。
② 《夷坚支癸》卷六《彭居士》。
③ 《夷坚志补》卷二五《鄱阳雷震》。
④ ［元］陶宗仪：《说郛》卷七三下《谋利》，文渊阁四库全书本。

曰："必有神力照鉴。"数年后，戴文病死，邻人家牛生一黑犊，胁下白毛，字曰戴文。闾里咸知，文子耻之，乃求谢，言以物熨去其字，邻人从之。既而文子以牛身无验，乃讼邻人，妄称牛犊有字。县追邻人及牛至，则白毛复出，成字分明，但呼戴文，牛则应声而至。邻人恐文子盗去，则夜闭于别庑，经数年方死。①

湖州城南市民许六者，本以货饼饵蓼散为生，人呼曰"许糖饼"。获利日给稍有宽余，因出子本钱于里闾之急缺者，取息比他处稍多，家业渐进，遂有六郎之称。乾道六年(1170)，病死。其甥女嫁秀州魏塘陈氏，邻家牝犬生三子，其一白色，腹下有褐毛五字曰"湖州许六郎"。甥女往视，信然，使其夫持千钱买之，未忍报许子。而许氏为亡者设三七斋会，一家皆梦见之，泣诉云："我在生无显过，只缘放钱取利，致贫民不能偿，或鬻妻卖子，坐此坠犬身。犹幸生于陈婿之邻，外甥已赎我，可便取归。然不过一百日，则业缘尽矣。"明日，其子即遣仆往陈氏，甫到，乳犬已迎门摇尾。仆以絜窝负之归，至家，据主席而坐，两眼泪落。妻子不胜悲惋，豢育尽志，满百日果亡。②

焦务本，陈州人，名田足榖，而于闾里间放博取利，积之滋多，渔夺人子女，或遭苦胁至死，皆怨之刻骨。乾道初，帅仆隶货金帛于颍昌，道由万寿。日将暮，欲访佳邸店寓止，得一新旅舍，问其人曰："我屡经过，未有此店，今是谁家产

① 《太平广记》卷四三四《畜兽一·戴文》(出《原化记》)。
② 《夷坚支景》卷四《许六郎》。

业?”曰：“颍昌赵参政所建，方月余尔。”焦喜而就宿，主人置馔，又置酒，为礼勤笃。至秉烛，复出男女婢仆数十人，列于前。焦举目顾盼，大抵相识。俄合词操骂曰：“汝寻常在乡里赊贷，以米粟麻麦，重纽价钱。用势凌逼，使弃辈挤陷死地，冤痛莫伸，投诉泉下，聚集于斯以伺汝。缘汝寿限尚有一年，直俟命终，追赴阴府，今日联纾愤怀。”于是群行殴击，手足伤折不能起。诸仆亦遭捶打，所载之物，荡无孑遗。向之屋室俱不见，但丘墟莽莽而已。呻吟彻晓，路人为雇牛车载以归，明岁果卒。①

宋政府官员为维护社会稳定，劝谕高利贷者不能取息过律。他们手中除了政府赋予的法律武器外，还以人们所信仰的因果报应作为劝谕的工具，实际只是对放高利贷者的恐吓而已。李元弼所作《劝谕榜》是其代表。他说：“豪横兼并之家放债，倍取利息，略无厌，是又于斗秤之间，大收小出，刻剥贫民，取其膏血，以为歌舞饮博之用，婚姻丧葬奢侈过度，恶积贯盈，灾祸连至，汝宜前思，无致后悔也。”②

袁采站在地主阶级的立场上，采取调和主义的态度，主张对农民施行扶助性借贷，不能强取厚息。他认为：“国家以农为重，盖以衣食之源在此，然人家耕种出于佃人之力，可不以佃人为重?遇其有生育、婚嫁、营造、死亡，当厚赒之。耕耘之际，有所假贷，少收其息；水旱之年，察其所亏，早为除减……不可强其称贷，使厚供息；不可见其自有田园，辄起贪图之意，视之，爱之，

① 《夷坚三志己》卷三《颍昌赵参政店》。

② ［宋］李元弼：《作邑自箴》卷八《劝谕榜》，黄山书社 1997 年版。

不啻如骨肉，则我衣食之源，悉借其力，俯仰可以无愧怍矣!”①袁采的这一观点代表了一部分地主的主张，他们认识到了地主对于农民、佃农的依赖，离开佃农的劳动，地主手中的土地并不能长出财富，因此他们主张借贷佃农，少取利息，使其农业再生产能够继续进行下去，以便获得持续不断的利益。

袁采持有“放债求取厚利，会殃及子孙”的因果报应观点。袁采说：“兼并之家见有产之家子弟昏愚不肖，及有缓急，多是将钱强以借与，或始借之时，设酒食以媚悦其意，或既借之后，历数年不索取，待其息多，又设酒食招诱，使之结转并息为本，别更生息，又诱勒其将田产折还，法禁虽严，多是幸免，惟天网不漏，谚云：富儿更替做。盖谓迭相酬报也。”② 所谓“迭相酬报”即因果报应也。他又说：“假贷钱谷，责令还息，正是贫富相资不可阙者。”取息过律，“皆不仁之甚，然父祖以是而取于人，子孙亦复以是而偿于人，所谓天道好还，于此可见”。③

宋人以为，放债取利，克剥下民，汲汲乎追求财利，为子孙营造富贵，不仅会殃及子孙，亦不利于自身修养。《说郛》引黄光大《积善录》之《养生》如是说：

> 人之养生，唯不可不足，若粗足，以奉甘旨，供祭祀，养妻子，备凶荒之外，夫复何用良田万顷，日食二升；大厦千间，夜眠八尺，何必区区劳心役已，末岁穷年，汩汩于殖货利哉？夫如是者，乃一守钱虏，为儿孙作马牛也。或曰，何谓作马牛？予对曰，夫富者之为利，莫非放债取厚利，恃

---

① 《袁氏世范》卷下《善待佃户》。

② 《袁氏世范》卷下《兼并之家》。

③ 《袁氏世范》卷下《假贷取息贵得中》。

势而兼并，致使贫下之民终日逐利以偿其债负，中人之家，终身营家业，以待其吞并，其或事穷力尽，则卖妻鬻子、身为奴仆而后已，凡此之类，无非为儿孙作马牛也，呜呼！不徒死作马牛，而且生作马牛矣。彼所以不自知其为马牛者，未变其头角，与免鞭策耳，苟曰为子孙计，则何不积阴德以遗之，开义方以教之，使子孙自取富贵，故《易》曰：“积善之家，必有余庆。”《传》曰：“爱子教之以义方，何区区为彼作奴仆，殖货利哉，倘子孙贤，必能为我守之，其或不肖，则我聚而彼散，反取笑于识者，此理昭然，不必贤知者知其然，虽愚者亦知其然也。”予尝悯人之苟富贵者，不悟其身为儿孙作马牛，故特为是说以警之。①

司马光对“父母积，子孙弃”的因果报应现象没有像《夷坚志》那样采取神秘主义的解释，而是对这种恶性循环进行了客观分析，阐述了有产之家子弟如何堕入高利贷的圈套，最后又是如何丧身败家的。司马光说：“为人祖者，莫不思利其后世，然果能利之者鲜矣。何以言之？今之为后世谋者，不过广营生计，以遗之田畴连阡陌，邸肆跨坊曲，粟麦盈囷仓，金帛充箧笥，慊慊然，求之犹未足，施施然，自以为子子孙孙累世用之莫能尽也。然不知以义方训其子，以礼法齐其家，自于数十年中，勤身苦体以聚之，而子孙于时岁之间，奢靡游荡以散之，反笑其祖考之愚，不知自娱，又怨其吝啬无恩于我而厉虐之也，始则欺给攘窃，以充其欲，不足则立券举债于人，俟其死而偿之，观其意惟患其考之寿也，甚者至于有疾不疗，阴行酖毒亦有之矣。”② 地主因借贷而

① 《说郛》卷第六四引［宋］黄光大《积善录》卷七三下《养生》。
② ［宋］司马光：《家范》卷二《祖》，文渊阁四库全书本。

荡尽家产成了社会财富流动的特殊途径，古代人们将之归结为因果报应是因为古人不能正确认识地主阶级的腐朽奢靡及其内部斗争的残酷性。

四、“质物应许收赎”借贷伦理和因果报应观念的结合

唐宋间，为保证小农经济的稳定，农民典卖田地的民间惯例上升为法律制度，以保障农民土地的赎回权，《宋刑统》规定：“[准] 建隆三年（962）十二月敕节文，今后应典及倚当庄宅物业与人，限外虽经年深，元契见在，契头虽已亡没，其有亲的子孙及有分骨肉，证验显然者，不限年限，并许收赎。如是典当限外经三十年后，并无文契，及虽执文契，难辨真虚者，不在论理收赎之限，见佃主一任典卖。”① 用法律制度规范了出典方和买方的行为。但实际情况却是“或有典业不听收赎，遂使产主无辜失业”②。

为了保证政令的实施，地方官强化了民众的教化，他们以因果报应为工具，强调积行阴德的重要。“人之所以能安身立家长育子孙者，不可但恃其智力而已，必积行阴德，而后为天地之所祐，鬼神之所福，则其身康强、其家昌盛、其子孙逢吉。苟惟矜恃智力，多行不义，不祐于天地，不福于鬼神，未有不祸败而覆亡也。若不在其身必在其子孙，故阴德不可以不修也。”士大夫解释阴德之概念为“知善之可欲而力行之，知不善之不可为而不为，不求知，不责报，不以隐显二其心，夫是之谓阴德”。他们以为行善事、积阴德能获得天地神仙的保佑。“能行阴德者不矜智以诈愚，不逞勇以苦怯，不倚强以凌弱，不挟众以暴寡，不以口腹之欲而戕害物命，不以己私之利而妨害他人，凡事之有负于心有害于人者皆不忍为也，凡事之有便于人有利于众者皆所乐为也，宁可输

① 《宋刑统》卷一三《杂令》之《典卖指当论竞物业》。

② 《宋史》卷一七三《食货志第一百二十六·一农田》。

人便宜，不可讨人便宜，苟能如是，岂不为天地所祐鬼神所福哉！”其直接的结果便是：“往往身获寿考，家道兴隆，子孙蕃盛，阴德之报岂诬也哉？”陈耆卿列举的善行义举之一便为“买业亦许收赎，不欲夺其祖产”①。

民间多以故事形式宣扬借贷不许收赎等不积阴德的报应。违背信用者不仅会在阴间受到酷刑，在阳世的家族也会受到因果报应，最终衰败颓废。故事如下：

> 泸州合江县赵市村民毛烈，以不义起富，他人有善田宅，辄百计谋之，必得乃已。昌州人陈祈，与烈善，祈有弟三人皆少，虑弟壮而析其产也，则悉举田质于烈，累钱数千缗。其母死，但以见田分为四，于是载钱诣毛氏赎所质，烈受钱有干没心，约以他日取券，祈曰：“得一纸书为证足矣。”烈曰：“君与我待是耶。”祈信之，后数日往，则烈避不出，祈讼于县，县吏受烈贿，曰：“官用文书耳，安得交易钱数千缗而无券者，吾且言之令。”令决狱果如吏旨，祈以诬罔受杖，诉于州，于转运使，皆不得直，乃具牲酒诅于社，梦与神遇，告之曰：“此非吾所能办，盍往祷东岳行宫，当如汝请。”既至殿上，于幡帷蔽映之中屑然若有言，曰：“夜间来。”祈急趋出，迨夜复入拜谒，置状于几上，又闻有语曰：“出去。”遂退。时绍兴四年（1134）四月二十日也，如是三日，烈在门内，黄衣人直入捽其胸殴之，奔迸得脱，至家死，又三日牙侩一僧死，一奴为左者亦死，最后祈亦死，少焉复苏，谓家人曰：“吾往对毛张大事，即烈也，善守我七日至十日，勿

① ［宋］陈耆卿：《赤城志》卷三十七《风土门二·临海令彭仲刚续谕俗五篇·修阴德》，《宋元地方志丛刊》本，上海古籍出版社2010年版。

敛也。”祈入阴府，追者引烈及僧参对，烈犹以无偿钱券为解，狱吏指其心曰：“所凭唯此耳，安用券。”取业镜照之，睹烈夫妇并坐受祈钱状，曰：“信矣。”引入大庭下，兵卫甚盛，其上衮冕人怒叱吏械烈，烈惧乃首服，主者又曰：“县令听决不直，已黜官若干，吏受赇者尽火其居，仍削寿之半。”烈遂赴狱，且行泣谓祈曰：“吾还无日，为语吾妻，多作佛果救我，君元券在某椟中，又吾平生以诈得人田，凡十有三，契皆在室中钱积下，幸呼十三家人，并偿之以减罪。”王者又命引僧前，僧曰：“但见初质田时事，他不预知也。”与祈俱得释。既出，经聚落屋室，大抵皆囹圄，送者指曰：“此治杀降者、不孝者、巫祝淫祠者、逋诳佛事者，其类甚众。自周秦以来，贵贱华夷悉治，不择也。”又谓祈曰：“子来七日矣，可急归。”遂抵其家而寤，遣子视县吏，则其庐焚矣。视其僧，荼毗已三日，往毛氏述其事，其子如父言，取券还之。是夕僧来击毛氏门，骂曰：“我坐汝父之故，被逮得还，而身已焚，将何以处我。”毛氏曰：“业已至此，惟有□为作佛事耳。”僧曰：“我未合死，鬼录所不受，又不可为人，虽得冥福无用也，俟此世数尽，方别受生，今只守尔门，不可去矣。”自是每夕必至，久之其声渐远，曰：“以尔作福，我稍退舍，然终无生理也。”后数年，毛氏衰替始已。①

五、因果报应观念融入信用伦理的原因及作用

从民族学、人类学角度看，人类最初的信用包含在血缘和地

① 《夷坚甲志》卷第十九《毛烈阴狱》。[唐] 高彦休《唐阙史》卷上《赵江阴政事》与上述故事相似。如果按照时间顺序来说，《毛烈阴狱》当来源于《赵江阴政事》，不过《赵江阴政事》没有神话成分。

缘之中，后来随着经济交往的日益频繁才产生超越血缘、地缘意义上的信用关系。信用同时具有伦理和经济的双重属性。金融交易的核心是跨时间、跨空间的价值交换，诚信是金融交易的必要条件，如果信用缺失则金融交易无法完成。但是，我们可以看到，中国古代法律制度重视刑法轻视民法，重视公法轻视私法。关于高利贷的立法，我们可以看到的法律文本仅有几条，如唐代法律中关于民间高利贷信用的法条非常简单，《唐律疏议》中也只是在杂律中有三条简短的文本：《负债违契不偿》《负债强捧掣畜产》和《良人为奴婢质债》。其他日本学者辑录的《唐令拾遗》中也仅仅见到《杂令》第三十三开元二十五年（737）条，《杂录》中也只有长安元年（701）十一月十三日敕、开元十五年（727）七月二十七日敕、开元十六年（728）二月十六日诏、元和五年（810）十一月敕、宝历元年（825）正月七日敕等简短的条文。宋代有关高利贷信用的立法有所发展，但总体情况并不能满足日益发展的民间借贷的需要。

更为重要的是，唐宋时期传统的国法人情并用原则和对息讼、“官不为理”的误读，造成超限执法和执法不到位，制约了对高利贷违约的惩罚。如《明公书判清明集》所记判例《领库本钱人既贫斟酌监还》。

罗友诚节次领周子遵钱二百七十贯，开张质库，且有文约可凭，今已越八年矣。因主家诉其欠负，乃称所领之钱元不及数，所谓开库，系是柜坊，与文约所书大相矛盾，意在诬赖，不言可知。但小人得钱到手，既是妄用，官司虽有理索，岂能一一如约。幸而周子遵前后已取去钱二百一十六贯，若通本息计之，则所偿仅及息钱之半，若只以本钱论，则所少仅五十四贯而已。事既至此，得本已为幸甚，何暇更计息

> 哉！委任非人，只得认错。若必欲究竟到底，便着追保识人，追檐钱人，岂不扰害邻里。文移来往，动是旬月，淹留城市，出入官府，纵是尽如所欲，亦恐得不偿失。况罗友诚一贫如此，断是无所从出。今只得酌情处断。罗友诚勘下杖一百，錮身押下县，监还未尽本钱五十四贯外，更监纳息钱一百贯足。如一月不纳，押上照断监还。①

很明显，首先，审判案件的官员主管随意性很大，并没有完全按照法律规定去执法，主观臆断罗友诚“得钱到手，既是妄用，官司虽有理索，岂能一一如约”。其次，埋怨周子遵所用非人，只得自认倒霉。最后，采取息事宁人的态度，尽量缩小事态，不追究相关保人而了结官司。周子遵的合法权益并未得到相应的保障。

《明公书判清明集》的另一案例同样反映了这一情况。高利贷契约的违约人不仅没有受到相应的制裁，反而因贫困获得了一些补助。这虽是在封建时代物质财富贫乏的情况下发生的事情，但是它同样破坏了借贷秩序。

> 李五三兄弟欠负主家财本，官司固当与之追理，但其家既素无生业，其父因饥荒而投托于黄公才之家，恐黄公才未必遽然以数百千付于其手。必是逆料其如饥鹰附人，饱则扬去，故邀其假立文约领钱，以为羁縻之术耳，不然，则不应如是之轻率也。今本府押其兄弟下县监纳，已数阅月，更无一钱以偿之，啼饥号寒，死已无日，纵使有欠负，亦已无可责偿，况未必是实乎！在法：债负违契不偿。官为追理，罪止杖一百，并不留禁。今观其形容憔悴如此，不惟不当留禁，

① 《名公书判清明集》卷九《领库本钱人既贫斟酌监还》。

杖责亦岂可复施？合免监理，仍各于济贫米内支米一卧发遣。①

这一现象在唐宋时期普遍存在。北宋陈襄指出了官府处理农村债务诉讼中的两种极端行为：“官司有阿从豪民者，凡债负不问虚实，利息过倍，一切从严追理，则豪民必至兼并，小民有冤亡告者；又有矫是弊者，不问是非，一切不理，则豪民不敢贷，一遇岁饥，或新陈未接，小民束手相视饿死，本欲恤之，而不知反以害之。”② 市场经济的运行离不开法治的维系，跨越时空的金融交易更需要做到有序、安全，这就需要把金融交易行为纳入法治的轨道。唐宋的法律规定不仅无法满足时代的需要，而且人为破坏了信用交易秩序，使得违约交易得不到应有的制裁。立法的不足和执法的不到位势必会影响高利贷信用这一市场化的经济行为的开展，但是借贷双方又需要具有法律规范性质且具有普遍约束力的东西来填补这一空缺，于是长期积存于人们心中的因果报应理论或观念就结合高利贷信用，形成了对借贷双方都具有约束力的经济伦理，以规范借贷双方的行为。

当一个社会中持有因果报应信仰的人达有一定的数量时，就会对社会秩序起到非常重要的影响。大量涉及信用的因果报应故事的广泛流传都说明了这一思想在唐宋的广泛普及。宋代以后，有的人（特别是年长的士大夫们）以天天记录自己的功过，岁末再合计全年功过之和的方式，“自知罪福”，告诫自己要立德行善，以图善有善报。瞿同祖认为：“法律对于鬼神的借助和依赖，以及宗教制裁与法律制裁的联系，可谓备至……可以说，法律制裁是主体，宗教制裁则居于辅助的地位。”因此，建立起人人敬畏的诚

① 《名公书判清明集》卷九《欠负人实无从出合免监理》。

② ［宋］陈襄：《州县提纲》卷二《随宜理责》，文渊阁四库全书本。

信伦理是建设社会信用体系的坚实基础。

但在，中国古代由于生产力的低下和资金供应的紧张，高利贷者大都处于优势地位，借贷者多是贫苦农民或小生产者，处于弱势地位。所以大部分情况是借贷者为了生存不得不去借高利贷，“今人米谷登场则去米制衣，及至后来粮竭复典衣而食，谓之‘着饭吃衣’。”高利贷者暴力索债造成借贷者的悲惨命运。“近世豪家巨室，威力使令遏人致死，但捐财贿饵血属，坦然无事；至如人或逋负督迫取偿，必使投溺自经然后已，由此观之，乃是‘杀人还钱，欠债偿命’。”① 报应的因果律并不能完全打动那些冷血的高利贷者。

表 1　唐宋信用因果报应故事表

序号	篇名	故事原文	资料来源
1	《东市人》	开成初，东市百姓丧父，骑驴市凶具，行百步，驴忽语曰：“我姓白名元通，负君家力已足，勿复骑我。南市卖麸家，欠我钱五千四百文，我又负君钱数，亦如之。今可卖我。”其人惊异，即牵往。旋访主卖之。驴甚壮，报价只及五千。及诣麸行，乃得五千四百文，因卖之。两宿而死。	《太平广记》卷四三六《畜兽三·马》（出《酉阳杂俎》）
2	《吴宗嗣》	军使吴宗嗣者，尝有父吏某从之贷钱二十万，月计利息。一年后，不复肯还，求索不可得。宗嗣怒，召而数之曰：“我前世负汝钱，我今还矣。汝负我，当作驴马还我。”因焚券而遣之。逾年，宗嗣独坐厅事，忽见吏白衣而至，曰：“某来还债。”宗嗣曰：“已焚券，何为复来？”吏不答，径自入厩中。俄而厩人报马生	《太平广记》卷四三六《畜兽三·马》（出《稽神录》）

①　《说郛》卷七十三下《杀人欠债》。

续表 1

序号	篇名	故事原文	资料来源
		白驹。使诣吏舍问之，云：“翌日已死矣。”驹长卖之，正得吏所欠钱。	
3	《张高》	长安张高者转货于市，资累巨万，有一驴，育之久矣。唐元和十二年秋八月，高死，十三日，妻命其子和乘往近郊，营饭僧之具。出里门，驴不复行，击之即卧。乘而鞭之，驴忽顾和曰：“汝何击我?”和曰：“我家用钱二万以致汝，汝不行，安得不击也?”和甚惊。驴又曰：“钱二万不说，父骑我二十余年，吾今告汝人道兽道之倚伏，若车轮然，未始有定。吾前生负汝父力，故为驴酬之。无何，汝饲吾丰。昨夜汝父就吾算，侵汝钱一缗半矣。汝父常骑我，我固不辞。吾不负汝，汝不当骑我。汝强骑我，我亦骑汝。汝我交骑，何劫能止? 以吾之肌肤，不啻直二万钱也。只负汝一缗半，出门货之，人酬尔。然而无的取者，以他人不负吾钱也。麸行王胡子负吾二缗，吾不负其力，取其缗半还汝，半缗充口食，以终驴限耳。“和牵归，以告其母。母泣曰：“郎骑汝年深，固甚劳苦。缗半钱何足惜，将舍债丰秣而长生乎?”驴摆头。又曰：“卖而取钱乎?”乃点头。遽令货之，人酬不过缗半，且无必取者。牵入西市麸行，逢一人长而胡者。乃与缗半易，问之，其姓曰王。自是连雨，数日乃晴。和觇之，驴已死矣，王竟不得骑，又不负之验也。和东邻有金吾郎将张达，其妻，李之出也。余尝造焉，云见驴言之夕，遂闻其事。且以戒贪昧者，故备书之。	《太平广记》卷四三六《畜兽三·马》（出《续玄怪录》）

续表 2

序号	篇名	故事原文	资料来源
4	《王怀智》	唐坊州人上柱国王怀智，显庆初卒。其母孙氏，及弟怀善、怀表并存。至四年六月，雍州高陵，有一人失其姓名，死经七日，背上已烂而苏，云："在地下见怀智，见任太山录事。"遣此人执笔，口授为书，谓之曰："汝虽合死，今方便放汝归家，宜为我持此书至坊州。访我家，白我母云：'怀智今为太山录事，幸蒙安太。但家中曾贷寺家木作门，此既功德物，早偿之。怀善将死，不合久住。速作经像求助，不然，恐无济理。'"此人既苏，即赍书特送其舍。所谓家事，无不暗合。至三日，怀善暴死。合州道俗闻者，莫不增修功德。鄜州人勋卫侯智纯说之。	《太平广记》卷三二八《鬼十三》出《法苑珠林》
5	《上公》	宜春郡东安仁镇有齐觉寺，寺有一老僧，年九十余，门人弟子有一二世者，彼俗皆只乎为"上公"，不记其法名也。其寺常住庄田，孳畜甚多。上公偶一夜，梦见一老姥，衣青布之衣，拜辞而去，云："只欠寺内钱八百。"上公觉而异之，遂自取笔写于寝壁，同住僧徒亦无有知之者。不三五日后，常住有老牸牛一头，无故而死，主事僧于街市鬻之，只酬钱八百。如是数处，不移前价。主事僧具白上公云："常住牛死，欲货之，屠都数辈，皆酬价八百。"上公叹曰："偿债足矣。"遂令主事僧入寝所，读壁上所题处，无不嗟叹。	《太平广记》卷一三四《报应三十三（宿业畜生）》（出《玉堂闲话》）

续表 3

序号	篇名	故事原文	资料来源
6	《刘钥匙》	陇右水门村有店人曰刘钥匙者，不记其名。以举债为家，业累千金，能于规求，善聚难得之货，取民间资财，如秉钥匙，开人箱箧帑藏，盗其珠珍不异也，故有“钥匙”之号。邻家有殷富者，为钥匙所饵，放债与之，积年不问。忽一日，执券而算之，即倍数极广。既偿之未毕，即以年系利，略无期限，遂至资财物产，俱归“钥匙”，负债者怨之不已。后“钥匙”死，彼家生一犊，有钥匙姓名，在肷肋之间，如毫墨书出。乃为债家鞭棰使役，无完肤，“钥匙”妻男广，以重货购赎之，置于堂室之内，事之如生。及毙，则棺殓葬之于野，盖与刘自然之事仿佛矣。此则报应之道，其不诬矣。	《太平广记》卷一三四《报应三十三（宿业畜生）》（出《玉堂闲话》）
7	《童安玗》	唐大中末，信州贵溪县乳口镇有童安玗者，乡里富人也。初甚贫窭，与同里人郭珙相善，珙尝假借钱六七万，即以经贩，安玗后遂丰富。及珙征所借钱，安玗拒讳之。珙焚香告天曰：“童安玗背惠忘义，借钱不还，倘神理难诬，愿安玗死后作牛，以偿某。”词甚恳苦，安玗亦绐言曰：“某若实负郭珙钱，愿死作一白牛，以偿珙债。”未逾月，安玗死。死后半年，珙家牸牛，生一白牯犊，左肋有黑毛，作字曰“童安玗”，历历然。远迩闻之，观者云集。珙遣人告报安玗妻，玗妻子并亲属等往视之，大以为耻，厚纳金帛，请收赎之。郭珙愤其欺负，终不允许，以牛母并犊，别栏喂饲。安玗家率童仆，持白梃劫取。珙多置人守御，竟不能获。	《太平广记》卷一百三四《报应三十三（宿业畜生）》（出《报应录》）

续表 4

序号	篇名	故事原文	资料来源
8	《竹永通》	隋并州盂县竹永通，曾贷寺家粟六十石，年久不还。索之，云："还讫。"遂于佛堂誓言云："若实未还，当与寺家作牛。"此人死后，寺家生一黄犊，足有白文，后渐分明，乃是竹永通字，乡人渐知，观者日数千。此家已知，遂用粟百石，于寺赎牛，别立一屋，事之如生。仍为造像写经，月余遂死。	《太平广记》卷一百三四《报应三十三（宿业畜生）》出《异录》
9	《崔导》	唐荆南有富人崔导者，家贫乏。偶种桔约千余株，每岁大获其利。忽一日，有一株化为一丈夫，长丈余，求见崔导。导初怪之，不敢出。丈夫苦求之，导遂出见之。丈夫曰："我前生欠君钱百万，未偿而死。我家人复自欺，君乃上诉于天。是以令我合门为桔，计佣于君，仅能满耳。今上帝有命，哀我族属，复我本形。兼我自省前事，止如再宿耳。君幸为我置一敝庐，我自耕凿，以卒此生。君仍尽剪去桔树，端居守常，则能自保。不能者，天降祸矣。何者，昔百万之资，今已足矣。"导大惊，乃皆如其言，即为葺庐，且尽伐去桔树。后五年而导卒，家复贫。其人亦不知所在。	《太平广记》卷四一五《草木十·木怪》（出《潇湘录》）
10	《卞士瑜》	卞士瑜者，其父以平陈功授仪同，悭吝，常顾人筑宅，不还其价。作人求钱，卞父鞭之曰："若实负钱，我死。当与尔作牛。"须臾之间，卞父死，作人有牛产一黄犊，腰下有黑文，横给周匝，如人腰带。右胯有白纹斜贯，大小正如笏形。牛主呼之曰："卞公，何为负我？"犊即屈前膝，以头着地。瑜以钱十万赎之，牛主不许，死乃收葬。	《太平广记》卷四百三四《畜兽一·牛》（出《法苑珠林》）

续表 5

序号	篇名	故事原文	资料来源
11	《戴文》	贞元中，苏州海盐县有戴文者，家富性贪，每乡人举债，必须收利数倍。有邻人与之交利，剥刻至多。乡人积恨，乃曰：“必有神力照鉴。”数年后，戴文病死，邻人家牛生一黑犊，胁下白毛，字曰戴文。闾里咸知，文子耻之，乃求谢，言以物熨去其字，邻人从之。既而文子以牛身无验，乃讼邻人，妄称牛犊有字。县追邻人及牛至，则白毛复出，成字分明，但呼戴文，牛则应声而至。邻人恐文子盗去，则夜闭于别庑，经数年方死。	《太平广记》卷四百三四《畜兽一·牛》（出《原化记》）
12	《河内崔守》	有崔君者，贞元中为河内守，崔君贪而刻，河内人苦之，常于佛寺中假佛像金，凡数镒，而竟不酬直。僧以太守，竟不敢言。未几，崔君卒于郡。是日，寺有牛产一犊，其犊顶上有白毛，若缕出文字曰崔某者。寺僧相与观之，且叹曰：“崔君常假此寺中佛像金，而竟不还。今日事，果何如哉？”崔君家闻之，即以他牛易其犊。既至，命剪去文字，已而便生。及至其家，虽豢以刍粟，卒不食。崔氏且以为异，竟归其寺焉。	《太平广记》卷四百三四《畜兽一·牛》(出《宣室志》）
13	《王氏老姥》	广陵有王氏老姥，病数日，忽谓其子曰：“我死，必生西溪浩氏为牛，子当寻而赎我，腹下有王字是也。”顷之遂卒。西溪者，海陵之西地名也。其民浩氏生牛，腹有白毛，成王字。其子寻而得之，以束帛赎之而去。	《太平广记》卷四百三四《畜兽一·牛》（出《稽神录》）

续表 6

序号	篇名	故事原文	资料来源
14	《路伯达》	永徽中，汾州义县人路伯达，负同县人钱一千文。后共钱主佛前为誓曰："我若未还公，吾死后，与公家作牛畜。"话讫，逾年而卒。钱主家牸牛生一犊子，额上生白毛，成路伯达三字。其子侄耻之，将钱五千文求赎，主不肯与，乃施与湿成县启福寺僧真如，助造十五级浮图。人有见者，发心止恶，竞投钱物，以布施焉。	《太平广记》卷四百三四《畜兽一·牛》（出《法苑珠林》）
15	《卢从事》	岭南从事卢传素寓居江陵，元和中，常有人遗一黑驹，初甚蹇劣，传素豢养历三五年，稍益肥骏。传素未从事时，家贫薄，矻矻乘之，甚劳苦。然未常有衔橛之失，传素颇爱之。一旦，传素因省其槽枥，偶戏之曰："马子得健否？"黑驹忽人语曰："丈人万福。"传素惊怖却走，黑驹又曰："阿马虽畜生身，有故须晓言，非是变怪，乞丈人少留。"传素曰："尔畜生也，忽人语，必有冤抑之事，可尽言也。"黑驹复曰："阿马是丈人亲表甥，常州无锡县贺兰坊玄小家通儿者也。丈人不省贞元十二年，使通儿往海陵卖一别墅，得钱一百贯，时通儿年少无行，被朋友相引狭邪处，破用此钱略尽。此时丈人在远，无奈通儿何。其年通儿病死，冥间了了，为丈人征债甚急。平等王谓通儿曰：'尔须见世偿他钱，若复作人身，待长大则不及矣。当须暂作畜生身，十数年间，方可偿也。'通儿遂被驱出畜生道，不觉在江陵群马中，即阿马今身是也。阿马在丈人槽枥，于兹五六年。其心省然，常与丈人偿债。所以竭尽驽蹇，不敢居有过之地，亦知丈人怜爱至厚，阿马非	《太平广记》卷四三六《畜兽三·马》（出《河东记》）

续表 7

序号	篇名	故事原文	资料来源
		无恋主之心，然记佣五年，马畜生之寿已尽。后五日，当发黑汗而死，请丈人速将阿马货卖。明日午时，丈人自乘阿马出东棚门，至市西北角赤板门边，当有一胡军将，问丈人买此马者。丈人但索十万，其人必酬七十千，便可速就之。”言事讫，又曰：“兼有一篇，留别丈人。乃骧首朗吟曰：‘既食丈人粟，又饱丈人刍。今日相偿了，永离三恶途。’”遂奋迅数遍，嘶鸣龁草如初。传素更与之言，终不复语。其所言表甥姓字，盗用钱数年月，一无所差。传素深感其事。明日，试乘市角，果有胡将军恳求市。传素微验之，因贱其估六十缗。军将曰：“郎君此马，直七十千已上。请以七十千市之，亦不以试水草也。”传素载其缗归。四日，复过其家，见胡军将曰：“嘻，七十缗马夜来饱发黑汗毙矣。”	
16	《韦有柔》	建安县令韦有柔，家奴执辔，年二十余，病死。有柔门客善持咒者，忽梦其奴云：“我不幸而死，尚欠郎君四十五千。地下所由，令更作畜生以偿债。我求作马，兼为异色，今已定也。”其明年，马生一白驹而黑目，皆奴之态也。后数岁，马可值百余千，有柔深叹其言不验。顷之，裴宽为采访使，以有柔为判官。裴宽见白马，求市之。问其价值，有柔但求三十千，宽因受之。有柔曰：“此奴尚欠十五千，当应更来。”数日后，宽谓有柔曰：“马是好马，前者付钱，深恨太贱。”乃复以十五千还有柔。其事遂验。	《太平广记》卷四三六《畜兽三·马》（出《广异记》）

续表 8

序号	篇名	故事原文	资料来源
17	《李学士诗赋谶》	近代朱崖李太尉、张读侍郎小说咸有判冥之说。刘昌美两典夔州，云安县僧玄悟，曾有蜀川将校王尚书者，舍己俸三百千以修观音堂，乃剩三十千入己。一旦物故，经七日，邻于腐坏，忽然再苏，灌汤药以辅之，言曰：初至一官曹，见刘行军说云："何乃侵用功德钱以旧曾相识，放归，须还此钱。"玄悟乃戒门人鬻衣钵而偿之，寻复卒也。西川孔目官勾伟，于其辈最号廉直，绵竹县民王氏子病困入冥，因复还魂，见冥官谓曰："我即勾孔目也，家在成都西市，曾负人钱三万未偿。汝今归去，为我言于家人也。"王生后访勾氏子，仍以债主姓名言之，果为酬还。	《北梦琐言》卷七
18	《舒州军吏》	王琪为舒州刺史，有军吏方某者，其家忽有鬼降，自言："姓杜，年二十，广陵富家子，居通泗桥之西。前生欠君钱十万，今地府使我为神，偿君此债尔。"因为人占候祸福，其言多中。方以家贫告琪，求为一镇将。因问鬼："吾所求可得否?"鬼曰："诺，吾将问之。"良久乃至曰："必得之，其镇名一字正方，他不能识矣。"既而得双港镇将，以为其言无验。未及之任，忽谓方曰："适得军牒，军中令一人来为双港镇将，吾今以尔为皖口镇将。"竟如其言。凡岁余，鬼忽言曰："吾还君债足。"告别而去，遂寂然。方后至广陵，访得杜氏，问其弟子。云："吾弟二子，顷忽病，如痴人，岁余愈矣。"	《太平广记》卷三五八（出《稽神录》）

续表 9

序号	篇名	故事原文	资料来源
19	《傅奕》	唐太史令傅奕，本太原人，隋末徙至扶风，少好博学，善天文历数，聪辩，能剧谈。自武德贞观中，尝为太史令，性不信佛法，每轻僧尼，至以石像为砖瓦之用。贞观十四年秋，暴病卒。初奕与同伴傅仁均、薛赜并为太史令，赜先负仁均钱五千，未偿而仁均死，后赜梦见仁均，言语如平常。赜因问曰：“先所负钱，当付谁人?”仁均曰：“可以付泥犁人。”问：“是谁?”答曰：“太史令傅奕是也。”既而寤。是日夜，少府监冯长命又梦已在一处，多见先亡人，长命问：“经文说罪福之报，未知审定有否?”答曰：“皆悉有之。”又问：“如傅奕者，生平不信，死受何报?”答曰：“罪福定有，然傅奕已配越州为泥犁矣。”	《太平广记》卷一一六《报应十六》(出《地狱苦记》)
20	《赵善文》	抚州金溪县有神庙甚灵显，所请者施金帛无虚日，积钱至二千缗，宗室善文过庙，心资其利，焚香祷曰：“损有余，补不足，人神一也。善文至贫，愿神以二十万见假，不然，将白于官，悉籍所有而焚庙，神虽怒，若我何。”既祷，即呼庙祝取钱，祝无辞以却，但曰：“神许则可。”善文取杯珓掷之，连得吉卜，再拜谢，运镪以出。如是十年，梦神来谓曰：“曩日所贷，今可偿矣。”梦中窘甚，约以缗钱还之，神不可，曰：“此特虚名耳。”又欲倍其数，亦不可。善文计穷，以情告曰：“一时失计为人，今实无可偿，愿神哀释。”神沉思良久，曰：“必无钱见归，但诵金刚经，每卷可折一千，他无以为也。”既觉而惧，遂遽斋戒，取经讽读，凡三日得二百过，默祷以谢之，后不复梦。	《夷坚甲志》卷五

续表 10

序号	篇名	故事原文	资料来源
21	《张佛儿》	绍兴二年十月，宣僧日智至台州黄岩县西乡，寓宿山寺。次日，寺僧留斋，有村民张陈二老来请主僧施戒。张曰：某女孙佛儿，年十五，昨夕暴死，至五更将敛，其祖母不忍，抱之以泣。女欻然开目，呼曰：我通身是水，手足皆痛。问其故，曰：夜有二使来追缚我，押过叉岭，与西乡相去十余里，辞不能行，遭铁椎击背两下极痛，岭下有池，池中有桥，遂令我桥上立，别见人以黑被裹两人入门内，此二使亦欲以花被裹我，曰：汝欠他家钱千五百，今当偿之。我力恳曰：容我归从祖母请钱。不许，旁绿衣人言曰：此人曾听说般若，可恕也。二使不得已，掷我水中而去，池水甚浅，我逾岸得出，遂急归。某惊异其事，即往叉岭验之。果见陈氏者门有池，访其主翁，问曰：翁家昨日生何物？曰，犬生三子，二黑一斑，斑者为犬母衔置池中已死，独二黑者在，某具以孙女言告，仍以千五百金偿之。陈老曰：元无钱在公女处，不肯受，某自度不偿此债，小孙他日亦不免，遂率陈老来此，主僧乃为施戒，而以其金馈日智，问其听般若之因，乃曾同母往县中洪福寺，听景详师开堂说法。	《夷坚甲志》卷七
22	《张屠父》	平江城中草桥屠者张小二，绍兴八年往十五里外黄埭柳家买狗，狗见张屠，有喜色，直前拖之，张提其耳，以度轻重，用钱三千得之，狗不待束缚，径随张归。至齐门外，惧其逸，方以索絷之，狗忽人言曰：“我乃尔父，又不欠尔债，不可杀我。”张醉且困，不省其言，遂以归，令妻具饭，狗又告其妻曰：	《夷坚甲志》卷七

续表 11

序号	篇名	故事原文	资料来源
		“新妇来，我乃阿翁也，七八年不见尔夫妻面，今幸得归，只欠柳家钱三千，已偿了，切不可杀我。尔夫寿甚短，只一二年，宜急改业，后世不可为人矣。我觉饥甚，可持饭来。”妻急以其夫饭分半与之，夫不知也，夫食毕复索，则已无，甚怒。妻曰：“分一半与阿翁食矣。”具以狗言白夫，始大惧，留饲养，不敢杀，三日后出，至蒋氏家啮人，为所杀，张屠遂改业，为卖油家作仆云。	
23	《牛媪梦》	乐平县杭桥市染工程氏梦老媪来，曰：“负君家钱若干，除已偿还外，犹欠若干，幸余一屋，可以充数，今别君去矣。”再拜而辞，既寤，闻一牝牛死于空屋中，剥货得钱，如梦告之数。	《夷坚丙志》卷十一
24	《夏二娘》	京师妇人夏二娘，死经年，见梦其子杜生曰：“我在生时，欠某坊王家钱十二贯，某坊陈家钱三十四贯，坐谪为王氏驴，而鬻于陈，王氏所得价钱偿已足，而陈未也，日与之负麦，然一往反，才直三十八钱许，今日以外，尚欠十八千，非两年不可了，吾昔日瘗银百余两于堂内户限下，可发取以赎我。”其子曰：“即往寻访，以何为记。”曰：“明早从南薰门入，一骡最先行，别又一驴，次则我。汝来时，我自举头视汝。”杜生寤，掘地得银，径诣南薰待之，果遇麦驮联翩来，第三者仰头相视。杜雨泣，欲牵以归，陈氏之役曰：“此吾主家物，汝何为者。”杜曰：“吾母也，当还原价以赎。”其人不许，相与忿争，厢官录送府，府尹扣其说，命引驴至前，谓曰：“果	《夷坚丁志》卷七

续表 12

序号	篇名	故事原文	资料来源
		识汝子，可衔其裾。”应声而然，尹异之，时刘豫盗京师，尹具以白豫，呼入殿廷，复谓之曰：“能举前两足搭于肩上，则信矣。”应声亦然，豫嗟异良久，欲官为给钱，杜拜曰：“若尔恐母债不得释，愿自出钱而丐驴归。”豫许焉。杜扫一室，谨事之，又二年乃死，买棺加衣衾以葬。后朝廷得河南，杜氏子来归，居赣州，为人话其事如此。	
25	《泉州杨客》	泉州杨客，为海贾十余年，致资二万万，每遭风涛之厄，必叫呼神明，指天日立誓，许以饰塔庙设水陆为谢，然才达岸，则遗忘不省，亦不复纪录。绍兴十年泊海洋，梦诸神来责偿。杨曰：“今方往临安，俟还家时，当一一赛答，不敢负。”神曰：“汝那得有此福，皆我力，尔心愿不必酬，只以物见还。”杨甚恐，以七月某日至钱塘江下，幸无事，不胜喜，悉辇物货，置抱剑街主人唐翁家，身居柴垛桥西客馆，唐开宴延伫，杨自述前梦，且曰：“度今有四十万缗，姑以十之一酬神愿，余携归泉南，置生业，不复出矣。”举所赍沉香、龙脑、珠翡、珍异纳于土库中，他香布、苏木不减十余万缗，皆委之库外。是夕大醉，次日闻外间火作，惊起走登吴山，望火起处尚远，俄顷间已及唐翁屋，杨顾语其仆：“不过烧得粗重，亦无害。”良久，见土库黑烟直上，屋即摧塌，烈焰亘天，稍定还视，皆为煨烬矣。遂自经于库墙上，暴尸经夕，仆告官验实，乃得藁葬云。	《夷坚丁志》卷六

续表 13

序号	篇名	故事原文	资料来源
26	《高县君》	绍兴二十四年，保义郎李琦监和州东关镇税，家颇丰赡，有高指使者，赴官舒州，与其妻来谒，愿贷钱五万为行装，约终任偿倍息，李如其数假之，高既满任，欲如约，妻曰：“百千不易办，幸相去远，彼未必来索，姑俟他日可也。”高然其计，归涂过和州，不见李。后三年，李为黄州巡辖官，方昼倦卧，见高妻披骡皮来，拜堂上云：“负公家钱久，今来奉偿。”未及答，径趋马厩，李惊觉，厩卒报马生牝骡，往视之，正卧母旁，未能动，李咨叹良久，与语曰：“高大夫借钱，我固不介意，那至此，若果县君也，盍起行?”应声跳跃行数步，李大惊异，遗书扣高生，其妻正用是日死，李饲养此骡不忍乘，外人或欲见，则徐徐牵以出，但呼为高县君云。	《夷坚丁志》卷十三
27	《许客还债》	许元惠卿，乐平士人也。其父梦有乌衣客来，语曰：“吾昨贷君钱三百，今以奉还。”未及问为何人及何时所负而觉。明日思之，殊不能晓。平常蓄十余鸭，是日归，于数外见一黑色者。小童以为他人家物，约出之。鸭盘旋憩于傍，堕一卵，乃去。自是历一月，每日皆然，凡诞三十卵，遂不至。竟不知为谁氏者。计其直恰三百钱。	《夷坚甲志》卷十四
28	《师逸来生债》	建阳医僧师逸，好负债。尝从县吏刘和借钱十千，累取不肯偿。刘愤曰：“放尔来生债。”自是绝口不言。后五岁，逸死。又二岁，刘之母梦其来，如平常，俯而言曰：“昔欠录公钱十贯，今日谨奉还。”遂去。母觉而告刘，此何祥也？拂旦，田仆来报昨夕三更白牸生犊。	《夷坚丁志》卷五

续表 14

序号	篇名	故事原文	资料来源
29	《张一偿债》	建阳乡民张一，贷熊四郎钱两千，子本倍之，经年不肯偿。熊督索倦矣，好与言曰："无复较息，但求本钱可乎?"张愧谢，稍以与之，竟负元数八百，熊亦不复取。三年而张卒。卒之四年，熊梦张以八百钱来偿。置地上，皆小钱。留与坐，啜茶乃去。觉而与妻说方竟，一仆扣门曰："牛生犊甚大。急欲酒作福。"熊喜甚。仅再旬，犊不疾辄死，邻屠来就买。熊需两千，屠笑曰："是有何所直，剥而尽货，岂不及此数？但有鬻牛之名，当先以酒及杯羹啖里正，又以饷四邻，乃取其赢。今唯有八百钱，幸见付，否则已耳。"解腰间囊掷于地，正张生梦中所偿处，俨然小钱也。熊方悟前事，亟与之。	《夷坚丁志》卷五
30	《无赖男诈债》	钱君倚学士服除，知江宁府常州，有无赖男子来谒，曰："我乃先公故侣也，先公尝贷我二十万，幸见还。"君倚愀然变色，起谢之，延馔送保宁馆留且将聚质偿之。常有老先生数人闻之，俱知，责无赖子曰："舍人方起复，贫甚，柰何以其亲为言欺取无券质之财。"父老俱白君倚，请却逐之，君倚笑曰："岂可彼以吾父有所贷未偿为请公辅，为之子何敢不偿哉?"于是偿之遣去，无赖至常州，人人聚骂，遂自缢而死。	《墨客挥犀》卷二
31	《悬豕首作人语》	秀州东城居民韦十二者，于其庄居豢豕数百，散市杭秀间，数岁矣。建炎初，因干至杭过肉案，见悬一豕首顾之，而人言曰："韦十二我等偿汝债亦足矣。"从者亦闻其言，韦愕然悔过，还家尽毁圈牢，取所存豕市之得钱数	《春渚纪闻》卷三宋何薳撰《杂记》

续表 15

序号	篇名	故事原文	资料来源
		千缗，散作佛事及印造经文，冀与群豕求免轮回刀刃之苦，知者谓韦善补过。	
32	《张八道人犬》	乐平八间桥农民张八公，壮年亡赖，不事生理。一日，忽自悔悟，积善存心，自称道人，唯赊放米谷，取其赢息以赡家，每岁置一簿，遇贷则书之，已偿则勾去。近村程七借大麦二斗五升，为钱五百，秋成不曾偿，至于累岁，张亦不复索。程死后，张育一犬甚俊，历九年，老而不食。程七之子百三为屠，过其门，张以鬻犬为言，需值五百，程曰：“此犬老瘦，能有肉几何?”只还其半，张令牵去。而将至桥，犬盘旋不肯行，遂作人语呼百三曰：“来，我是汝爷，以绍兴二年二月某日赊了张小八公大麦，失于还钱，今责罚作犬，陪填宿摈。虽在它家有吠守之劳，然日食糟糠之费积之不少，汝当尽还元钱，使我托化。”子且信且疑，系之桥柱，反询张公，乞假绍兴故簿检视，果如所言。遽奉上半直，以犬归，喂饲加谨，未几而毙。子殓以棺衾，埋诸野，仍为设僧供资度之。	《夷坚三志辛》卷二
33	《资圣土地》	建昌孔目吏范荀为子纳妇，贷钱十千于资圣寺长老。经二十年，僧既死，荀亦归摄，因循失于偿逋，荀后得疾且笃，呼其子观光谓之曰：“忆汝娶妇时曾借资圣寺钱，今本处伽蓝神遣人押长老来索取，可急纸钱烧与之。”又指示家众曰：“土地之使偕长老皆在见在此拱立，汝辈不见耶。”洎焚楮讫，又曰：“二人已去，欲往报恩寺前寻徐省干理会事也。”至夜荀死。	《夷坚甲支》卷六

续表 16

序号	篇名	故事原文	资料来源
34	《变猫》	和州乌江县高望镇升中寺，真宗登封曾此驻跸，因赐寺额。僧有负主僧金久而不偿，病且革，誓为畜产以报。既卒，主僧昼寝梦病僧披衣蹒跚入床下，觉而异之。须臾，猫生一子，稍长极驯扰，其重七八觔，每客至则欢迎走报，见非其人者辄紧随，人有知呼其前名必怒噬，至主僧呼则昂首号叫，若求隐其事者，众生业报非一，此猫特显者尔。	《泊宅编》卷下
35	《寿昌县君》	朝散大夫池州通判丁鍊，妻寿昌县君施氏，病卒于官舍。越十四日，子愉梦母如存，且曰："我将往生于淮南，然犹为女人，寿复不永，所以然者，以宿负未偿也，汝与汝父言，亟营胜事，使我得转为男子。"愉觉以告父。	《夷坚丙志》卷七

第八章　“利出一孔”与“贫富相资”：宋代对立的高利贷思想

高利贷是历代政治家、思想家比较关注的问题。在宋代，针对高利贷问题，一些政治家、思想家分别提出自己的主张，归纳起来有两派观点，一派主张“利出一孔”，另一派强调“贫富相资”。本文以高利贷思想为题，论述这两种不同的经济思想的内容及其历史意义。

第一节　“利出于一孔”官府控制借贷的思想

北宋中期，国家财政入不敷出，土地兼并问题严重，面对日益困顿的财政状况和贫富差距进一步扩大的形势，一些政府官员和知识分子分别提出自己的改革方案。这些改革方案对于借贷问题均有所涉及。

有关借贷问题的争论分为两派：一派以李觏、苏辙、王安石为代表，主张“利出于一孔”的官府应该控制借贷；一派以司马光、苏辙、郑侠为代表，主张“贫富相资，官不为理”，政府不应过多干涉借贷，更不应经营借贷。值得说明的是，苏辙是一个比较特殊的人物，他的思想在王安石变法前后表现迥乎不同，分别站在了不同的阵营。

一、“利出于一孔”官府控制借贷思想的来源

此种思想以李觏、苏辙、王安石为代表，表达了“利出于一孔”的官府控制借贷的思想，直接的理论根据是儒家的经典《周礼》中《泉府》。“泉府掌以市之征布，敛市之不售，货之滞于民用者，以其贾买之物楬而书之，以待不时而买者，买者各从其抵，都鄙从其主，国人、郊人从其有司，然后予之，凡赊者，祭祀无过旬日，丧纪无过三月，凡民之贷者，与其有司，辨而授之，以国服为之息。”①

但北宋中期的改革思潮是外儒内法，其理论来源出自《管子》等法家的理论。刘琦称：“今安石反以管商权诈之术、战国纵横之论取媚于陛下。”② 杨时说：“安石挟管商之术，饰六艺以文，奸言变乱祖宗法度。”③ 李觏、苏辙、王安石的借贷思想基本原则均来自管商的“利出于一孔”。

管、商都强调“利出于一孔”的重要性。《管子》有：“利出于一孔者，其国无敌；出二孔者，其兵不诎；出三孔者，不可以举兵；出四孔者，其国必亡。先王知其然，故塞民之养，隘其利途，故予之在君，夺之在君，贫之在君，富之在君，故民之戴上如日月，亲君若父母。凡将为国，不通于轻重，不可为笼以守民，

① 《周礼注疏》卷一五《泉府》。

② ［宋］赵汝愚：《宋朝诸臣奏议》卷一九，刘琦等《上神宗论王安石专权谋利及引薛向领均输非便》，上海古籍出版社 1999 年版。

③ 《宋史》卷四二八《杨时传》。

不能调通民利，不可以语制为大治。”[①]《商子》有“利出一空者，其国无敌，利出二空者，国半利用，出十空者，其国不守”[②]。“利出一孔则国多物，出十孔则国少物，守一者治，守十者乱，治则强，乱则弱，强则物来，弱则物去”[③]。

应当说明的是，商君学派的“利出于一孔”还不同于《管子》，《管子》的观点是国家控制人民得利的途径，使百姓的经济利益全部由政权掌握，消除兼并之家依靠手中掌握土地、粮食、钱币，通过租赁、借贷等经济手段控制百姓。“利出于一孔”的意思是国家控制土地、铸币、大宗物资等财富的分配和再分配，使得在兼并之家的百姓归于国家的掌控。李觏、苏辙、王安石的借贷思想与《管子》的思想更为接近。

《管子》所记政府控制借贷的做法有三种。一是“反准”。齐桓公派出四大臣宾胥无、隰朋、宁戚、鲍叔“衡籍”，即调查四方称贷之家的情况，获得国内有关借贷的第一手资料，其后在管子的建议下，桓公“召称贷之家，君因酌之酒，太宰行觞。桓公举衣而问曰：‘寡人多务，令衡籍吾国，闻子之假贷吾贫萌，使有以终其上令，寡人有镓枝兰鼓，其贾中纯万泉也，愿以为吾贫萌决其子息之数，使无券契之责。’称贷之家皆齐首而稽颡曰：‘君之忧萌至于此，请再拜以献堂下。’桓公曰：‘不可。子使吾萌春有以剸耜，夏有以决芸，寡人之德，子无所宠，若此而不受，寡人不得于心。’故称贷之家皆再拜受所出栈台之职，未能参千纯也，而决四方子息之数，使无券契之责。四方之萌闻之，父教其子，

① 《管子》卷二二《轻重六》之《国蓄第七十三》。

② ［战国］公孙鞅：《商君书》卷三《靳令第十三》，中华书局1986年版。

③ 《商君书》卷五《弱民第二十》。

兄教其弟，曰：‘夫垦田发务上之所急，可以无庶乎？君之忧我至于此’”①。桓公采取了剥夺称贷之家的做法，表面上礼貌优待称贷之家，授予“镰枝兰鼓”，假称价值万泉，代替百姓偿还利息，强制蠲免了百姓的高利贷本息，桓公的做法较汉武帝的“算缗告缗令”要温和得多。

还有一种类似的做法，称为“缪数”。“以式璧而聘子，以给盐菜之用”，强制称贷之家“折其券，而削其书，发其积藏，出其财物以赈贫病，分其故赀”。② 另有曲防之谋做法与之类似。“桓公问：‘曲防之战，民多假贷而给上事者，寡人欲为之出赂，为之奈何?’管子对曰：‘请以令：令富商蓄贾百符而一马，无有者取于公家。若此则马必坐长而百倍其本矣。是公家之马不离其牧皂，而曲防之战赂足矣。’”③ 其中百符即是百张债券。有百张债券的大高利贷者向国家贡献马一匹，没有马匹者可向国家购买，导致马的价格上涨，用马的价钱偿还百姓借贷的本息。

第三种做法是将官营借贷和国家统制购买、平抑物价相结合。通过官营借贷发展农业生产，在粮食收获季节令农民以粮食偿还借贷国家的资金，国家抬高粮食价格，再靠国家强制以粮食为货币，购买里邑百官的器械。其具体做法是：“百亩之夫，予之策：‘率二十七日为子之春事，资子之币。’泰秋，子谷大登，国谷之重去分，谓农夫曰：‘币之在子者以为谷而廪之州里。’国谷之分

---

① 《管子》卷二四《轻重十六》之《右菁茅谋》。

② 《管子》卷二四《轻重十六》之《右菁茅谋》。另有曲防之谋做法与之类似。“桓公问：‘曲防之战’，民多假贷而给上事者，寡人欲为之出赂，为之奈何？管子对曰：‘请以令：令富商蓄贾百符而一马，无有者取于公家。若此则马必坐长而百倍其本矣。是公家之马不离其牧皂，而曲防之战赂足矣。’”其中百符即是百张债券。有百张债券的大高利贷者向国家贡献马一匹，没有马匹者可向国家购买，导致马的价格上涨，用马的价钱偿还百姓借贷的本息。

③ 《管子》卷二四《轻重十四》之《轻重乙第八十一》。

在上，国谷之重再十倍，谓远近之县里邑百官皆当奉器械备，曰：‘国无币，以谷准币。’国谷之櫎，一切什九，还谷而应谷，国器皆资，无借于民。此有虞之策乘马也。”①

综上可见，《管子》的“利出于一孔”，是国家依靠强制力量，以高价出卖给称贷之家国家控制的大宗物资，如镰枝兰鼓、式璧、马匹、粮食等，迫使称贷之家主动蠲免百姓的债务，或实际上减轻农民的债务负担。

二、李觏的官府控制借贷的思想

李觏是少数形成自己一整套经济思想体系的士大夫，他的理论“以利欲论为基础，以富国论为中心，包括平土论、去冗论、轻重论在内的一整套理论体系”②。其中还包括有关国家控制借贷的理论。

李觏对《周礼〈泉府〉》的解释：“物楬而书之物，物书其贾也，不时买者，谓求急者也，赊谓祭祀丧纪二者事大，故赊与民不取利也，贷者，即今之举物生利也，与其有司，别其所授之物，所出之利，各依其服事之税，若其人受园廛之田，而贷万泉则期出息五百，他仿此也。”

他对“泉府”的职能进行了进一步地发挥：“天之生物，而不自用，用之者，人；人之有财，而不自治，治之者，君。《系辞》曰：理财正辞，禁民为非，曰义是也。君不理则权在商贾，商贾操市井之权，断民物之命。缓急人之所时有也，虽贱不得不卖，裁其价太半可矣；虽贵不得不买，倍其本什百可矣。如此，蚩蚩之氓，何以能育？是故不售之货，则敛之，不时而买则与之，物

① 《管子》卷二一《轻重一》之《臣乘马第六十八》。

② 赵靖：《中国经济思想通史》第三卷第八编第四十三章，北京大学出版社 1997 年版。

楬而书，使知其价，而况赊物以备礼，贷本以治生，皆所以纾贫窭而钳兼并，养民之政不亦善乎？”①

最后，他认为如果实现了国家控制商业和借贷活动，就可以达到富强的目的。“管仲通轻重而桓公以霸，李悝平籴而魏国富强。耿寿昌筑‘常平’而民便之，师古之效也。宜其流风遂及于今。必也，事责其实，官得其人，亦何愧彼哉！”②

李觏的方案在于国家通过贱买贵卖来平抑物价，同时靠国家掌握的物资对百姓的不时之用给予赊贷，收取一定利息，达到“纾贫窭、钳兼并”的目的。

三、苏辙早期的借贷思想

苏辙的早期思想倾向于改革，其改革的方案多在所上策论当中，《应诏集》卷十《进策五道·民政下·第二道》集中反映了他的国家控制借贷的思想。

他强调，天子如不控制借贷，就会失去百姓的拥护，使之转归于富民。“天子不恤其阙，乃使富民持其赢余，贷其所急，以为之父母。故虽游民，天子亦不可得而使，而富者独擅其利，日役其力，而不偿其力之所直。由是观之，则夫天下之民，举皆非天子之人，而天子徒以位使之，非皆得其欢心也。”

他进一步说明官府控制借贷的必要性。“夫所谓贷者，虽其为名近于商贾市井之事，然其为意，不可以不察也。天下之民，无田以为农，而又无财以为工商，禁而勿贷，则其势不免转死于沟壑。而使富民为贷，则有相君臣之心，用不仁之法，而收太半之息。其不然者，亦不免于脱衣避屋以为质，民受其困，而上不享其利，徒使富民执予夺之权，以豪役乡里，故其势莫如官贷，以

① ［宋］李觏：《李觏集》卷八《国用第十一》，中华书局1981年版。

② 《李觏集》卷八《国用第十一》。

赒民之急。”

他还提出具体的官府控制借贷的方案，“周官之法，使民之贷者，与其有司辨其贵贱，而以国服为息。今可使郡县尽贷，而任之以其土著之民，以防其逋逃窜伏之奸，而一夫之贷，无过若干。春贷以敛缯帛，夏贷以收秋实，薄收其息而优之，使之偿之无难，而又时免其息之所当入，以收其心。使民得脱于奴隶之中，而获自属于天子。如此则天下之游民可得而使，富民之贷，可以不禁而自息”。苏辙的方案不同于《管子》强制蠲免的做法，而是靠经济手段挤压私人借贷的空间。

苏辙认为恢复井田制度和官府控制借贷要相互配合。“臣愚以为当今之势，宜收天下之田，而归之于上，以业无田之农夫，恤小民之所急，而夺豪民假贷之利，以收游手之用。故因其所便而为之计，以为莫如收公田而贷民急。”他还针对当时的具体形式提出：趁人多地狭的吴越巴蜀饥馑之岁，迁徙百姓到地广人稀的陈蔡荆楚之地，分配公田，同时“新徙之民，耕牛室屋、饮食器皿之类有所不备，又皆得以贷于国，可以无失其所”。并且，苏辙以为与恢复井田相比，官府控制借贷是当务之急，而且收效迅速。“臣以为收公田者，其利远非可以岁月之间而待其成也，要之数十百年，则天下之农夫可使大半皆天子之农。若夫所谓贷民急者，则可以朝行而夕获其利，此最当今之所急务也。”①

四、王安石的借贷思想

在北宋中期的变革思潮当中，王安石站在时代的潮头，顺势而动，继承、发挥了秦汉以来的“利出于一孔”的理论。《太平治迹统类》记载了王安石对宋神宗所讲的时代的弊病和改革的主旨，

① ［宋］苏辙：《苏辙集》卷一〇《进策五道，民政下，第二道》，中华书局2004年版。

安石曰："今财用分于开阖，敛散不能相通，故多费失。天下之财，使利出于一孔。自秦汉以来学者不能推明先王法意，更以为人主不当与民争利，今欲理财则当修泉府之法，以收利权。然此法既修，必大违流俗，而异论者众，在陛下先有以断之，然后可为。"①

王安石的"利出于一孔"而摧抑兼并的思想形成于他进入仕途的早期。他曾经在《兼并》一诗，分析了农民疲困的原因，认为"三代子百姓，公私无异财。人主擅操柄，如天持斗魁。赋予皆自我，兼并乃奸回。奸回法有诛，势亦无自来。后世始倒持，黔首遂难裁。秦王不知此，更筑怀清台。礼义日以偷，圣经久堙埃。法尚有存者，欲言时所咍。俗吏不知方，掊克乃为才。俗儒不知变，兼并可无摧。利孔至百出，小人私阖开。有司与之争，民愈可怜哉"②。苏辙后来评论说："王介甫，小丈夫也，不忍贫民，而深疾富民，志欲破富民以惠贫民，不知其不可也。方其未得志也，为《兼并》之诗。"③ 正反映了王安石的抑制兼并的思想。更有后人对苏辙提出批评，反映了一部分人对抑制兼并的支持，"按此诗未尽如苏氏之讥，抑强扶弱必如明道、横渠之议而后可行之，以青苗手实则非也。究苏氏之说，则富者跨州连县，安得而不横；贫者将无立锥，安得而不匮，上不为限制，何有纪极？斯民又何日蒙先王至治之泽也？"④

王安石在《寓言》一诗中再次表达了要靠国家控制借贷达到抑制兼并的观点。"婚丧孰不供，贷钱免尔蒙。耕收孰不给，倾粟

① ［宋］彭百川：《太平治迹统类》卷一三熙宁元年四月丁丑，文渊阁四库全书本。
② ［宋］王安石：《王安石全集》卷五一《兼并》，上海古籍出版社 1999 年。
③ 《苏辙集》第三集卷八《诗病五事》。
④ ［宋］蔡正孙：《诗林广记》后集卷二，文渊阁四库全书本。

助之生。物赢我收之，物窘出使营。后世不务此，区区挫兼并。”[1]

杨时《龟山集》所引王安石《神宗日录》中有类似的思想。王安石说：“呈孙觉札子，‘至周公时，天下已无兼并，又公私富实，故为此法阴相之，不专用此为治。’余曰：‘无兼并又公私富实尚须此，相民兼并多，民之绝者众，则此法岂可少；且觉言，周公不专用此为治，今岂全废，余事专行此法。’又读至‘周公所以取息者，欲民勤生节用，不妄称贷故也’。余曰：‘觉言今法则以为掊利，言周公之法则以为欲民勤生节用，不妄称贷，若说，今法之意如说周法，则今法何由致人异论。’”[2] 可见王安石之说借用于《周礼》。

王安石的借贷思想来源于《周礼》：一是《周礼·旅师》，“旅师，掌聚野之锄粟、屋粟、闲粟而用之，以质剂致民平颁其兴积，施其惠，散其利，而均其政令，凡用粟春颁而秋敛之，凡新甿之治皆听之，使无征役，以地之媺恶为之等”[3]。这是青苗法的思想来源；一是《周礼·泉府》，“泉府，掌以市之征布，敛市之不售，货之滞于民用者，以其贾买之物楬而书之，以待不时而买者，买者各从其抵，都鄙从其主，国人、郊人从其有司，然后予之，凡赊者，祭祀无过旬日，丧纪无过三月，凡民之贷者，与其有司辨而授之，以国服为之息，凡国事之财用取具焉，岁终则会其出入而纳其余”[4]。这是市易法的基本思想。

但是王安石的借贷思想一节已经佚失，《四库全书提要》载：

---

① 《王安石全集》卷五〇《寓言十五》之三。
② ［宋］杨时：《龟山集》卷六《神宗日录辩》，文渊阁四库全书本。
③ ［宋］王安石：《周官新义》卷七《旅师》，文渊阁四库全书本。
④ 《周官新义》卷七《泉府》。

"安石神宗时所上《五事札子》及《神宗日录》载安石所引《周官》，及杨时《龟山集》中所驳'平颁兴积'一条，其文皆在《地官》中，今《永乐大典》阙《地官》《夏官》二卷，其说遂不可考。"① 四库馆臣说："安石之意，本以宋当积弱之后而欲济之以富强，又惧富强之说，必为儒者所排击，于是附会经义，以钳儒者之口实，非真信《周礼》为可行，迨其后用之不得其人，行之不得其道，百弊丛生，而宋以大坏，其弊亦非真缘《周礼》。"并不承认《周礼》为王安石变法的理论依据。"安石解经之说，则与所立新法各为一事。"四库馆臣认为王安石是附会经义，托古而改制。此说为是。

但从后人对《周礼》的注疏当中可以窥探出王安石理论的踪迹。北宋人王昭禹作《周礼详解》，"当时《三经新义》列在学官，功令所悬，故昭禹因之不改，然其发明义旨则有不尽同于王氏之学者。如解《泉府》以国服为之息云：各以共所服国事贾物为息，若农以粟米，工以器械，皆以其所有也，周之衰不能为民正田制地，税敛无度，又从而贷之，则凶年饥岁无以为偿矣，下无以偿，上之人又必责之，则称贷之法，岂特无补于民哉，求以国服为之息，恐收还其毋而不得。盖已目睹青苗之弊，而阴破其说矣"②。考其背景乃知，王昭禹处于徽钦时代，去王安石不远，且徽宗倡导遵从新政，《周官新义》列于学官，是官方认可的教材。王昭禹作《周礼详解》并不敢公开指责批评王安石新法。在众多《周礼》的注疏当中，可能王昭禹之《周礼详解》最为接近王安石《周官新义》了。

《周礼详解》卷十四原文有："司市下及肆长，治市之法具矣，

① ［清］纪昀：《四库全书提要》经部四，礼类一《周官新义》，文渊阁四库全书本。
② 《四库全书提要》经部四，礼类一《周礼详解》。

然而市之不售，货之滞于民用，则使有无不齐，泉重而物轻，兼并之民从而乘之，则农工益困矣。先王由是设泉府之官，权物而通之，此泉府所以次于肆长与名官，以泉府则欲其利出于一孔故也，伺市之不售者而贱收之，伺不时而买者，则贵出之，此兼并者之志也。”可见，其国家控制借贷“利出于一孔，以摧抑兼并”的基本思想与王安石同。

王昭禹之“平颁兴积”之说，从其内容和青苗、市易比较，可见其亦借鉴王安石的借贷思想。

平颁其兴积，有不欲而强予之者，致民而受之，当防其或伪冒而取，或抵负而去，故其致之也，有质以立见，有剂以立约，如此则奸者无所肆其欺矣。平颁其兴积者，不如赊贷待民欲取而后予也。

兴谓兴粟，以就民之所聚。积谓致民以就粟之所积。夫兴粟非民之所欲而必平颁之者，盖乐岁民有余，则或利食新而不欲取粟于旅师，为是而不颁，则邦物因或腐耗，而贵者反食陈，贱者反食新，邦物因或腐耗则非所以爱物，贵者食陈，贱者食新，则非所以制节，且方粟贵之时而强予之，及其贱时然后敛之，亦何伤于民哉？无伤于民而可爱物制节，此其所以平颁也。或颁其兴，或颁其积，则趋便利故也。

施其惠者，民有艰阨，方春兴作则粟宜贵之时，因其不足而出粟以资之，方秋收成则粟宜贱之时，因其有余而敛之，如此则为农者不为兼并者之所夺其生计，可积而厚矣。先王之民所以无贫困之患者，亦以有此术故也。新萌下剂所致者也，旅师有颁散之任，新萌之治皆听之，则应其所求，与使无征役者，且养其财力，不以事挠之，与记曰：自诸侯来徙于家，期不从政，则徙于遂者亦然矣。①

又，《礼经会元》有载："周官平颁其兴积，《新义》曰：无问其欲否，概与之也，故谓之平。则俵粟不取情愿，盖其本旨也。故台谏言广渊，不惟不以广渊为罪，乃更以为尽力。夫《周官》所谓平者，岂概与之谓哉？谓无偏陂而已。为是说者，特矫诬先王之法以为已资耳。"侧面印证了"平颁其兴积"之说为王安石借贷思想的内容之一。②

王昭禹否认王安石摧抑兼并之本意，"赊之为民也，贷之为国也，以其为民，故无息焉，但各以其物为抵而已；以其为国，故不以物抵而责之以出息，必与有司辨而授之，则辨其可与而后授之，以有司能知其有无故也，以国服为之息，则各以其所服国事贾物为息也，若农以粟米，工以器械，皆以其所有也。孟子曰：'使民盻盻然，将终岁勤动不得以养其父母，又称贷而益之。'夫周之衰，不能为民正田制地，税敛无度，又从而贷之，则凶年饥岁无以为偿矣，下无以为偿，而上之人又必责之，则称贷之法岂特无补于民哉，求以国服为之息，则恐收还其母而不可得也，称贷之法虽存其实异矣"。"泉府曰：凡国事之财用取具焉，则凡以赊贷之息致用者也，然谓之财用则与夫财贿异矣。贿者有之以为利也，财者存之以为利也，以国服为之息，则无常物无足用，是

---

① ［宋］王昭禹：《周礼详解》卷一五《旅师》，文渊阁四库全书本。

② 除此外杨时《龟山集》卷七也有批评王安石"平颁兴积"之说。内容如下："《周官》平颁其兴积说者曰：无问其欲否概与之也。故假此为青苗之法。当春则平颁，秋成则入之，又加息焉，以为不取息，则舟车之费、鼠雀之耗、官吏之俸给无所从出，故不得不然。此为之辞耳，先王省耕敛而为之，补助以救民急而已，方其出也，未尝望人，岂复求息，取其息而曰非渔利也，其可乎？孟子论法，以为凶年粪其田而不足则必取盈焉，使民终岁勤动不得以养其父母，又称贷而益之，是为不善。今也无问其欲否而颁之，亦无问年之丰凶而必取其息，不然则以刑法加焉，周官之意果如是乎？"

乃存之以为利焉，岁终会其出入，则定其计也，而纳其余则藏之，以待用也。夫泉府之法如此，则非特防兼并救贫阨，因以足国事之财用焉，夫然故虽有不庭不虞之故，民不加赋而国无乏事矣”。[①] 王昭禹婉转曲折地批评王安石“利出于一孔、摧抑兼并”的观点，正反映了王安石的“利出于一孔，控制借贷，摧抑兼并，达到富国强兵目的”的思想。

由于时代的变迁，此后的《礼经会元》批评王安石已经无所隐晦了。“王安石又误此意，（按：指《周礼・泉府》的本意）乃立青苗之法，春放十千，半年则出息二千，秋再放十千年，终又出息二千，岁息四千，是故周官一倍。而乃以‘国服为息’借口，青苗之贷，不问其欲否，而概予之，谓为旅师之‘平颁’，不计其远近而强责之，谓为泉府之赊贷，假忠厚之法，以行侵渔之私，切赒恤之名，以济割剥之害。哀哉！”[②]

从上文可见，王安石的借贷思想可以总结为：“利出于一孔，摧抑兼并，平颁其兴积，国服为之息。”

第二节 “贫富相资，官不为理”的国家不干涉借贷思想

“贫富相资，官不为理”的国家不干涉借贷的思想，在北宋以苏辙、司马光、郑侠等反变法派为代表；在南宋以叶适、真德秀、黄震为代表，既有事功学派人物，也有理学家。本节以时间为经、以人物为纬来介绍这一借贷思想。

① 《周礼详解》卷一四。

② ［宋］叶时：《礼经会元》卷三上，文渊阁四库全书本。

一、北宋几位思想家的“贫富相资，官不为理”借贷思想

“贫富相资，官不为理”的借贷思想，在北宋以苏辙、司马光、郑侠等反变法派为代表，他们的主张类似于《盐铁论》中贤良文学的观点，其思想产生于反对青苗法的斗争之中。

王安石变法之中及之后，不少士大夫主张官府要正确处理主佃关系，反对不顾客观实际而运用政权的力量实行所谓的“抑兼并”政策，主张在地主、佃农、封建国家三方博弈中，国家既要保护佃农，也要保护富民或豪民。

司马光完全站在唯心主义人性论的立场上，认为对于借贷的不同做法是造成贫富差别的主要原因，贫富差别、贫富相保是历史的常态。他认为，“夫民之所以有贫瘘者，由其材性愚智不同，富者智识差长，忧深思远，宁劳筋苦骨，恶衣菲食，终不肯取债与人，故其家常有赢余而不致狼狈也。贫者呰窳偷生，不为远虑，一醉日富，无复赢余，急则取债于人，积不能偿，至于鬻妻卖子，冻馁填沟壑而不知自悔也”，所以才会出现“是以富者常借贷贫民以自饶，贫者常假贷富民以自存，虽苦乐不均，然犹彼此相资以保其生也”。①

苏辙后期的借贷思想类似于司马光，他认为贫富分化是世事之必然，“惟州县之间，随其大小，皆有富民。此理势之所必至，所谓物之不齐，物之情也”，“然州县赖之以为强，国家恃之以为固。非所当忧，亦非所当去也。能使富民安其富而不横，贫民安其贫而不匮。贫富相恃，以为长久，而天下定矣”。②

苏辙以为，贫者借于富室是贫富相资的内容之一，官府不必干预，“富民之家，取有余以贷不足。虽有倍称之息，而子本之

① ［宋］司马光：《传家集》卷四四《乞罢条例司常平使疏》，文渊阁四库全书本。

② 《苏辙集》第三集卷八《诗病五事》。

债，官不为理。偿还之日，布缕菽粟、鸡豚狗彘，百物皆售，州县晏然处曲直之断，而民自相养，盖亦足矣”①。

面对“利出于一孔、摧抑兼并”这种国家控制借贷的思想，苏辙提出了更为具体的反对意见：“议者皆谓富民假贷贫民，坐收倍称之息，是以富者日富，贫者日贫。今官散青苗，取息二分，收富人并兼之权，而济贫民缓急之求，贷不异于民间，而息不至于倍称，公私皆利，莫便于此。然公家之贷其实与私贷不同。私家虽取利或多，然人情相通，别无条法。今岁不足，而取偿于来岁；米粟不给，而继之以刍藁，鸡豚狗彘皆可以还债也。无岁月之期，无给纳之费，出入闾里，不废农作，欲取即取，愿还即还。非如公家，动有违碍，故虽或取息过倍，而民恬不知。今官贷青苗，责以见钱，催随二税，邻里相保，结状请钱，一家不至，九家坐待，奔赴城市，糜费百端，一有逋窜，均及同保，贫富相迨，要以皆毙而后已。朝廷虽多设法度以救其失，而其实无益也。”②苏辙阐述的私营借贷业相比于官营借贷业更具优势还是有一定道理的。但是，苏辙所谓的“贫富相迨，要以皆毙而后已。朝廷虽多设法度以救其失，而其实无益也”的观点则有失于偏颇。

韩琦从私营借贷连续性的角度阐述了私营借贷的另外一种优势，“大凡兼并所放息钱，虽则取利稍厚，缘有逋欠，官中不许受理，往往旧债未偿其半，早以续得贷钱，兼并者既有资本，故能使相因岁月，渐而取之”③。

与青苗法相比，私营借贷的确有着更为灵活便利的优势，借贷双方交易成本比官营借贷要低，所以，苏辙、韩琦认为官府不

---

① 《苏辙集》后集卷一五《元祐会计录叙·民赋叙》。

② 《苏辙集》第三集卷三五《自齐州回论时事书》。

③ 《宋朝诸臣奏议》卷一一一，韩琦等《上神宗乞罢青苗及诸路提举官》。

应控制借贷业，而应让民间借贷业自由发展。但是，他们没有谈及官营借贷对私营借贷的制约可以使得贫寒百姓在借贷中获益的事实。只要消除“抑勒”借贷的情形，官营借贷和私营借贷均可以在相互推进中有所发展。

北宋陈襄针对官府处理乡村债务诉讼中的两种极端行为，指出：“官司有阿从豪民者，凡债负不问虚实，利息过倍，一切从严追理，则豪民必至兼并，小民有冤亡告者；又有矫是弊者，不问是非，一切不理，则豪民不敢贷，一遇岁饥，或新陈未接，小民束手相视饿死，本欲恤之，而不知反以害之。要在平心遵法而行耳。”① 同样是贫富相资的借贷思想的表现。

以上所述“贫富相资”的思想，大多是贫困者对于富有者的依赖，很少有富有者对贫穷者的依赖，只有北宋郑侠在上《流民图》奏疏中，借助富者之口，表达了富者对于贫者的依赖思想：“贫富大小之家，皆相依倚以成，贫者依富，小者依大，所以养其贫且小；富者亦依贫，以成其富，而大者亦依小，以成其大，富者、大者不过有财帛仓廪之属。小民无田宅者，皆客于人，其负贩耕耘，无非出息以取本于富且大者。而后富者日以富，而以其田宅之客为力。今贫者、小者既已流迁，田无人耕，宅无人居，财帛菽粟之在廪庾，众暴群至，负之而去，谁与守者，此所以不得不随而流迁者也。”② 这只是在少数情况下才会出现的情形。

二、南宋几位思想家的借贷思想

南宋叶适坚决反对“破富民以扶贫弱”的行为，认为“今俗吏欲抑兼并，破富人以扶贫弱者，意则善矣。此可随时施之于其所治耳，非上之所恃以为治也”。叶适分析其原因说：自井田制崩

---

① 《州县提纲》卷二《随宜理责》。

② ［宋］郑侠：《西塘文集》卷一《流民》，文渊阁四库全书本。

溃以后，“县官不幸而失养民之权，转归于富人，其积非一世也。小民之无田者，假田于富人；得田无以为耕，借资于富人；岁时有急，求于富人；其甚者，庸作奴婢，归于富人；游手末作、俳优伎艺传食于富人；而又上当官输，杂出无数，吏常有非时之责，无以应上命，常取具于富人。然则富人者，州县之本，上下之所赖也。富人为天子养小民，又供上用，虽厚取赢以自封殖，计其勤劳亦略相当矣。乃其豪暴过甚兼取无已者，吏当教戒之；不可教戒，随事而治之，使之自改则止矣，不宜豫置嫉恶于其心，苟欲以立威取名也”①。

真德秀作为直接处理政务的行政官员，他的思想理论色彩没有叶适的浓厚，但其“贫富相资，官不为理”的思想更为贴近现实，“今郡县之官，往往有嫉视富民之意，多方破坏，不尽不止，独不思富之与贫，相须而济。今有余之家窘于科敛，摧于告讦，皆蒿然有不自存之态，于是赊贷之路穷，而贫民益困矣。古者君与民为生，故有省耕省敛之政，今毋望其能如古也，惟民自为生，官勿挠之足矣”②。

黄震在抚州任上处理灾后债务问题时，劝谕上户减放穷人债务，其劝谕榜称：“近据晏府新恩札状称：本州上户放债取息，有至合倍以上者，乞行禁戢。当职读之骇然。最是去秋大歉，小民必是无可还债，今年春夏饥饿，必是债上添债，今秋若因稍熟，上户便欲一顿对合取偿，则小民今岁之苦更甚于去岁之荒矣，是虽尽与蠲阁可也。但念其贫富相资，世代相聚，不敢行官司一旦直截之令，反绝小民他日求债之门。先布腹心，晓谕上户：上户若非读书兴家，亦是积德致富，义理所在，其谁不知，请自今脱

① 《叶适集》之《水心别集》卷二《民事》下。
② 《西山先生真文忠公文集》卷三《直前奏札一》。

去。凡近致身广大，念性命本同一源，知人我本同一体，财货不过外物，贫富久必易位，将利债痛减分数，许邻佃量力渐还，种德无穷，永保富厚。如或故违，则有法在。”① 黄震从贫富相资的立场出发，没有直接蠲免债务，而是以劝谕渐还的方式保留了贫困者借贷的途径。

南宋时由于土地兼并、贫富分化的情况更加严重，加之天灾人祸，贫富矛盾极为尖锐，官员力图维持社会稳定，不断倡导“贫富相资”的借贷思想。如果说北宋注重贫穷阶层对于富有阶层的依赖，南宋则较为注重双方相互依存的关系，调和的意味较浓，既劝谕放债者轻息薄敛，又要求借债者按约偿还。真德秀在《再守泉州劝谕文》中说道：“放债收息，收息量收为宜，分数太多，贫者受苦；举债营运，如约早还，莫待到官，然后偿纳。”② 李元弼在《作邑自箴》中亦说：“放债人户切须饶润取债之人，轻立利息，宽约日限。即不得计套贫民，虚装价钱，质当田产，及强牵牛畜，硬夺衣物动用之类，准折欠钱；其欠钱人户亦不得昏赖失信，须防后来阙乏，全借债主缓急接济。”③ 袁采在《袁氏世范》中也说：“假贷钱谷，责令还息，正是贫富相资不可阙者。”④

三、分析与结论

（一）高利贷存在相当的剥削，人们对此有相当深刻的认识。宋代两派不同观点的思想家由于站位不同，对高利贷的认识也不相同。“利出一孔派”认为高利贷兼并小生产者的财富造成社会不公正，理应打击。打击的手段是利用官营借贷挤压私营借贷的空间，最后由官营借贷控制借贷市场。如果是站在同情农民的立场

① 《黄氏日抄》卷七八《七月初一日劝上户放债减息榜》。

② 《西山先生真文忠公文集》卷四〇《再守泉州劝谕文》。

③ 《作邑自箴》卷五《规矩》。

④ 《袁氏世范》卷三《治家·假贷取息贵得中》。

上，削弱地主对农民的剥削、减轻农民负担、缓和阶级矛盾、提高农民的生产积极性，则值得提倡。他们主张以国家经营的借贷与私营借贷竞争，增加借贷供应，压低市场过高利率，以此使农民获得好处。以经济手段削弱私营借贷的利息剥削要比直接用行政命令的手段高明很多。

同时我们也应看到，“利出一孔派”控制借贷市场还有确保税源和借贷生利增加政府收入的更深层目的。苏辙主张政府应与地主争夺农民；王安石、李觏则强调摧抑兼并，也有政府与地主争夺农民的内在含义，因为摧抑兼并的目的也是争夺税源。宋代还未完全实行土地税，徭役形式的人丁税还占一定的比例，并且徭役税的货币化还未实行，所以，国家必须控制一定数量的农民以保证国家以徭役形式出现的劳役地租的实现。如果官府利用掌握的土地、资金创造农民的小生产条件，就可把农民束缚在土地上，防止其脱离政府的管束。但是在宋代，兼并之家不同于春秋战国时期的贵族地主或两汉时期的豪强地主，他们没有免税的特权，所以，“利出一孔”思想相形之下就显得落后了。因其扩大税源的作用有限，因此不能真正解决政府的财政危机。

他们的另一意图是国家控制借贷进而经营借贷，类似于地主放贷收息，政府获得利息收入，增加财政收入。这就是“贫富相资派”批评“利出一孔派”的与民争利。“利出一孔”主张在王安石变法之后成为政府施政的原则。实践证明，在当时的历史条件下，政府大规模直接经营借贷最后必然失败。比如王安石青苗法的顶层设计“平颁兴积”，即不管百姓愿与不愿，强行颁赐青苗钱，从而收息取利。在实践中，为了完成任务指标，保证贷款能够收回，放贷官员强行把青苗钱贷与不需要贷款的地主，而真正有需要的贫苦农民反而不能获得贷款，史书上称之为“抑勒”。这种违反市场经济原则的做法导致青苗法遭到普遍反对。虽然青苗法在短时间内增加了一些财政收入，个别地方也抑制了高利贷的超额利息剥削，但最后仍摆脱不了失败的命运。

（二）“贫富相资派”往往强调贫富不等是历史的常态，农民等小生产者需要地主、高利贷者的土地和借款。“贫富相资”的实质是贫困农民，尤其是佃农，对地主、高利贷者的依赖，是由于经济的依附造成的人身依附关系。如果在土地和资金等要素短缺的情况下放任高利剥削，则会造成小生产者再生产的中断，加速社会贫富分化，不利于财富的积累，不利于社会的安定。所以，采取包括行政、司法等手段在内的不同方法抑制高利贷资本无限获取利息的冲动是有必要的，但完全否认官营借贷压低高利率的历史作用并不符合历史真实，也不符合现实逻辑。

“贫富相资派”也看到了私营借贷相对于官营借贷的制度优势。私营借贷具有程序简单、还贷方便灵活等特点，虽名义利息较高，但与官营借贷相比实际利息并不高。放任私营借贷自主经营，官府也不会存在贷款拖欠不还的困扰。在当时的历史条件下，私营借贷交易成本低，而官营借贷则存在大多官营经济都存在的官僚主义，这无疑增加了双方的交易成本。青苗法、市易法最后的结果莫不如此，这证明了“贫富相资派”观点的正确性。

虽然高利贷存在剥削，但在当时的历史条件下，消灭高利贷是不现实的。“贫富相资派”强调贫富相资，宣传调和的观点，强调了一般地主对社会的积极作用，批评了部分政府官员不分情况地抑制地主高利贷者的做法。古代政府官员往往打着抑制兼并的旗号，或谋求贿赂，或邀取民心，不顾一切地打击拥有土地、资金的地主、高利贷者，破坏了社会的平衡，割裂了生产要素的结合，阻断了社会生产的进行，不利于社会进步。这种不顾效果的施政常会导致社会经济的倒退。

（三）王安石变法前后“利出一孔”和“贫富相资”两派主张

形成针锋相对的局面，“利出一孔”的主张成为政府施政的原则，并在具体实践中实施了几十年的时间。南宋时，“贫富相资”的思想逐渐占据了主流地位。两种高利贷思想的对立是中国传统哲学中道家思想与法家思想的对立，这两种相互对立的高利贷思想是中国历史上一直就存在的自由与管制经济思想的缩影。政府在经济生活中的职责是什么？政府应该如何处理经济事务？这是历代政治家、思想家不断探讨的一个重要课题。一直到今天，经济学家们对这一问题的争论仍在持续，但是争论已经淡化了早期的意识形态色彩。在今天市场经济的条件下，经济学家们更为关注的则是政府制定具体经济政策如何更加符合市场经济的规律、如何更有利于经济的发展，政府履行经济职能时如何辩证地把握宏观调控和市场自主等问题了。

第九章　明清时期的借贷伦理与思想

第一节　明清精英阶层的借贷思想

一、明清治生经济学中反对经营高利贷及借贷高利贷的思想

明清以前就有人认为，不借贷与人亦不向人借贷是君子之行。《晏子春秋》载："叔向问晏子曰：'啬吝爱之于行何如?'晏子对曰：'啬者，君子之道；吝爱者，小人之行也。'叔向曰：'何谓也?'晏子曰：'称财多寡而节用之，富无金藏，贫不假贷，谓之啬；积多不能分人而厚自养，谓之吝；不能分人，又不能自养谓之爱，故夫啬者，君子之道，吝爱者小人之行也。'"[①] 实际是对量入为出的节俭和能帮助别人的赞扬。

明清不少思想家从家庭经营的角度反对家庭经营高利贷。《御定渊鉴类函》载："冢宰李公裕家居，子孙谒见者必以买田、放

① 《晏子春秋》卷四《问下第四》，中华书局 1962 年版。

债、不读书为三戒。”① 明代陆深在给家人的信中明确提出：“吾儿治家，闻有条理。时世如此，更宜收敛家人辈，治生断不许放债。”②

明末理学家吕维祺尝言：“多言则多枝节，多事则多口舌，多营则多怨恶，故以节言、省事、寡营为主。然而有借者，有更借，夫借者，有因而借者，有无因而亦借者。每见乡绅一而借者且百矣，借者百而罹借之害不啻百矣。君子不借人，亦不为人借，矧愚绵力无可为借，亡论清议所共弃，而三尺亦可畏也，执法之吏愿施以一切；而罹其害者，其据理直之，或以告我，吾将破其伪以直汝。”③ 吕维祺反对经营高利贷的理由与陆深差不多，认为多所营取包含放债取利，会招致借贷者的怨恨，在阶级斗争尖锐的时期更易激化阶级矛盾。地主阶级中的有识之士看到阶级斗争的残酷，为了避免自己在阶级斗争中成为牺牲品，告诫地主在家庭经营中要少采用高利贷的方式。他所提到的不经营高利贷的理由并不是其反对经营高利贷的真正原因。

清代的张英表达了与明代陆深、吕维祺相似的观点，他所提到的地主的经营原则亦是：“君子不借人，亦不为人借。”他在家训中强调：“愿吾子孙，终守此戒，勿犯也。不足，则断不可借债；有余，则断不可放债。”“权子母起家，惟至寒之士稍可，若富贵人家，为之敛怨养奸，得罪招尤，莫此为甚。”“余见放债收息以及典质人之田产者，三年五年得其息如其所出之数，其人则哓哓有词矣，不然，则怨于心，德于色，浸假而并没其本。间有

① 《御定渊鉴类函》卷二九三《鉴诫》，文渊阁四库全书本。
② ［明］陆深：《俨山集》卷九七《京中家书二十二首》，文渊阁四库全书本。
③ ［明］吕维祺：《吕豫石集》之《广严禁假借》，古今图书集成本。

酷贫之士，得数十金可暂行于一时，稍裕则不能矣。”①

张英以为，“人思取财于人，不若取财于天地”。他认为，虽然放债取利一时收获丰厚，但是不会长久。土地拥有大德，唯有土地出产才会源源不断，才不会抱怨。“惟地德则不然，薄植之而薄收，厚培之而厚报，或四季而三收，或一岁而再种，中田以种稻麦，旁畦余陇以植麻菽衣棉之类，有尺寸之壤则必有锱铢之入，故曰地不爱宝，此言最有味。始而养其祖父，既而养其子孙，无德色，无倦容，无竭欢尽忠之怨，有日新月盛之美，受之者无愧怍，享之者无他虞，虽多方以取而无罔利之咎，上可以告天地，幽可以对鬼神，不劳心计，不受人忌疾。呜呼，天下更有物焉能与之比长絜短者哉！”②

张英在文集中提到其友人陆遇霖与他的观点相同。陆遇霖对比了土地、房屋、高利贷资本三种不同投资的收益情况，提出了高利贷不如房屋、房屋不如土地的观点。

> 典质、贸易权子母，断无久而不弊之理，始虽乍获丰利，终必化为子虚。惟田产房屋，二者可持以久远。以二者较之，房舍又不如田产，何以言之，房产乃向人索租钱，每至岁暮，必有干仆，盛衣帽着靴，喧哗叫号以取之，不偿则愬于官长，每至争讼雀角，甚有以奋斗窘迫，而别生祸殃者。稍懦焉，则又不可得矣。至田租则不然，子孙虽为斋民，极单寒懦弱，其仆不过青鞋布衣，手持雨伞，诣仙人之门，而人不敢藐视之，秋谷登场，必先完田主之租，而后分给私债，取其所本有，而非索取所本无，与者受者，皆可不劳，且力田皆愿民，

① ［清］张英：《文端集》卷四四《恒产琐言》，文渊阁四库全书本。

② 《文端集》卷四四《恒产琐言》。

与市尘商贾狡健者不同，以此思之，房产殆不如也。①

陆遇霖认为放贷取利虽然会一时获利较为丰厚，但是最终会化为乌有。陆遇霖没有分析借贷资本化为乌有的原因。从他们的叙述中我们可以猜度出张英、陆遇霖的想法，或是高利贷者的强横必然招致怨恨，最后在农民的反抗中败落；或者是由于放贷者的豪横遭到官府治罪，因而丧身败家。陆遇霖在分析房产收租不如田地收租收益可靠时，从收租人敛怨和交租人特点两个角度考虑问题，其看待高利贷也应是从这两个角度来分析的，只是没有明确阐述而已。

吕维祺、陆遇霖、张英的论述侧重厚富之家不要经营高利贷，同时还显示了贫困之家尽量不要借贷的思想。如其所言："君子不借人，亦不为人借。"张英在论述"田产不可鬻"的论点时，阐述了封建士大夫阶层对于借贷原因的看法。他发现："世之鬻产者比比，而然聪明者亦多为之，其根源则必在乎债负。"他认为，不量入为出、奢侈无度是借贷的主要原因，"债负之来由于用度不经，不知量入为出，至举息既多，计无所出，不得不鬻累世之产，故不经者债负之由也"。

他进一步认为，要想不鬻田产，就不能有债负；要想没有债负，就必须没有饥寒；要除去饥寒，就要量入为出。"债负者，鬻产之由也；鬻产者，饥寒之由也。欲除鬻产之根，则断自经费，始居家简。"如何做到量入为出行经久之道呢？

张英沿用宋代陆九韶的量入为出之法。"要可久之道，则有陆梭山量入为出之法。在其法合计一岁之所入，除完给公家而外分为三分，留一分为歉年不收之用，其二分分为十二分，一月用一

① 《文端集》卷四四《恒产琐言》。

分，若岁常丰收则是古人耕三余一之法，值一岁歉则以一岁所留补给，连岁歉则以积年所留补给，如此殆无举债之事。”①

明代中后期以后，资本主义因素已经萌芽，商品经济有所发展，但是自给自足的自然经济仍旧是社会经济的主要生产方式，个体农民较少与外界发生商品交换。如果有与外界的交换，包括借贷，其得到的产品就会减少一部分，这一部分除了被商人拿走的利润外，就是高利贷者拿走的利息，所以农民会尽量不去买市场的商品，也尽量不去借贷。这就成为家庭经济学的黄金准则。同时，由于经济利益的对立，农民与地主、高利贷者是经济上的天敌。佃农要租种地主的土地，就要缴纳地租，由于收获量的限制，地主多获一分，佃农就少获一分；同样的道理，如果自耕农或佃农借贷，不管是消费借贷，还是生产借贷，高利贷者以利息的形式与农民分割其产品，高利贷者多获一分，农民就少获一分。但土地是农业生产的主要生产资料，没有土地是绝对不能生产的，农民对土地的依赖，外在表现为对地主的依附。自耕农或佃农为了在产品分配中获得更多的份额，就尽量减少成本，尽量自己独立完成生产过程，减少借贷高利贷。相比之下，农民对高利贷的依赖不如对土地的依赖。对土地极端珍视，拼命购买土地，非在万不得已的情况下绝对不会出卖土地，即使出卖土地也坚持具有中国本土特色的保留回赎权的典卖的方式，而高利贷则是吞噬农民土地的鳄鱼。张英、陆深的观点代表了封建时代一般地主对投资方向的理解，具有典型性。

---

① 《文端集》卷四四《恒产琐言》。《陆棱山居家制用篇》载：“其有田少而用广者，但当清心俭素，经营足食之路，于接待宾客、吊丧问疾、时节馈送、聚众饮食之事，一切不讲（不以货财为礼），免至于求亲旧，以滋过失；责望故素，以生怨尤；负讳通借，以招耻辱。”

二、反对高利贷的思想

张英、陆深等人反对高利贷是站在家庭经营的角度来考虑问题的，他们思考的是如何使得家庭经营获得最大的收益，避免损失，避免家庭的败落。但在我们所能接触到的材料中，反对高利贷的声音多发自政府官员之口，而且是站在政府施政的立场上做出的判断。他们反对高利贷也不同于西方基督教经院哲学家们纯理论思辨。士大夫官员对高利贷的观点多是来自自己的施政实践，是从国家层面、政治层面思考的结果。

（一）反对高利贷者与政府争夺税源的思想

政府与高利贷者争夺农民的斗争早在春秋时期就曾经发生过，齐桓公利用政府的权势强迫高利贷者购买政府的物资而蠲免百姓的利息负担，保留了大量的自耕农，稳定了国家的税源和兵源。汉武帝时期更是颁布严厉的算缗告缗令，消灭了不少的高利贷者。宋代王安石变法企图利用青苗法、市易法等官营高利贷来排挤打击私营高利贷，摧抑兼并之家，变法持续几十年，影响甚大。执政者最不愿看到税源流失，同高利贷者的争夺一直持续到明清。

明代的王直阐述了苏、常地区高利贷导致国家收入减少的内在逻辑。他认为，苏州、常州地区赋税较他处为重，不光是土地肥沃的缘故，更主要的是农民在土地上投入资金和劳动多，“其用力劳而家则贫，耕耘之际非有养不能也，故必举债于富家而倍纳其息，幸而有收，私债先迫取足而后及官租，农之得食者盖鲜，则又假贷以为生，卒至于倾产业，鬻男女，由是往往弃耒耜为游手末作，田利减、租赋亏矣”①。在王直之前元末明初的胡俨也曾有过相似的看法。他在《松江府济农仓记》提出：“松之为郡所统者华亭、上海二县，其地不过二百里，而田赋百二十余万石，视

① ［明］王直：《抑菴文集》卷二《济农仓记》，文渊阁四库全书本。

他郡为特重，每岁春夏农之贫者必举债而后能力作，幸而有秋则先偿私贷然后及公赋，公私既输，而农则贫矣。农贫复假贷，或鬻子女，或弃本业，日殚月削，积贫至困，如火销膏，不获其所者可胜言哉!”① 看来此种情况从明朝初年就已经出现了。繁重的赋税导致农民借贷，农民借贷之后将部分收获之物作为本息还给高利贷者。扣除必要的生活成本，农民更加无力投入生产，只能变卖产业，或变成末作游手，从国家的编户齐民中脱离，使得国家税源减少。有识之士是从这一角度反对高利贷的。

明代的海瑞曾经打击过大官僚地主徐阶家族，受到给事中的弹劾，说海瑞庇护奸民，不许偿还私债，鱼肉士大夫，沽名乱政。海瑞上书自称：“府县官禀说，今年水灾富家欲照往例取租，佃户称无收拖赖。臣令之酌量灾数，二家均认。胥矣富人，哀此茕独。又当再酌口说，如此未有禁示。先年粮长往往于收粮时，先除还自己平日私债后算官数，富豪亦乘出米之时伺逼偿债，公私并举，钱粮难完，臣因府县官之言，有告示禁革，谓待完粮后方私下取偿，非禁不许还债也。”② 社会上传颂海瑞曾严厉打击高利贷者，明代的士大夫也有论及。问题的焦点在于偿还私债与完粮纳税的顺序，关键是古代农业产出是比较少的，农民先缴纳皇粮国税就不能偿还私债，如果先行偿还私债就不能完纳皇粮国税。海瑞的奏折以及对海瑞的弹劾反映了政府与高利贷势力对经济利益的争夺。

清代的陆陇其说得更为直截了当，他直接揭露了高利贷者盘剥农民的各种方法手段，最后指出其不但导致民贫，而且重在病

---

① ［明］程敏政：《明文衡》卷三十五，胡俨《松江府济农仓记》，文渊阁四库全书本。

② ［明］海瑞：《备忘集》卷一《被论自陈不职疏》，文渊阁四库全书本。

国，病国的意思就是高利贷者侵占国家的税源，使得国家的财政收入减少。陆陇其指出，“富室大家，悍卒土豪，或开当网利，或放债盘占，吸髓吮脂，为富不仁，小民当窘迫之际，即物值一两而质当不过一二钱，银不足色，秤戥又轻，未出门时已耗加一；及至取赎足色大戥，又违禁取利五分者或六分者不等，公然行之无忌。至放债之家非写房地作抵，即勒子女为质，每月五分，以至加一，稍一过期，即利上起利，重重盘算，必至房地子女尽归其手。富者益富，贫者益贫，甚而官粮不完，反完私债，不独病民，兼之病国，莫过于此，合行出示禁革。”① 陆陇其与海瑞的观点相同，并非直接禁绝高利贷，而是要求打击高利贷超出法律的规定的苛酷盘剥，再者是调整私债和国税的完纳顺序，保证国家税收的优先收缴。

（2）高利贷导致农民起义的观点

明朝末年农民起义风起云涌，不少士大夫思考天下大乱的原因。宋应星是我国历史上著名的科学家、思想家，他的《天工开物》闻名于世，该书总结了我国封建时代手工业的成就，是古代工艺的集大成之作。宋应星生逢乱世，对于致乱原因他有自己的看法。他一再强调高利贷是致乱的根源。他的《怜愚诗》四十二首，其中有两首提到了高利贷。《怜愚诗》之六说：“青苗子母会牙筹，吸骨吞肤未肯休。直到饥寒群盗起，先从尔室报冤仇。”《怜愚诗》之三十九中说：“人到无能始贷金，子钱生发向何寻？厉词追索弥年后，生计萧条起绿林。”②

宋应星在《野议》之《民财议》中阐述了自己的经济思想，以及高利贷是如何导致变乱的。宋应星认为，天下缺乏的不是货

① ［清］陆陇其：《三鱼堂文集》外集卷五《禁重利示》，文渊阁四库全书。

② ［明末清初］宋应星：《思怜诗》之《怜愚诗》，上海人民出版社 1976 年版。

币财富，而是实物财富，有了实物财富，货币财富可招而即至。“其谓九边为中国之壑，而奴虏又为九边之壑，此指白金一物而言耳。财之为言，乃通指百货，非专言阿堵也。今天下何尝少白金哉！所少者，田之五谷、山林之木、墙下之桑、洿池之鱼耳。有饶数物者于此，白镪黄金可以疾呼而至，腰缠箧盛而来贸者，必相踵也。”他以为，财富是自然加人力共同生产出来的，“夫财者，天生地宜，而人功运旋而出者也。天下未尝生，乃言乏”。可以说宋应星的经济思想与现代经济学的原理一致。

明末人力资源并不缺乏，技术条件并不落后，土地资源也较为丰裕，特别是人力资源是有组织有纪律的。“凡愚民之所视效者，官有严令而遵之。世家大族、显贵闻人，有至教唱率而听从之。”宋应星看到的是除了三吴、八闽之地外其他地方没有财富的生产，“其他经行日中，弥望二三十里，而无寸木之阴可以休息者，举目皆是”。所以从国家到百姓才会普遍感到贫困，到处是农民起义。“生人有不困，流寇有不炽者？”

宋应星以为，官员们忙于请客送礼，频繁调动，后又因为战乱，忙于催征参罚，无人顾及百姓的生产生活。更为重要的是，“富贵闻人，全副精神只在延师教子，联绵科第，美宫室，饰厨传；家人子弟，出其称贷母钱，剥削耕耘蚕织之辈，新谷新丝，簿帐先期而入橐，遑恤其他”。拥有资本的富贵之家，把全部精力用于科举考试或奢侈享受。他们负责治家的家人子弟忙于放贷取息，不管生产之事，靠利息收入剥削从事农业生产的农民。“用是，蚩蚩之民，目见勤苦耕桑，而饥寒不免，以为此无益之事也，择业无可为生，始见寇而思归之。从此天下财源，遂至于萧索之尽；而天下寇盗，遂至于繁衍之极矣。”官员、富贵之家不重视农业生产，高利贷者不从事生产，成为吸附在农业生产者身上的蚂蟥，拼命吸吮农业生产者的膏血，使之虚弱不堪，无力再进一步延续、扩大生产。农民无路可逃，最后不得不走上铤而走险的道路。宋应星的看法有一定的道理，过高的利息剥夺了小农的生产条件，生产者和生产条件分离，阻碍了生产的发展。但问题的关键更在于土地，地主土地所有制是问题的核心，高利贷只起到帮凶的作用。

宋应星还批驳了为高利贷做某种辩护的言论，“说者曰：富家借贷不行，隐民无取食焉。夫天赋生人手足，心计糊口，千方有余，称贷无路，则功劳奋激而出。因有称贷助成慵懒，甚至左手贷来，右手沽酒市肉，而饘糜且无望焉。即令田亩有收，绩蚕有绪，既有称贷重息，转眄输入富家；铚镰筐箔未藏，室中业已悬罄。积压两载势必子母皆不能偿，富者始闭其称贷而绝交焉。其时计无复之，有不从乱如归也？夫子母称贷，朘削酿乱如此，而当世建言之人，无片语及之者何也？盖凡力可建言之人，其家未必免此举也。材木不加于山，鱼盐蜃蛤不加于水，五谷不加于田畴，而终日割削右舍左邻以肥己，兵火之至，今而得反之，尚何言哉！”①

高利贷有其两面性，过高的利息会阻碍生产的发展，但在一些特殊情况下，比如天灾人祸，因为农家生产条件的不足，就必须依靠借贷重新掌握生产条件，而高利贷可以使生产得以继续。所以，在一定条件下，高利贷不但不会造成农民起义，还会成为消弭农民起义的因素。中国古代周期性的农民起义是中国历史的特点，但是很少有农民起义直接缘于高利贷。宋应星所讲“称贷无路”可以激发农民的创造力，给农民借贷会使其慵懒，则是将个别现象普遍化，就更没有道理了。

（三）将高利贷纳入法治轨道的思想

一些官员首先看到了高利贷者对农民的掠夺，这样的论述比

① ［明末清初］宋应星：《野议》之《民财议》，上海人民出版社 1976 年版。

比皆是。吕坤执政河南时曾说:“近见佃户缺食，便向主家称贷，轻则加三，重则加五，谷花始收，当场扣取，勤动一年，依然冻馁，有仁心者肯如是乎?”①吕坤在《宗约歌》里也揭露了高利贷的剥削手段，告诫放贷者要为儿孙积些善德，以免将来遭报应。“从来设债放羊羔，一月三分律有条。色低数短忒残酷，坐讨立逼是势豪。搒你家产无尽足，当你房地那宽饶。不杀穷汉安能富，也与儿孙留下稍。”②

吕坤看到了高利贷剥削的残酷，但是他并没有像管子、汉武帝、王安石一样提出一套完整的整治高利贷者的方案，更未实行取缔高利贷的措施，而是尽量把高利贷限制在政府的法律框架内，吕坤处理高利贷案件完全依据《大明律》的规定，“凡私放钱债及典当财物，每月取利，并不得过三分。年月虽多，不过一本一利。违者，笞四十，以余利计赃。重者，坐赃论罪，止杖一百。并追余利给主。若势豪之家不告官司，以私债强夺去孳畜产业者，杖八十。若估价过本利者，记多余之物坐赃论，并依数追还。若准折人妻妾子女者，杖一百；强夺者，加二等；因而奸占妇女者，绞。人口给亲，私债免追”③。对于借贷者无力回赎自己的产业也只能“酌量情法，两便委曲，分处无令贫人失业”④。鼓励地主向佃农平价放贷，“今后佃户缺食，主家放给，亦照官仓加二，如有平借平还者，乡约纪善以凭优处，有司合行通示”⑤。对于本利还清而不退回当物的借贷案件，吕坤做了稍微不利于高利贷者的规定，“放债三年以上，本利交还不与者，处追借人，财不还及毁坏

---

① [明]吕坤:《实政录》卷二《小民生计》，中华书局2008年版。

② [明]吕坤:《宗约歌》之《戒放债》，中华书局2008年版。

③ [明]吕坤:《去伪斋集》卷七《杂著·怀刑》，中华书局2008年版。

④ 《实政录》卷四《乡甲约》。

⑤ 《实政录》卷二《小民生计》。

者主令赔补”①。可见，吕坤并非真的反对一切借贷，只是反对超出政府法令规定范围的非法借贷。

明朝末年，高利贷对农民的剥削更为严重。艾南英较为详尽地论述了抚州地方当铺剥夺借贷者的种种手段，“抚州当铺，其受当也，首饰衣物直一金者止当五钱，满十月不赎，则即取当物毁卖，是以十月而发合倍之息矣。其依期取赎者按月三分入息，其放也每一金轻三四分，其取也每一金昂三四分。其收以晦日即以晦日为一月，其放以朔日即以朔日为一月。其书质券也，虽重锦例书破旧，虽赤金例书低淡，即于书券之时预伏将来毁卖，以杜其人告官之端”。艾南英粗略地估计抚州当铺对当地人的剥削数量的大小，“计一岁中当铺四五家，巧取城中民财不下三四千金，所以民间愈损”。艾南英还发现市侩与官绅、棍徒勾结，朋比为奸，欺压借贷的百姓。“二三市井之徒，和集富民，朋收倍息，而时以酒食与乡绅子侄往来，为护身之符。”艾南英以为，虽然这一风气只有五六年时间，参与的人数并不多，但是“其害民甚于流贼”②。明末当铺的基本情况是官准立案，遵照法令照章纳税，特别当铺也要缴纳特别税“辽饷”。“当铺事例自南北两直隶至十三省，凡开当铺，例从抚按告给牒文，自认周年取息二分，以二十四月为期，不赎则毁卖原所当物。遇近例各县有当铺，辽饷则依法输纳，此天下通例也。”尽管抚州当铺的不法行为令艾氏人不满，但是考虑到当铺已经成为税源之一，艾南英并未建议取缔当铺，他给出的方案是：“为今之计，莫若以辽饷为重，限四门党约于半年内召请徽商，于郡开设，请牒抚按照依直省通例，小民自

① 《实政录》卷四《乡甲约》。

② ［明末清初］艾南英：《天佣子集》卷六《三上蔡太尊论战守事宜书》，台北：艺文印书馆1980年版。

趋轻息，而兼并之家自不能行。”①

清代陆陇其在《禁重利示》中，在历数当铺放债的种种不法之后，特别强调：“当铺放债，悉遵定例，行利不过三分，不许利上起利盘人房地子女，穷民省得一分即受一分之惠，又与富者无损而赤贫沾恩靡既矣，为此示仰阖邑军民人等知悉，无论当铺放债，如有行利三分之外者，立拏解宪，律法如山，断不姑贷，速宜易辙，毋自贻戚。”② 同样是将当铺及普通放贷纳入法律规定的范围内，并没有其他的政策或措施。

三、为高利贷辩护的思想

早在宋代，司马光、真德秀、陈亮等人即以“贫富相资”的理论为私营高利贷做过辩护。宋代以反对王安石等人“利出一孔”的官营高利贷而发，明清则是针对革除私债的行为而发，二者都以“贫富相资”作理论基础。

虽然明代中后期自然经济的势力还很强大，如上面所述，还有思想家不把货币财富当作真正的财富，以为实物财富才是真正的财富，那是商品贸易不发达的表现。但是明朝中后期商品货币经济进一步发展，高利贷随之盛行，消费借贷继续发展，生产性、经营性借贷占比逐渐上升，全社会对高利贷的依赖程度加大，因此，对高利贷的看法也在不断变化。反对高利贷的声音仍是主流论调，但为高利贷辩护的观点也在社会上流行，并把矛头直接指向禁绝高利贷的观点。

《图书编》是明代章潢编的一部百科全书，其收录的《圣训释目》“毋作非为第九条”站在不偏不倚的立场上，指明民人在处理借贷问题时应遵循的原则。其指出，“凡借放钱债，贫富均为有

---

① 《天佣子集》卷六《三上蔡太尊论战守事宜书》。

② 《三鱼堂文集》外集卷五《禁重利示》。

益，富无贫者所干利息何由而生，贫无富者相周患难何从而给。若富而取盈谓之不仁，贫而负骗谓之不义，各宜省改。今后放偿不得过二分三分，如有年月过期，垒利数倍，或故令残疾老幼填门逼取，或捉锁私家准折家产，与恃顽欺赖不偿及为刁告者，是皆自速其祸，约正副告官从重治之"①。借放钱债对贫富双方均有益，贫富双方互惠互利，彼此不能分开；警告借贷双方违禁取利、填门逼取、准折家产或欺赖不偿、妄告不实均要受到法律制裁。

明代著名思想家丘浚在《大学衍义补》中说："借债取息三代已前已有之，但必有券书而不可多取息耳，虽有死亡苟有证佐亦必追偿。先王体悉民情，为之通有无以相资助，使不至于匮乏，固不以为非也。近世乃有恶富人冒利者，一切禁革民间私债，其意本欲抑富强，不知贫民无所假贷，坐致死亡多矣。"② 这段文字是丘浚对《周礼》的注解。丘浚借助对古文的传疏，表达对时下借贷之债诉讼的看法。他认为借贷取息历史悠久，三代以前就已经存在。有息借贷起源于何时至今尚无定论，丘浚上推至夏商周之前的时代，显然是不对的。但古人有是古非今的传统，常把远古时期描写成自己心目中的理想时代，借以阐发自己的政治、经济理想。丘浚以为民间私债可以通有无，使贫困者不致太过匮乏。丘浚认为在司法实践中禁绝私债是好心办坏事，本意是摧抑兼并，却最终导致穷人失去借贷机会。如果把丘浚的复古面纱剥去，其精神实质则具有近代化因素。

---

① ［明］章潢：《图书编》卷九十二《圣训释目》，文渊阁四库全书本。《图书编》卷九十二有"凡乡约一遵太祖高皇帝圣训。孝顺父母、尊敬长上、和睦乡里、教训子孙、各安生理、毋作非为。右六言各处训释非一言，虽异述，义则同归，每会举一处，所释者徐读而申演之"。再从训教的语气，可以体察这是皇帝的口气，所以，大致可以推断以上引文是明太祖朱元璋给臣民的训示。

② ［明］丘濬：《大学衍义补》卷一百六《详听断之法》，文渊阁四库全书本。

《客座赘语》记载了明代姚叙卿、方采山、王元简三先生的言论，名之曰《三宜恤》。何谓三宜恤？寄庄户、质铺、富户宜加以抚恤，对“裁寄庄户之兼并，禁质铺之罔利，与搜富户之非法”的社会流行的主流观点进行批驳。

方司徒采山之言曰：“质铺未可议逐也。小民旦夕有缓急，上既不能赉之，其邻里乡党能助一臂力者几何人哉！当窘迫之中，随其家之所有抱而趣质焉，可以立办，可以亡求人，则质铺者，穷民之管库也，可无议逐矣！”

王太守元简之言曰：“往日海中丞在吴中，贫民有告富家者，必严处之，一时刁讦四起，富户之破亡者甚众。此大非。是邑有富民，小户依以衣食者必伙。时值水旱，劝借赈贷须此辈以济缓急。虽一村有一富者，近村田房不免多为所有，然必是贫者方卖，卖于他人与卖于富家一也。且富家自非豪恶闵不畏法者，岂必尽谋占而计取之？假令摧剥富民，富者必贫，阖百千万室而皆赤贫，岂能长保？”

总结王氏的不可破富民的理由有三：（1）贫民平时耕种富民的土地，居住富民的房屋，灾荒时依赖富民的赈贷；（2）贫民卖房卖地给富人和卖给穷人价钱是一样的，都是市场价格，不可能卖给穷人价钱高；（3）不是所有的富人都是豪横的违法之徒。穷人或是富人都有自己的个人利益，对正当的合法的个人利益应予保护，典当、买卖都是个人利益的交换，只要是合法的正当的交易就应当保护。顾起元评论道：“三先生之言皆深思远虑，与浮见者不同，因表而出之，以谂于当事者。”①

前文中陆深不许家人放债的嘱托是有其个人打算的，主要是在时局不稳的情况下怕遭人报复，实际上陆深认为“放债不可废

① ［明］顾起元：《客座赘语》卷五《三宜恤》，中华书局 2001 年版。

除”。陆深看到“江南放债一事，滋豪右兼并之权，重贫民抑勒之气，颇为弊孔然”，但他仍然强调“亦有不可废者”。陆深的左右手的比喻颇具辩证的色彩，“何则富者贫之母，贫者一旦有缓急必资于富，而富者以岁月取赢，要在有司者处之得其道耳，只依今律例子母之说而行，各为其主张，不使有偏，亦是救荒一策。正如人有两手，贫富犹左右手也，养右以助左足以便事”。他同样批评禁止放贷的官员，“一等好功名官府往往严禁放债之家，譬如戕右以助左则为废人矣”。他还借用历史阐明自己的观点。“宋高宗绍兴二十三年（1153），温州布衣万春上书言：‘乞将间有私债欠还息与未还息及本与未及本者并除放。’高宗谓辅臣曰：‘若止偿本则上户不肯放债反为细民害。’乃诏：‘私债还利过本者，并以依条除放。’此最得公正之道。”①

第二节　从古典小说看明清的借贷伦理

唐诗、宋词、元曲、明清小说分别是我国不同历史时期的文学体裁。明清时期，代表市民俗文化的小说发展到了顶峰，当时大量的社会经济史史料被保存下来，虽然所载事例未必确有其事，但其所反映的事例应有其现实依据。本节以明清小说为基本材料探讨明清时期借贷伦理之实况。

一、慨叹借贷之不易

在英国著名文学家莎士比亚的《哈姆雷特》中有一句最经典的对白：“不要向别人借钱，也不要借给别人钱，向别人借钱会丧

① ［明］陆深：《俨山外集》卷四《河汾燕闲录下》，文渊阁四库全书本。

失尊严，借给别人钱会人财两空。”古往今来，向他人借贷实属不易，这在明清小说中表现得非常明显。在中国这样一个讲究人情传统的国度，亲朋好友间的借贷非常普遍，但是不管是封建社会还是现代社会，借贷一方因一时贫困、周转困难才向亲朋好友伸出求助之手，出借一方更多地考虑借贷者的偿还能力和违约的可能性，借贷者往往会体会到亲朋好友的薄情寡义。

《西湖二集》载：罗江东早年丧父，守着母亲过活，以母亲织布度日，生活艰苦。罗江东业儒待考，尚无功名，又不事生产，“只得呆着脸向亲友家借贷。俗语道：‘若说钱，便无缘。’罗江东向亲友一连告了几十处，大家都不睬，以后见了他的影儿，只道他又来借债，都把他做白虎、太岁一般看待，家家关门闭户起来。罗江东与母亲二人，甚是忿恨之极”。作者评论人情世故道：“谁知世上的人甚是少趣，若是罗江东那时做了官人，带了乌纱帽，象简朝靴，那人便来呵脬捧屁，没有的也是有的；如今是个穷酸，口说大话，不过是赊那‘功名’二字在身上，世人只赌现在，不讨赊账，谁肯预先来奉承?”① 可见，彼时人情与借贷纠结在一起。

《杜十娘怒沉百宝箱》载：公子李甲为筹措为杜十娘落籍的三百金，来到三亲四友处，假说起身告别，路费欠缺，意欲借贷。“常言道：‘说着钱，便无缘。’亲友们就不招架。他们也见得是，道：‘李公子是风流浪子，迷恋烟花，年许不归，父亲都为他气坏在家。他今日抖然要回，未知真假。倘或说骗盘缠到手，又去还脂粉钱，父亲知道，将好意翻成恶意，始终只是一怪，不如辞了干净。’便回道：‘目今正值空乏，不能相济，惭愧！惭愧！’人人

① ［明］周楫：《西湖二集》第十五卷《文昌司怜才慢注禄籍》，浙江人民出版社1985年版。

如此，个个皆然，并没有个慷慨丈夫，肯统口许他一十、二十两。”① 又一个“说着钱，便无缘”。看来明清时期此句俗语十分流行，不提借钱万般都好，一提借钱便面面相觑，哑口无言。或许人们的想法是对的，浪荡公子过奢靡的生活，“填不满的烟花债”，多少银子也堆不满妓馆的无底洞，因此，拒绝李甲的要求也未尝不对。但另一面也可能是人们以李甲嫖妓为借口，实际不愿借贷给人，此乃明清之习俗，人情之常态。

《赵春儿重旺曹家庄》塑造了一个为上京求官借贷不遂的曹可成形象。曹可成最初是不争气的败家子，吃喝嫖赌无所不为，被人坑骗浑然不觉。到后来父母双亡，家道败落，为求官到亲戚家借贷银两，“到三亲四眷家去了一巡，也有闭门不纳的，也有回说不在的；就是相见时，说及借贷求官之事，也有冷笑不答的，也有推辞没有的，又有念他开口一场，少将钱米相助的。可成大失所望，回复了春儿。早知借贷难如此，悔却当初不作家。可成思想无计，只是啼哭”。其妻——从妓院从良的赵春儿欲到以前的姐妹家借贷，还要曹可成备办十八副礼品，可成无从办起，逼到要自尽的地步；曹可成打算去官府置办进京的文书，所需银两，“只得自去，向那几个村童学生的家里告借。一钱五分的凑来，好不费力。若不是十五年折挫到于如今，这些须之物把与他做一封赏钱也还不彀，那个看在眼里。正是彼一时此一时”。最后在县里朱外郎的帮助下借得带利银两，“朱外郎为人忠厚，与可成旧有相识，晓得他穷了，在众人面前，替他周旋其事，写个欠票，等待有了地方，加利寄还。可成欢欢喜喜，怀着文书回来，一路上叫天地，叫祖宗，只愿浑家出去告债，告得来便好”。

---

① ［明］冯梦龙：《警世通言》第三十二卷《杜十娘怒沉百宝箱》，人民文学出版社 1981 年版。

曹可成告贷之艰难跃然纸上，一是对自己过去的悔，二是对现实艰难的恨，三是对春儿的愧。[①] 我们也可从中看出，明清时期借贷的首选是亲朋故旧告贷，这种带有互助性质的借贷往往是没有利息的，隐含的借贷条件是日后如果出借者遇到艰难情形，此次借贷者有义务以同样的无利息借贷帮助对方，如果出借者预期借贷者不能实现互相无息借贷的情况，或认为自己没有需要借贷的情形，出借的积极性必会非常低。曹可成最后在中人的担保下借得有息借贷，正体现了这一原理。

《二刻拍案惊奇》中《杨抽马甘请杖，富家郎浪受惊》里的杨抽马是一个术数高奇之人。小说叙述了杨抽马使用奇术戏弄、报复吝于借贷的富家子。“抽马一日偶有些事干，要钱使用，须得二万。囊中偶乏，心里想道：‘我且蒿恼一个人着。’来向富家借贷一用。富家子听言，便有些不然之色。”那富家子既然与杨抽马相厚为什么不肯借贷与杨抽马呢？原来是：“这富家子虽与杨抽马相好，只是见他兴头有术、门面撮哄而已。忽然要与他借贷起来，他就心中起了好些歹肚肠。一则说是江湖行术之家，贪他家事，起发他的借了出门，只当舍去了；一则说是朋友面上，就还得本钱，不好算利；一则说是借惯了手脚，常要歆动，是开不得例子的。”归根结底是一个偿还与利息的问题，加之惧怕借贷有了开端，便不可阻止。

凌蒙初评论道：“大凡富人没有一个不悭吝的。惟其看得钱财如同性命一般，宝惜倍至，所以钱神有灵，甘心跟着他走；若是把来不看在心上，东手接来西手去的，触了钱神嗔怒，岂肯到他手里来？故此非悭不成富家，才是富家一定悭了，真个‘说了钱

① 《警世通言》第三十一卷《赵春儿重旺曹家庄》。

便无缘’。”① 又一个“说了钱便无缘”。此俗语流传广泛，不同的小说均有引用，可见明清时期告贷之艰难是非常普遍的。再者，借贷不遂都归因到富人的悭吝，隐含着富人有帮助穷人的义务，富人必须借贷穷人的社会意识。如果不借贷帮助穷人，就会被讥讽为悭吝。小说中杨抽马用法术戏弄富家子不就是这一社会伦理观念的具体体现吗？

为什么借贷者会有出借人薄情寡义的体会呢？长期以来，中国社会一直注重血缘和地缘、业缘、学缘关系成员间的互相帮助，借贷是帮助的重要形式之一，并且借贷帮助要笼上一层温情脉脉的面纱。所谓重义轻利，讳言利字，但实际上却包含着强烈的利益交换。亲朋故旧间的借贷一般是没有利息和抵押物的，其实不然。这种借贷是以亲情、友情为抵押的，以对出借者给以同样情形的借贷为条件的。一般情况是本金大多能够偿还，但借贷者给以出借者同样的无息借贷并不是都能实现，并且出借者在同样需要借贷时并不能直接要求借贷者完成上期义务，而需要借贷者主动完成，其中包含了相当的风险，因此，富人并不愿做单方面的无利益出借。借贷者通常是在比较困难的情况下提出借贷要求的，因此对出借者的冷漠倍感薄情寡义。

故此，古时有地方为避免风险的出现，成立了借贷组织，靠组织的力量避免此类风险的发生，在外人看来是民风醇厚。“中州俗淳厚质直，有古风……其俗又有告助、有吃会。告助者，亲朋或征逋追负而贫不能办，则为草具，召诸友善者各助以数十百而脱之。吃会者，每会约同志十数人，朔望饮于社庙，各以余钱百十交于会长蓄之，以为会中人父母棺衾缓急之备，免借贷也，父

① ［明］凌濛初：《二刻拍案惊奇》卷三十三《杨抽马甘请杖，富家郎浪受惊》，人民文学出版社 1996 年版。

死子继，愈久愈蓄。此二者皆善俗也。”[①]

古时人们普遍认为亲朋间富者应帮助穷者，如借贷不遂便会心生懊恼，更有心智不善者由怨生恨，演出了不少仇杀血案。明清小说叙述了不少因借贷不遂引起的仇杀案件。如《包龙图判百家公案》之《乳臭不凋》载：潞州城南有韩定者，家道富实，与许二自幼相交。许二家贫，与弟许三做盐客小用人，常往河口觅客商趁钱度活。许二与许三意欲从韩定处借钱做本，后加些利息偿还。一日，许二径来韩家相求，“许二道：‘要往江湖贩些货物，缺少银两凑本，故来见弟商议要借些银子。’韩定道：‘老兄还是自为，约伙伴同为?’许二不隐，直告与弟许三同往。韩定初则欲许借之，及闻得与弟相共就推托说道：‘目下要解官粮，未有剩钱，不能从命。’许二知其推托……许三听了道：‘韩某太欺负人，终不然我兄弟没他的本钱就成不得事么？须再计议。’”时韩定养子名顺，郊外踏青，沉醉兴田驿半岭亭上，被许二兄弟利斧劈头，以雪不借贷之恨。[②] 此当属极端情况，并非普遍，但也说明了借贷不易及亲朋间富者应帮助穷者的社会心理。因此，洪门第三十二誓云：“不得因借贷不遂生怨，加怀怨恨之心，此乃小人之见，五雷诛灭。”

二、对贫穷而借高利贷却遭受盘剥者的同情与关怀

同情弱者、关心弱者是一种普遍的心态，如从心理学角度去理解，对因贫穷而借贷的同情实质是对他人的苦难、不幸产生关怀、理解的情感反应。叔本华认为同情出发的伦理学基本原则是：不伤害别人，尽量帮助每一个人，其对应的两大基本美德是公正

---

① ［明］王士性：《广志绎》卷之三《江北四省》，中华书局 1984 年版。

② ［明］安遇时：《包龙图判百家公案》第四卷《乳臭不凋》，浙江古籍出版社 1996 年版。

和仁爱。如果这种心态成为社会广泛存在的一种社会心理，就会产生出扶危济困的美德。

例如，《喻世名言》之《陈御史巧勘金钗钿》中卖油郎金孝偶然拾得一包银子，其母亲的一番议论足可代表一部分行善人的心态，金孝母道："我儿，常言道：'贫富皆由命。'若你命该享用，不生在挑油担的人家来了。依我看来，这银子虽非是你设心谋得来的，也不是你辛苦挣来的，只怕无功受禄，反受其殃。这银子不知是本地人的，远方客人的？又不知可是自家的，或是借贷来的？一时间失脱了，抓寻不见，这一场烦恼非小，连性命都要陷了，也不可知。曾闻古人裴度还带积德。你今日原到拾银之处，看有甚人来寻，便引来还他原物，也是一番阴德，皇天必不负你。"① 金母的基本理论是富贵由命的宿命论和积德行善的因果报应论，其中隐含着对生意人借贷资本艰难、经营不易的深深同情，这也促成了儿子拾金不昧的美德善行。

《二拍》是著名的明代世情小说，对明代的社会世态风情描摹得惟妙惟肖，不仅对高利贷者大加鞭挞，亦对借贷者受到的欺凌表达了深深的同情，这也代表明代对待借贷者的一种普遍心态。例如，《初刻拍案惊奇》之《卫朝奉狠心盘贵产，陈秀才巧计赚原房》，描写了陈秀才因借卫朝奉银两而被这位徽州的高利贷者逼迫得无计可施的窘态。卫朝奉派人到陈家来索债，"陈秀才那时已弄得瓮尽杯干，只得收了心，在家读书，见说卫家索债，心里没做理会处只得三回五次回说：'不在家，待归时来讨。'又道是，怕见的是怪，难躲的是债。是这般回了几次，他家也自然不信了。卫朝奉逐日着人来催逼，陈秀才则不出头。卫朝奉只是着人上门

① ［明］冯梦龙：《喻世名言》第三卷《陈御史巧勘金钗钿》，人民文学出版社1987年版。

坐守，甚至以浊语相加，陈秀才忍气吞声。正是：有钱神也怕，到得无钱鬼亦欺。早知今日来忍辱，却悔当初大燥脾。”最后陈秀才只得将自己的一所庄宅抵给卫朝奉。①

官员、士人借贷在明清也是常见的现象，有沉湎于科举考试不事生产而败家的士人借贷，也有居京的没有具体执事的待职官员因生活贫困而进行的借贷，还有为赴任筹备路费而举借京债的事例。雍正皇帝甚至颁布上谕，禁止向官员放贷，并向官员发放养廉银。明清笔记小说对官员借贷多有论述，因作者大都是官员士人，兔死狐悲，物伤其类。

> 乾隆末年，吾乡某孝廉留京过夏，孝廉家本小康，以年少登科，鲜衣美食，宴游吟啸，习以为常。凡九上公车，而家计遂落。京居多所称贷，岁暮，索负者盈门。孝廉素矜惜颜面，计无所之，竟自缢，为两仆所救而苏。时同乡官及同公车者咸往慰视，有某太史与孝廉行径正同，往来素密，亦随众至，乃瞠无一语。及退，语人曰：“此某欲自拔苦海耳，何以救为？救之适所以苦之矣。”众皆怪其持论之乖。逾数月，而某太史亦自缢，群救之不苏。时家大人在京，目击其事。先叔祖太常公曰：“论此事孝廉原可以不死，而某太史之为此言，则其心已早死。孔子曰：‘哀莫大于心死，而人死次之’，此孝廉所以更生而太史所以不救也。然太史本翩翩佳公子，又已登清华之选，衣帽闲雅，笔研精良，断不似以非命死者，而竟如此，此吾乡士大夫之耻，宦运之衰也。”家大人曰：“此中必有因果，特人有知有不知耳。”近日士大夫可惊

① ［明］凌濛初：《初刻拍案惊奇》卷十五《卫朝奉狠心盘贵产，陈秀才巧计赚原房》，人民文学出版社 1958 年版。

可愕之事有甚于此者，自李许斋方伯开其端，而王少华廉访继之，某监司又继之，某运使又继之，某学政又继之，甚之以状元而不免此，以宰相而不免此，二十余年之间，此事乃层见叠出，论者率谓其人之命运使然，非必尽关因果其然，岂其然乎?①

作者否认宿命论，但肯定因果报应。不管是关乎命运，还是关乎因果，文中饱含了作者对士大夫因贫穷而借贷，命丧债主逼迫的深切同情。

短篇小说集《云仙笑》又名《云仙啸》，文学成就不见多么高妙，但其所记之事可充分反映当时人的思想观念。五篇故事以宣扬市民道德教化为主，其中《又团圆裴节女完节全夫》在得胜头回中所引明代王九思的《卖儿行》深寓王九思对贫困的底层老百姓的同情。

村媪提携六岁儿，卖向吾庐得谷四斛半。我前问媪："卖儿何所为?"媪方致词再三叹："夫老卧病盲双目，朝暮死生未可卜。近村五亩只薄田，环堵两间惟破屋。大儿十四能把犁，田少利微饭不足。去冬磋跎负官税，官卒打门相逼促。豪门称贷始能了，回头生理转局缩。中男九岁识牛羊，雇与东邻办刍牧。豪门索钱如索命，病夫呻吟苦枵腹。以此相顾无奈何，提携幼子来换谷。此谷半准豪门钱，半与病夫作餤粥。"村媪词终便欲去，儿就牵衣呼母哭。媪心戚戚复为留，夜假空床共儿宿。曙鼓冬冬鸡乱叫，媪起彷徨视儿儿睡熟，吞声饮泣出城走，得谷且为赡穷鞠。儿醒呼母不得见，绕屋

① ［清］梁恭辰：《北东园笔录初编》卷六《某太史》，中华书局1985年版。

长号更踯躅。观者为洒泪，闻者为颦蹙。吁嗟！猛虎不食儿，更见老牛能舐犊。胡为弃掷掌上珠，等闲割此心头肉。君不见，富人田多气益横，不惜货财买僮仆。一朝叱咤嗔怒生，鞭血淋漓宁有情。岂知骨肉本同胞，人儿我儿何异形。呜呼！安得四海九州同一春，无复鬻女卖男人。

《云仙笑》作者天花主人依照此歌行长诗，编撰了王九思还儿奉金的故事，引出正文。故事借卖儿妇之口点明了明清时期农民堕入高利贷虎口的一般程序，“祖遗五亩薄田，向来自种自收。不幸前年生下一场大病，双目失明，竟做了一个瘫子，起床不得。去年勉强唤大儿耕种，谁想他年纪小，不知世务，田已荒了。虽然收得几石谷子，还官粮也不够，只得到人家借来完纳。不料欠下的私债，比着官粮到狠几倍，日日催逼。出于无奈，因此把这六岁的孩子来换些米去。一则清完这项债务，二则与丈夫苟延性命”。天灾频仍、病痛难忍、官税苛猛是三条恶虎，把农民逼上了剜肉补疮、饮鸩止渴的险途，当最后一点产业卖尽之后，不得已卖儿卖女。明清时期虽然法律条文已经禁止人口买卖，但实际上，人口的买卖并未真的消失。天花主人感叹道：“真个字字酸鼻，令人不忍再读。”①

三、因果报应论与坚守信用理念在明清依旧发挥作用

前文中我们探讨了唐宋间因果报应理论与借贷伦理的结合，到了明清时期，因果报应与中下层社会的自由借贷仍旧紧密结合，成为维持传统信用的伦理学支柱之一。因此，因果报应是传统金融能够继续发挥作用的文化因素。郭忠教授《阴律：一种存在于

---

① ［清］天花主人：《云仙笑》之《又团圆裴节女完节全夫》，华夏出版社2012年版。

观念中的法——对中国民间因果报应信仰的法理分析》介绍了一个自己亲身经历的故事：1996 年，教授带大学生赴偏远乡村进行社会实践，他们在乡村赶场日举办了法律咨询活动。他们与一位农村老太的一番对话，体现了因果伦理思想仍旧在现实生活中发挥着难以度量的作用。话题开始围绕“法律到底有什么用”展开。

我试图启发她：“如果有人借了你的钱不还，你怎么办呢?”

她回答说：“催他还。”

我又问：“如果多次催讨都未还，你怎么办?”

她沉默半晌，用手指天答道：“上天会惩罚他!”

毫无疑问，老妇人相信上天的赏罚是不会有所遗漏的。因此，这位农村老太一定会遵守“欠债还钱”的规范。20 世纪 90 年代，因果报应早就被当作封建迷信批判了多少年了，但其生命力仍旧顽强，更不要说明清时代了。那个时代持有这种观念的人具有一定的数量，对信用秩序形成起到非常重要的作用。

明清小说沿袭唐宋传奇的传统，记录了不少涉及高利贷信用的因果故事。因此类故事较多，故将较为典型的一例列于后，以此窥见时人之心态。明清公案类小说有的把放债与因果相结合，以此来宣扬信用道德。如《鼎镌国朝名公神断详刑公案》之《吕县尹断诬奸赖骗》即讲述了这样一个故事，体现了当时的道德观念。

> 辰州府卢溪县富民鲁稷，家有余资出贷，贫穷之甚无偿者，辄不苦勒。临终之时，批帖盈匣，嘱戒二子曰：“我一生放债，批帖在此间。有得本而未得利者，有得半本者，有全未得者，簿载明白。累年未结，是皆悯其贫而不勒者也。倘后有负心者，自送来还，利有不足，亦将原贴还之；不来还者，置之不可逼取，以贻后悔。”二子唯唯听命。及父终，不改父道，兢兢谨守嘱言。稷次子鲁聪，“为人浑厚，慷慨有

为，济弱扶危，所行合义”。其孙明佐“襟怀磊落，度量宽宏。每出财助窘，人不以为德，明佐亦不较之；甚至有以横逆加之，卒不能为害，明佐视若罔然。其存心犹过厚也”。族人鲁倍屡受鲁稷家借贷接济，鲁倍后人鲁宜与其妻陈氏不仅不思报答鲁稷家三代的恩德，反而诬陷明佐。又德母“往其家取索前债。倍爷子混争，先投党正，皆言公谅处头还。倍只以年久抵塞德乃还了”。南京吕智晦审明此案，曰：“借债未还是的，但以年久不追，天理分明，今世不还，俟再世轮回，做牛马偿你。”且判曰：“借债而负债，贫人之常态；放债须舍债，自古有遗言……鲁倍借德父之银，历年已久，决不深追，在天眼恢恢不漏，应有轮回之报，犬马何辞！”后来，“鲁倍因疾而死。鲁德是夜梦见倍入牛栏，天早起往相视之，牛产一小牯，牛背四字：‘倍偿德债。’德笑曰：‘报何速也！’闾里咸称奇异。”①

“有恩必报，欠债必还”，此乃古代中国人长期形成的伦理观念，对于欠债不还的行为，明清以来乃至于今天，人们都会认为欠债不还必遭天谴。正是这种因果报应观念在法律之外维持着传统高利贷信用的延续发展。中国基层社会一直奉行信义原则，欠债必须偿还，出于帮助性质的借贷尤其被重视，里面包含着各种不同的情谊，如欠债不还就是对人情的挑战。进入洪门的誓言中第十六誓云：“所借兄弟钱财物件，有借有还，如有欺心不还，不念情义者，五雷诛灭。”

明清时人还以为，如果欠债不还，不仅本人会遭到报应，而

① ［明］归正宁静子：《鼎镌国朝名公神断详刑公案》卷二《吕县尹断诬奸赖骗》，上海古籍出版社 1991 年影印本。

且会殃及子孙。人们认为前世欠了他人的债未还，今生债主会变成子孙来索债。索债的方式就是债主变成其儿孙，然后夭亡，使欠债不还的人承受极大的痛苦。古代最恶毒的诅咒就是咒人断子绝孙。如果子孙夭亡，便失去了老病之后的保险，会过上凄苦的生活。欠债不还会遭到最恶毒的诅咒，明清小说中类似的故事很多，此不赘述。《北东园笔录续编》之《累债子》云："释氏谓子之幼殇者，皆索前生债负者也。债完即去，父母为之痴哭，彼自脱然翘然。"①

中国古代的借贷多为贫困状态下的无奈之举，而且又多是在天灾人祸等窘迫情况下发生，如果有人能够及时借贷，往往被视为雪中送炭的义举，其中常有浓厚的人情意味，并非纯粹的经济行为。怀有感恩之情的借贷者大多能偿还欠负，如故意拖欠往往会遭到人们的谴责，正如上文所讲，即使到了来生，变成动物也要偿还的；有的人则主动变作动物偿还上世没有偿还的债务。人们幻想出这样的故事来歌颂守信的德行，同时暗含警告在其中。

> 洛阳水陆庵僧，号大乐上人，饶于财。其邻人周某，充县役，家贫，承催税租，皆侵蚀之。每逢比期，辄向上人借贷，数年间积至七两。上人知其无力偿还，不复取索。役颇感恩，相见必曰："吾不能报上人恩，死当为驴马以报。"居无何，晚有人叩门甚急，问为谁，应声曰："周某也，来报恩耳。"上人启户，了不见人，以为有相戏者。是夜，所畜驴产一驹。明旦访役，果死。上人至驴旁，产驹奋首翘足，若相识者。上人乘之一年，有山西客来宿，爱其驹，求买之。上人弗许，不忍明言其故。客曰："然则借我骑往某县一宿可

① 《北东园笔录续编》卷五《累债子》。

乎?”上人许之。客上鞍揽辔，笑曰：“吾诈和尚耳。我爱此驴，骑之未必即返，我已措价置汝几上，可归取之。”不顾而驰，上人无可奈何，入房视之，几上白金七两，如其所负之数。①

儒家“仁、义、礼、智、信”中“信”的民间形式常与因果报应相结合，而读书的士人更应遵守圣人订立的规矩。读书人如不行信义，古人认为其会在科举考试中遭受报应。

有关中某孝廉，久病不起，日卧床褥。一日，忽梦关帝告之曰：“汝明年中矣，明日即可起身。”诘朝，遽能起。商之母曰：“县中水脚银先已领用，奈何?”徐思之，曰：“父在日有某人欠银若干，父许其不追矣。今无所出，盍控县追之。”于是呈县理前欠，县为严拘追付。既上公车，放榜，不中。疑之，往前门关帝庙求签，签云“我曾许汝事和谐，谁料修为汝自乖”等语。大抵神无诳语，所以应中而不中者，即是强追许免之银为伤天理而结人怨也。②

上述关中孝廉命中该中，只因违反父亲蠲免债务的承诺，结果应中而不中。古人强调顺天应人，既然其父在时答应蠲免债务，已经获得人神共赏，此人又毁坏前约，强力追讨，伤天理，结人怨，导致其科考该中而不中的结局。

明清时期，当商除了徽商、晋商外就属福建商人放债出名，所以明清小说讲述福建放债客的为数不少。下有一例编排福州放

① ［清］袁枚：《子不语》卷一《大乐上人》，上海古籍出版社1986年版。
② 《北东园笔录三编》卷一《关帝签》。

债寡妇的，对比了放债妇人的凶悍刻薄及其子的宽厚仁慈。

> 福州南台有某姓嫠妇，以放债为业，朝放暮收，既不惮其烦，而悍恶特甚，人无能短其分毫者。挞婢尤酷，每至血流肉绽。惟膝前一子，心甚不以为然，而无如何。然于欠户之实无力措还者，每窃其券而焚之。于其挞婢时，亦多方调护之，而其母略无悛志。竟有债户以年老被迫自经者，婢有立死于捶楚之下者，且欲抛其尸于江，其子力谏，私买棺以葬焉。家业颇充，遂为其子援例入监，于道光己亥科应试入场，甫进头门搜检时，即见其婢遥以一手挥之使出，以一手指二门内，则见被迫自缢之老者在焉。遂即携考篮而出。凡场中遇鬼，鲜不死者，而彼竟幸而免，殆亦其平日居心有足，留以示劝者欤?①

古时科举考场是决定人生命运的场所，在人们的心目中，考场也成为因果报应实现的地方。放债悍妇逼死债户，报应到其参加科考的儿子身上，其子在考场中遇到化为鬼魂的冤死者，但由于其子宅心仁厚，竟不得死，这是因果报应的另一版本。

有一部小说值得单拿出来论述，这就是《东度记》。它揭示了明末的各种社会矛盾，反映了明代人们的思想风貌。其中六十七回《说苦乐庙祝知音，举数珠长老破怪》末尾引出赤风大王教训高利贷者井宪三的楔子。这故事与别的谈因果报应的故事有些不同，别的故事只讲高利贷者的刻薄与借贷者借债不还遭到报应，而此故事在谈因果的同时却能较为客观地看待高利贷的作用，具有朴素的辩证观。

---

① 《北东园笔录三编》卷六《陈雾庭述二事》。

有一高利贷者姓井名宪三，家资巨万，“都是刻薄利债上挣来，虽然救了贫乏的急，却也坑了借贷的生。怎么救了贫乏的急？人有一时钱谷缺少，或疾病官非，乃无处设处，却来借贷他的，加一加五利息，一个图利，一个得救了急。虽然方便，哪知岁月易过，利息易增，贫乏无偿，只得把产业折准消算了。人无产业，家道易贫，多有伤生，都为他厉害。他却又有一宗刻薄，人无产业偿借。井宪三只因利债起家，却也招了多少怨恨”。

一天夜里，与世人报不平之神赤风大王来到井宪三家，赤风大王道：“久在海洋村湾来往，听得人家怨恨，明明指汝名姓，我大王怒你何事招人怨恨？原来是利债坑人，仇室作怨。本当鼓千顷之洪涛，把你一家尽淹没，却因汝于众怨恨中，仍有一种救了人急的方便，今夜特来戒汝。”赤风大王当其全家人面戒谕道：“放利债，须知害，公平自不招人怪。济贫人，阴骘大，谁叫你把心术坏。只图自己起家私，不顾贫偿将产卖。将产卖，何所依，你喜亨通他命抵。还迟了，上门欺，骂人父母毁人妻。受你辱，好孤栖，不是悬梁便跳溪。破家受了威逼气，祸害临门没药医。若听我大王戒，忠厚行财谁怨伊。”

井宪三反问道：“以后不放利债，留着财宝自家受用罢，不讨谁人送还，讨急又招人冤。小子也有一句，请问大王，我放债的，刻薄了招怨生祸，损人利己；那借债的，不还行骗，可有罪过么？”赤风大王笑道：“骗挟财物，明有王法，幽有鬼神。俗语说得好：‘变驴变马，也要填还。’但在其中有两宗轻重情由。比如负欠人债，不幸家产尽绝，无从还处，这非骗，乃无力偿，其罪轻，王法也哀矜，幽冥也宽宥；若是欠了利债，不舍家私准折，仍要匿起囊箱，悭吝还人，甘受毁辱，将命图赖，这样短幸，纵逃了王法，那幽冥怎饶？变驴变马之情纵虚，那折子害孙岂诳？我大王知世上借贷财宝的，还多有感人恩济，设法偿人，就是没了产业，或者还存个愧心。只有你这放债的，仁厚退让者少。我也不怕你面听一时，自有戒你后法。”①

首先，作者把赤风大王当作正义的化身，来审视世间的借贷，代表了明代社会人们对高利贷的认识水平，较为客观地分析了高利贷的利与弊，同时，也谴责了借贷不还、丧失信用的行为。再者，作者在客观认识高利贷作用的基础上，把借与贷都纳入了因果报应的范畴，刻薄放债招怨生祸，骗债不还即使逃脱一时，但不能逃脱一世，或来生变牛马，或贻害子孙。但是，作者认为放债者仁厚退让者少，欠债的感人恩济的多，保留了对弱势群体的同情。

四、对高利贷者贪婪、吝啬的讽刺和批判

冯梦龙搜集整理了明代民间时调《挂枝儿》，其中一首题为《当铺》。其全文如下：“典当哥，你犯了个贪财病。挂招牌，每日里接了多少人。有铜钱，有银子，看你日出日进。一时救得急，好一个方便门！再来不把你思量也，怪你等子儿大得狠。”② 老百姓以诙谐幽默的口吻，生动形象地将“典当哥”比作倚门卖笑、委身嫖客的娼妓，把当铺比作填不满的烟花柳巷，把当铺的典当比作妓女接客的性事，辛辣地讽刺了当铺贪得无厌的本性，从中

① ［明］方汝浩：《东度记》第六十七回《说苦乐庙祝知音，举数珠长老破怪》，华夏出版社1995年版。

② ［明］冯梦龙：《挂枝儿》之《当铺》，江苏古籍出版社2000年版。

我们可以体会到下层百姓对高利贷者的厌恶态度。

《喻世明言》有一段文字堪称千古绝响，其描绘了开质库的张员外的吝啬鬼形象："这富家姓张，名富，家住东京开封府，积祖开质库，有名唤做张员外。这员外有件毛病，要去那虱子背上抽筋，鹭鸶腿上割股，古佛脸上剥金，黑豆皮上刮漆，痰唾留着点灯，捋松将来炒菜。这个员外平日发下四条大愿：一愿衣裳不破，二愿吃食不消，三愿拾得物事，四愿夜梦鬼交。是个一文不使的真苦人。他还地上拾得一文钱，把来磨做镜儿，捍做磬儿，掐做锯儿，叫声'我儿'，做个嘴儿，放入篋儿。人见他一文不使，起他一个异名，唤做'禁魂张员外'。"① 勾画出了质库主人的吝啬本性。

明清小说《二拍》中的《卫朝奉狠心盘贵产，陈秀才巧计赚原房》揭露了高利贷者刻剥借贷者的种种手段，那卫朝奉"初到南京时，只是一个小小解铺，他却有百般的昧心取利之法。假如别人将东西去解时，他却把那九六七银子，充作纹银，又将小小的等子称出，还要欠几分兑头。后来赎时，却把大大的天平兑将进去，又要你找足兑头，又要你补勾成色，少一丝时，他则不发货。又或有将金银珠宝首饰来解的，他看得金子有十分成数，便一模二样，暗地里打造来换了；粗珠换了细珠，好宝换了低石"②。高利贷者除了赚取必要的利息以外，往往利用银子的成色差别、称量货币的误差等，低出高入，赚取额外的利润，甚至偷梁换柱，巧取豪夺，所以高利贷者就给世人留下了"极刻剥"的印象。

民间笑话也对小押店进行了嘲弄。清人陈皋谟所辑《笑倒》

---

① 《喻世明言》第三六卷《宋四公大闹禁魂张》。

② 《初刻拍案惊奇》卷十五《卫朝奉狠心盘贵产，陈秀才巧计赚原房》。

中《不停当》云："有开当者，本钱甚少，初开之月，招牌写一'当'字；至次月，本钱尽去，赎者不来，乃于'当'字之上写一'停'字，言'停'当也；至第三月，赎者渐来，本复至，又于'停当'之上加一'不'字，言其'不停当'也。"《笑林广记》中《开当》亦云："有慕开典铺者，谋之人曰：'需本几何?'曰：'大典万金，小者亦须千计。'其人大骇而去。更请一人问之，曰：'百金开一钱当亦可。'又辞去。最后一人曰：'开典如何要本钱，只须店柜一张，当票数纸足亦。'此人乃欣然。择期开典。至日，有持物来当者。验收讫，填空票计之。当者索银，答曰：'省得称来称去，费坏许多手脚。待你取赎时，只将利银来交便了。'"①

明清的高利贷者是早期的资本家，中外早期资本家大都具有贪吝的特征，像我们熟悉的莎士比亚笔下的夏洛克、巴尔扎克笔下的葛朗台，和中国古典文学中的吝啬鬼一样，对金钱都有一种病态的渴望。如果用现代人的眼光来审视这些早期的资本家，不禁让人既恨又怕，可以说五味杂陈。作为货币经营者，他们不同于封建贵族官僚，贵族官僚可以运用政权的力量，利用手中的权力剥削百姓，维持奢侈的生活；而这些资本家则是靠冒险集聚货币财富。货币财富是资本家的命根子，如果没有了货币资本，他们就会失去获得的一切，丧失了剥削他人的根本，也就丧失了已经获得的物质生活。因为市场的不确定性，政治环境和社会环境对高利贷者的仇视，他们极易失去获得的一切，这给他们带来不安全感，获取货币财富成了他们生活的唯一目的，也造就了他们贪婪吝啬的特性。与那些奢侈无度的封建贵族相比，早期的资本家开拓进取的精神和积累财富的冲动推动了社会的进步。其实人

① ［清］游戏主人：《笑林广记》卷十一《贪吝部·开当》，中州古籍出版社 2008 年版。

性当中无不存在贪婪和吝啬，只不过高利贷者表现得较为突出而已。资本来到世间，每个毛孔里都滴着血和肮脏的东西，中外概莫能外，明清的高利贷者积累财富的过程也体现了人性的贪婪和无耻的一面。

五、对高利贷者豪横的批判

西方高利贷者往往是某一下层的族群，因为他们不能拥有土地，不可能成为当时社会的主流行业——农业的从业者，因此只能从事贩卖、放贷、文艺表演等行业，社会地位低下。他们靠商业、借贷业积累了巨额财富，这些巨额财富引起了教会和贵族的嫉妒；他们对平民百姓的剥削也引起了下层大众的仇视，因而引发了排犹运动。总之，欧洲的高利贷者虽然拥有大量财富，但社会地位并不高，我们在文学作品中看到的高利贷者往往形象猥琐。

中国古代则与之不同，高利贷者大多是官僚、贵族、地主、商人，他们不但是财富的拥有者，而且也是从朝廷到乡村社会政治资源的垄断者。财大气粗是他们普遍的状态，相对于借贷者而言，他们居于主动地位，故此对借贷者豪横成为高利贷者通常的脾性。明清小说中的不少作品表达了作者对高利贷者豪横的批判，这正反映了当时人们对高利贷者的道德评判。

明清短篇公案类小说就有很多涉及高利贷者的案例，虽然有些小说的主题并非直接批判或控诉高利贷者的豪横，但这些小说的基本倾向是揭露高利贷者的罪恶，控诉其强行索债，或逼死人命、或行凶伤人的罪恶。

《二拍》之《行孝子到底不简尸，殉节妇留待双出柩》讲述了一位孝子刚烈不屈为父报仇的故事。浙江金华府武义县在明代是鱼米之乡，经济发达，高利贷活动比较频繁，职业高利贷者王俊，“家道富厚，气岸凌人，专一放债取利，行凶剥民。就是族中支派，不论亲疏，但与他财利交关，锱铢必较，一些面情也没有的”。教书先生王良是王俊的同门叔父，因一时短少，借得王俊本银二两，四五年间偿还已经有四两了。王良以为，本钱已经还清，同族叔侄之间利息可以让些，“王俊是放债人心性，那管你是叔父？道：‘逐年还煞只是利银，本钱原根不动，利钱还须照常，岂算还过多寡？’”在一次酒会上，王俊因此事痛打王良，全不顾同门叔侄的伦理纲常，最后竟将王良殴伤，“耀武扬威，一路吆吆喝喝也走去了”①。高利贷者王良的豪横跃然纸上。

明清时期，靠借贷进行贸易和生产的情形不断增加。也就是说，经营性、生产性的借贷比重逐渐增加，消费性借贷的比例正在缩减，这一现象体现了借贷业的进步，但并未改变明清借贷业的性质，其仍旧属于前资本主义的高利贷资本。原因之一就是借贷双方的地位并不平等，出借者仍居主动地位，高于借贷者。高利贷者对借贷者的豪横即是外在的表现形式。

《郭青螺六省听讼新民公案》中有不少关于高利贷的案件，其中《磊骗书客伤命》讲述了建宁府高利贷者滕宠放债，讹诈浙江龙游贩书客人龚十三、童八十的故事。小说开篇介绍滕宠的身世，“建宁府大市街有一滕宠，屡代世宦，家富石崇。生放延、建两府，取利甚重，专一与府、县官员往来，恃强逼取息钱。内中有不听算者，即呼奴仆狠打不休，重则送官惩治。或有逼死人命，亦只罚得他纳谷数十石；或遇对头，他亦广钱买嘱，拒捕不赴审对。满城人皆号他霸王，彼亦自夸：‘缠我老滕，必难脱身’”。滕宠放债取利，勾结官府，人送绰号“霸王”，自夸“缠人老藤”，不知羞耻到了极点。浙江龙游贩书客人龚十三、童八十托保人借出滕宠本银二十两，未及一年，已倍息还足。后滕宠见二人书店生意红火，讹诈债务尚未还清，事情未遂，“乃喝令手下多人，将

① 《二刻拍案惊奇》卷三十一《行孝子到底不简尸，殉节妇留待双出柩》。

龚、童捉住狠打，破其头面，折伤左股，冤屈莫伸”。此后清官郭青螺查明事实，严惩了滕宠。郭青螺在判文中写道：“审得滕宠宦虎踞市，磊债戕民，流毒乡方，已非朝夕之故。今乃持已偿之废券，贼无欠之良民，破龚十三之头额，折童八十之左股，五拘不至，百计逃躲，乃又挠法之尤者也。尚欲捏无作有，将假搪真，诈言遭打致病，卖脱前件愆尤，讵知身无伤迹，何得口报遭冤？夫强附已于伤人之列，欲脱刑于无刑之中。合剪刁风，拟罪如律。”①

类似的公案类小说还有不少，均反映了当时人们对于高利贷者的态度和价值判断，可见时人对高利贷者豪横的不满和批判。兹列表于下，以供参考。

表 1　部分明清时期高利贷公案小说列表

序号	题目	官府判词②	来源
1	《磊骗书客伤命》	审得滕宠宦虎踞市，磊债戕民，流毒乡方，已非朝夕之故。今乃持已偿之废券，贼无欠之良民，破龚十三之头额，折童八十之左股，五拘不至，百计逃躲，乃又挠法之尤者也。尚欲捏无作有，将假搪真，诈言遭打致病，卖脱前件愆尤，讵知身无伤迹，何得口报遭冤？夫强附已于伤人之列，欲脱刑于无刑之中。合剪刁风，拟罪如律。	《郭青螺六省听讼新民公案》卷一

① ［明］吴还初：《郭青螺六省听讼新民公案》卷一《磊骗书客伤命》上海古籍出版社 1994 年版。

② 因判词基本可以概括故事梗概，又可以体现当时作者及文中人物的思想倾向，故录之。

续表 1

序号	题目	官府判词	来源
2	《富户重骗私债》	为富不仁，见憎于阳虎。取之有道，不犯乎明条。执故□而重征。欲以一手掩人双目。特无凭而勒算，将为愚人可以术笼。曾借刘还，取予自当。券存再骗，财利迷心。据出入簿，曾节不合，乘机构衅还两次债。刘岂肯畏法从奸？利银三十两，给断还刘以惩曾之科骗。罚谷五十石，交纳上官，以儆曾之横豪。县官朦胧不决，罚米七石。知几冤恨得伸，释之宁室。	《郭青螺六省听讼新民公案》卷一
3	《吴旺磊算打死人命》	审得吴旺以万金土豪，肆恶无厌，乡民屡遭蚕食殆尽。今乃违例磊算，活活打死罗子仁反诬子仁半夜入室，偷盗财物，计图脱网。夫以九两低银，不及半年，勒骗二十五两，此等阎王之债，连命勾去，岂止为富不仁哉！妄捏贼情，兴郎等昧心受银十两，以擅杀贼情虚证，此正是为人须向损边生，阳为有罗而阴实附旺也。以日改夜，隐债驾贼，而兴郎等同恶相济，似此枭鸷，合拟如律。	《郭青螺六省听讼新民公案》卷一
4	《吕县尹断诬奸赖骗》	借债而负债，贫人之常态；放债须舍债，自古有遗言。弟先奸后娶，固已有乖于国法；诬奸骗债，是乃陷溺乎良心。鲁宜自执奸，从夫捉理固然也！胡为不捉奸于房中，而乃捉奸于门首？恐白昼之事，难与绝缨例同日语也。陈氏自称抱奸呐喊，鸣己节也！胡为不终事于一夫，而复嫁于二天？恐奇货之身，难与采桑辈争媲美也！鲁倍借德父之银，历年已久，决不深追，在天眼恢恢不漏，应有轮回之报，犬马何辞！鲁宜诬明佐之奸，取索己仇，必不为此在朗鉴，昭昭不昧。合从招诬之例，杖罪取供；借帖付火，以塞讼端。其陈氏殴尊，家有词堂，仰族长惩报。	《鼎镌国朝名公神断详刑公案》卷二

续表 2

序号	题目	官府判词	来源
5	《邹推府藏吏听言》	审得曹基之父曹煌，违例积算，盘剥小民。□□加利侵渔欠户，乘急要息。□□□□□□□秋毫，制胜苛赢。权子母而□□□倍秦制之借债。既还其本，又倍其利，已非负心。余息之补，完布以一端，鞋以一双，岂为虚估。乃坐批而不退。复使势而先殴一拳，而复其肩三伤，何以致命。曹基不思以善而盖前想，犹欲为父而修小隙。诬告人命，重买干证之邻人；捏作假伤，厚贿为奸之仵作。陷人死罪，心则不仁；致父暴尸，孝亦安在！虚告之情既露，反坐之罪何逃。周景、何稽利苞苴而偏征。仵作昌览受贿赂而做伤。追完枉法之赃，各配远近之释。	《皇明诸司公案》卷六
6	《班侯判磊债》	贫人借债而负债，此贫不守分也。富户放债而磊债，是为富不仁矣。但债凭代保，或骗，或磊，保人胸中自有泾渭者。合为公剖，以塞讼端。	《皇明诸司廉明奇判公案》下卷
7	《孟侯判放债吞业》	吴亘原借范忠银三十两，虽越三年，已还十五两矣。范忠乃叠创磊算，遂吞吴亘田八亩，此亦非仁者也。虽然，债负不斩，终为祸孽；亩产不吐，竟是惑丛。为亘者可以还过银作利，再偿范忠三十两之银。为忠者毋得执契照田，而吐还吴亘八亩之业。庶放债者无沉债之冤，而有恒产者因有恒心焉。	《皇明诸司廉明奇判公案》下卷
8	《宋侯判取财本》	付人本银一千两，若胡□者，亦扶危济困之丈夫。还银一千七百两，若倪遂者，亦知恩报恩之君子。今为一片基地，切齿仇争，是二人者又易反易覆之小人也。仰中亲速为允释，毋以蜗角交讼鼠牙。	《皇明诸司廉明奇判公案》下卷

续表 3

序号	题目	官府判词	来源
9	《叶侯判取军庄》	陆良九原借饶钦银十两，历年二周，已还过十六两零。钦又捏称军庄，执约复告。此贪天之狗利者也。夫债在常条，利有定额。欠债不偿，虽私债亦所当追。还银已足，纵军庄亦不重给。借约入官，毋使滚骗。	《皇明诸司廉明奇判公案》下卷
10	《骆侯判殴伤》	俞平九为富不仁，剥民肥己，盖流毒一方矣。今因逼债殴人，破何松之颅，折何梅之肱。几拘不出，此又挠法之甚者也。尚且展晁错智囊，弄苏秦吞剑。捏称遍打致病，只塞前愆。殊不知平九之凄惨，只凭伊口讼，而松、梅之伤痕，则经予目验也。合殄刁风，拟罪如律。	《皇明诸司廉明奇判公案》下卷

参考文献

一、古籍文献（按书中出现先后顺序排序）

（1）［清］段玉裁：《说文解字注》，浙江古籍出版社 2006 年版。

（2）周才珠、齐瑞端译注：《墨子全译》，贵州人民出版社 2009 年版。

（3）［唐］房玄龄等：《晋书》卷二八《五行中》，中华书局 2000 年版。

（4）［梁］皇侃：《论语集解义疏》，文渊阁四库全书本。

（5）中国社会科学院考古研究所编：《居延汉简甲乙编》，中华书局 1980 年版。

（6）［宋］司马光：《类篇》，文渊阁四库全书本。

（7）［战国］吕不韦：《吕氏春秋》中华书局 2007 年版。

（8）［西汉］刘向：《淮南子》上海古籍出版社 1989 年版。

（9）［东汉］班固撰，［唐］颜师古注：《前汉书》，文渊阁四库全书本。

（10）［唐］房玄龄注：《管子》，文渊阁四库全书本。

（11）［清］彭定求等编：《全唐诗》，文渊阁四库全书本。

（12）陈奇猷校注：《韩非子新校注》上海古籍出版社 2000 年版。

（13）《穆天子传》，文渊阁四库全书本。

（14）［东汉］郑玄注，［唐］贾公彦疏：《周礼注疏》，文渊阁四库全书本。

（15）［明］董说：《七国考》，文渊阁四库全书本。

（16）睡虎地秦墓竹简整理小组：《睡虎地秦墓竹简》，文物出版社 1990 年版。

（17）［西汉］司马迁：《史记》，中华书局 1982 年版。

（18）［北齐］魏收：《魏书》，中华书局 1974 年版。

（19）［宋］王溥：《唐会要》，中华书局 1955 年版。

（20）［清］王先谦：《荀子集解》，中华书局 1988 年版。

（21）［宋］窦仪：《宋刑统》，中华书局 1984 年版。

（22）［宋］佚名：《庆元条法事类》，黑龙江人民出版社 2002 年版。

（23）［唐］长孙无忌：《唐律疏议》，中国政法大学出版社 2013 年版。

（24）陈高华等点校：《元典章》，天津古籍出版社 2011 年版。

（25）（日）仁井田陞：《唐令拾遗》，长春出版社 1989 年版。

（26）黄时鉴：《元代法律资料辑存》，浙江古籍出版社 1988 年版。

（27）方龄贵校注：《〈通制条格〉校注》，中华书局 2001 年版。

（28）［唐］李林甫：《唐六典》，中华书局 1992 年版。

（29）钱大群注：《〈唐律疏义〉新注》，南京师范大学出版社 2007 年版。

（30）《大明律集解附例》，台北：台湾学生书局 1970 年版。

（31）黄彰健：《明代律例汇编》，台北“中研院”历史语言研究所，1979 年。

（32）［明］黄训：《名臣经济录》，文渊阁四库全书本。

（33）中研院历史语言研究所校印：《明实录》，中华书局 2016

年版。

(34)［清］张廷玉:《明史》，中华书局 1974 年版。

(35) 田涛、邓秦点校:《大清律例》，法律出版社 1999 年版。

(36)［清］魏象枢:《寒松堂全集》，中华书局 1991 年版。

(37)《清实录》，中华书局 1986 年版。

(38)［清］允祹纂:《钦定大清会典则例》，文渊阁四库全书本。

(39)［清］昆冈等纂:《钦定大清会典事例》，续修四库影印本，上海古籍出版社 2002 年版。

(40)［清］姚雨芗原纂，胡仰山增辑:《大清律例会通新纂》，台北：文海出版社 1987 年版。

(41)［清］高拱乾辑:《台湾府志》，中华书局 1985 年版。

(42)［清］田文镜:《抚豫宣化录》，中州古籍出版社 1995 年版。

(43) 杨一凡、田涛编:《中国珍稀法律典籍续编》，黑龙江人民出版社 2002 年版。

(44) 杨一凡、刘笃才编:《中国古代地方法律文献》乙编，世界图书出版公司 2009 年版。

(45) 苏州历史博物馆等编:《明清苏州工商业碑刻集》，江苏人民出版社 1981 年版。

(46)［清］刘墉等撰:《清通典》，浙江古籍出版社 2000 年版。

(47)［清］冯煦:《皖政辑要》，黄山书社 2005 年版。

(48)［清］刘家谋:《刘家谋全集汇编》，龙文出版社 2012 年版。

(49) 杨一凡、刘笃才编:《中国古代地方法律文献》丙编，社会科学文献出版社 2012 年版。

(50)［清］陆耀:《切问斋集》，江苏书局，清光绪十八年重刻本。

(51) 江苏省博物馆编:《江苏省明清以来碑刻资料选集》，生

活·读书·新知三联书店 1959 年版。

(52) [清] 甘韩辑:《皇朝经世文新编续集》,学苑出版社 2011 年版。

(53) [清] 胡衍虞:《居官寡过录》,《官箴书集成》影印本,黄山书社 1997 年版。

(54) [清] 刘兆麒:《浙闽总制文檄》,《官箴书集成》影印本,黄山书社 1997 年版。

(55) [清] 佚名:《治浙成规》,《官箴书集成》影印本,黄山书社 1997 年版。

(56) 王国平、唐力行:《明清以来苏州社会史碑刻集》,苏州大学出版社 1998 年版。

(57) [清] 佚名:《西江政要》,江西按察使司刻本。

(58) [清] 万维翰:《幕学举要》,《官箴书集成》影印本,黄山书社 1997 年版。

(59) 中国社会科学院历史研究所宋辽金元史研究室点校:《名公书判清明集》,中华书局 1987 年版。

(60) 苏州历史博物馆:《明清苏州工商业碑刻集》,江苏人民出版社 1981 年版。

(61) [清] 凌燽:《西江视臬纪事续补》,续修四库全书本,上海古籍出版社 2002 年版。

(62) [清] 贺长龄辑,魏源编次:《经世文编》,岳麓书社 2004 年版。

(63) [汉] 孔安国传,[唐] 孔颖达疏:《尚书注疏》,文渊阁四库全书本。

(64) [春秋] 卜子夏:《子夏易传》,文渊阁四库全书本。

(65) 王明:《太平经合校》,中华书局 1960 年版。

(66) [南朝梁] 僧祐:《弘明集》,四部丛刊本。

（67）［清］潘永因：《宋稗类钞》，文渊阁四库全书本。
（68）［北魏］法场：《辩意长者子经》，大正藏第十四册。
（69）［宋］李昉：《太平广记》，中华书局 1981 年版。
（70）［宋］洪迈：《夷坚志》，中华书局 1981 年版。
（71）［宋］张君房《云笈七签》，华夏出版社 1996 年版。
（72）［宋］佚名：《太上感应篇》，经济日报出版社 2011 年版。
（73）黄征、张涌泉：《敦煌变文校注》，中华书局 1997 年版。
（74）［宋］张镃：《仕学规范》，文渊阁四库全书本。
（75）［宋］范仲淹：《范文正集》，文渊阁四库全书本。
（76）［元］白珽：《湛渊静语》，文渊阁四库全书本。
（77）［宋］黄震：《黄氏日钞》，文渊阁四库全书本。
（78）［宋］袁采：《袁氏世范》，文渊阁四库全书本。
（79）［宋］李弥逊：《筠溪集》，文渊阁四库全书本。
（80）［元］单庆修、徐硕编纂：《至元嘉禾志》，上海古籍出版社 2010 年版。
（81）［宋］陆游：《老学庵笔记》，文渊阁四库全书本。
（82）［元末明初］陶宗仪：《说郛》，上海古籍出版社 1990 年版。
（83）［宋］李元弼：《作邑自箴》，黄山书社 1997 年版。
（84）［宋］司马光：《家范》，文渊阁四库全书本。
（85）［宋］陈耆卿：《赤城志》，上海古籍出版社 2010 年版。
（86）［宋］陈襄：《州县提纲》，文渊阁四库全书本。
（87）［汉］郑元注，［唐］贾公彦疏：《周礼注疏》，文渊阁四库全书本。
（88）［宋］赵汝愚：《宋朝诸臣奏议》，上海古籍出版社 1999 年版。
（89）［元］脱脱：《宋史》，中华书局 1985 年版。
（90）［战国］公孙鞅：《商君书》，中华书局 1986 年版。

（91）［宋］李觏：《李觏集》，中华书局 1981 年版。
（92）［宋］苏辙：《苏辙集》，中华书局 2004 年版。
（93）［宋］彭百川：《太平治迹统类》，文渊阁四库全书本。
（94）［宋］杨时：《龟山集》，文渊阁四库全书本。
（95）［宋］王安石：《王安石全集》，上海古籍出版社 1999 年版。
（96）［宋］蔡正孙：《诗林广记》，文渊阁四库全书本。
（97）［宋］王安石：《周官新义》，文渊阁四库全书本。
（98）［清］纪昀：《四库全书提要》，文渊阁四库全书本。
（99）［宋］王昭禹：《周礼详解》，文渊阁四库全书本。
（100）［宋］叶时：《礼经会元》，文渊阁四库全书本。
（101）［宋］司马光：《传家集》，文渊阁四库全书本。
（102）［宋］郑侠：《西塘文集》，文渊阁四库全书本。
（103）［宋］叶适：《叶适集》，中华书局 1961 年版。
（104）［宋］真德秀：《西山先生真文忠公文集》，四部丛刊本。
（105）《晏子春秋》，中华书局 1962 年版。
（106）［清］张英《御定渊鉴类函》，文渊阁四库全书本。
（107）［明］陆深：《俨山集》，文渊阁四库全书本。
（108）［明］吕维祺：《吕豫石集》，古今图书集成本。
（109）［清］张英：《文端集》，文渊阁四库全书本。
（110）［明］王直：《抑菴文集》，文渊阁四库全书本。
（111）［明］程敏政：《明文衡》，文渊阁四库全书本。
（112）［明］海瑞：《备忘集》，文渊阁四库全书本。
（113）［清］陆陇其：《三鱼堂文集》，文渊阁四库全书。
（114）［明末清初］宋应星：《思怜诗》，上海人民出版社 1976 年版。
（115）［明末清初］宋应星：《野议》，上海人民出版社 1976 年版。

（116）［明］吕坤：《实政录》，中华书局 2008 年版。

（117）［明］吕坤：《宗约歌》，中华书局 2008 年版。

（118）［明］吕坤：《去伪斋集》，中华书局 2008 年版。

（119）［明末清初］艾南英：《天佣子集》，台北：艺文印书馆 1980 年版。

（120）［明］章潢：《图书编》，文渊阁四库全书本。

（121）［明］丘濬：《大学衍义补》，文渊阁四库全书本。

（122）［明］顾起元：《客座赘语》，中华书局 2001 年版。

（123）［明］陆深：《俨山外集》，文渊阁四库全书本。

（124）［明］周楫：《西湖二集》，浙江人民出版社 1985 年版。

（125）［明］冯梦龙：《警世通言》，人民文学出版社 1981 年版。

（126）［明］凌濛初：《二刻拍案惊奇》，人民文学出版社 1996 年版。

（127）［明］王士性：《广志绎》，中华书局 1984 年版。

（128）［明］安遇时：《包龙图判百家公案》，浙江古籍出版社 1996 年版。

（129）［明］冯梦龙：《喻世名言》，人民文学出版社 1987 年版。

（130）［明］凌濛初：《初刻拍案惊奇》，人民文学出版社 1958 年版。

（131）［清］梁恭辰：《北东园笔录》，中华书局 1985 年版。

（132）［清］天花主人：《云仙笑》，华夏出版社 2012 年版。

（133）［明］归正宁静子：《鼎镌国朝名公神断详刑公案》，上海古籍出版社 1991 年版。

（134）［清］袁枚：《子不语》，上海古籍出版社 1986 年版。

（135）［明］方汝浩：《东度记》，华夏出版社 1995 年版。

（136）［明］冯梦龙：《挂枝儿》，江苏古籍出版社 2000 年版。

（137）［清］游戏主人：《笑林广记》，中州古籍出版社 2008

年版。

二、今人论著

（1）杨肇遇：《中国典当业》，商务印书馆 1933 年版。

（2）区季鸾：《广东典当业》，台北：文海出版社 1972 年版。

（3）宓公干：《典当论》，商务印书馆 1936 年版。

（4）彭信威：《中国货币史》，上海人民出版社 1965 年版。

（5）傅衣凌：《明清农村社会经济》，生活、读书、新知三联书店 1961 年版。

（6）刘秋根：《中国典当制度史》，上海古籍出版社 1995 年版。

（7）刘秋根：《明清高利贷资本》，社会科学文献出版社 2000 年版。

（8）胡如雷：《中国封建社会形态研究》，生活、读书、新知三联书店 1979 年版。

（9）漆侠：《王安石变法》，上海人民出版社 1979 年版。

（10）漆侠：《宋代经济史》，上海人民出版社 1988 年版。

（11）姜锡东：《宋代商业信用研究》，河北教育出版社 1993 年版。

（12）费孝通：《江村经济》，商务印书馆 2001 年版。

（13）巫三宝：《欧洲中世纪经济思想资料选辑》，商务印书馆 1998 年版。

（14）瞿同祖：《中国法律与中国社会》，中华书局 2003 年版。

（15）曾宪义：《中国法制史》，中国人民大学出版社 2009 年第三版。

（16）萧伯符：《中国法制史》，中国人民公安大学出版社 2003 年版。

（17）张晋藩：《中国法制通史》，法律出版社 1999 年版。

（18）程树德：《九朝律考》，上海书店 1990 年影印版。

（19）钱大群：《唐律论析》，南京大学出版社 1989 年版。

（20）郭东旭：《宋代法制研究》，河北大学出版社 1997 年版。

（21）薛梅卿：《宋刑统研究》，法律出版社 1997 年版。

（22）杨一凡：《明大诰研究》，江苏人民出版社 1988 年版。

（23）张晋藩：《清代民法综论》，中国政法大学出版社 1998 年版。

（24）栗劲：《秦律通论》，山东人民出版社 1985 年版。

（25）（东罗马）莫德斯丁：《学说汇纂》，中国政法大学出版社 2009 年版。

（26）赵靖：《中国经济思想通史》，北京大学出版社 1997 年版。

（27）俞如先：《清至民国闽西乡村民间借贷研究》，天津古籍出版社 2010 年版。

（28）王裕明：《明清徽州典商研究》，人民出版社 2012 年版。

三、论文

（1）孙季萌：《清朝的高利贷立法与规制略论》，苏州大学 2016 年硕士学位论文。

（2）于光建：《〈天盛律令〉对买卖借典“中间人”的规制》，《西夏学》2016 年第 2 期，第 162—170 页。

（3）冯星艺：《清朝火灾惩处律例》，《寻根》2016 年第 6 期，第 19—23 页。

（4）于光建：《西夏典当借贷经济研究述评》，《西夏研究》2016 年第 3 期，第 66—70 页。

（5）于光建：《西夏典当借贷中的中间人职责述论》，《宁夏社会科学》2016 年第 4 期，第 209—214 页。

（6）梁仁志：《商业与公益之间：清代民间公项经费存典生息研究》，《中国社会经济史研究》2016 年第 2 期，第 45—50 页。

（7）凌殿刚：《论明清徽商的诚信经营》，《盐城工学院学报

（社会科学版）》2016 年第 1 期，第 11—14 页。

（8）郝丽芬：《清代典权制度及现代启示》，辽宁大学 2016 年硕士学位论文。

（9）穆开热姆·麦麦提：《〈福乐智慧〉经济思想研究》，新疆师范大学 2015 年硕士学位论文。

（10）冯尔康：《从清代契约文书看社会风貌和社会诚信度》，《徽学》2015 年第 9 期，第 1—10 页。

（11）常建华：《清中叶山西的借贷、典卖土地与雇佣——以嘉庆朝刑科题本为基本资料》，《史志学刊》2015 年第 5 期，第 47—51 页。

（12）崔尧：《清代清水江下游典当契约研究》，贵州民族大学 2015 年硕士学位论文。

（13）周翊洁、张在范：《两宋田宅买卖和典当契约法律制度论要》，《兰台世界》2015 年第 3 期，第 111—112 页。

（14）赵彦龙：《西夏契约参与人及其签字画押特点》，《青海民族研究》2015 年第 1 期，第 123—129 页。

（15）胡安权：《彝族民事习惯法问题研究》，陕西师范大学 2015 年硕士学位论文。

（16）杨戴萍：《民国政府对典当业监管的法规研究》，《兰台世界》2015 年第 10 期，第 30—31 页。

（17）陈婴虹：《民国前期浙江省议会立法研究（1911—1926）》，华东政法大学 2015 年博士学位论文。

（18）武航宇：《古中国与古罗马契约观念及实践的比较研究》，吉林大学 2014 年硕士学位论文。

（19）刘雪：《宗教改革时期新教的高利贷思想研究》，兰州大学 2014 年硕士学位论文。

（20）胡磊：《战国至西汉借贷活动试探》，南京师范大学 2014 年硕士学位论文。

（21）范金民：《明清时期福建商帮在江南的活动》，《闽台文化研究》2014 年第 4 期，第 5—18 页。

（22）盘应福：《清代中后期热河地区蒙地的买卖与典当》，上海交通大学 2014 年硕士学位论文。

（23）魏文超：《“典”的两则史料辨正》，《阜阳师范学院学报》（社会科学版）2014 第 4 期，第 94—97 页。

（24）刘秋根、彭志才：《清代典商的经营及与地方社会的互动——以乾嘉两份典商诉状为中心》，《人文杂志》2014 年第 6 期，第 78—86 页。

（25）毕波：《清代前期民间借贷主体的法律规制》，《兰台世界》2014 年第 15 期，第 15—16 页。

（26）程泽时：《管制与恤民：清代典当业省例》，《中国政法大学学报》2014 年第 3 期，第 108—120 页。

（27）刘道胜：《明清徽州民间资产生息现象的社会背景》，《历史教学》2014 年第 4 期，第 25 页。

（28）于光建：《〈天盛改旧新定律令〉典当借贷条文整理研究》，宁夏大学 2014 年硕士学位论文。

（29）刘道胜：《明清徽州的民间资产生息与经济互助》，《史学月刊》2013 年第 2 期，第 68—77 页。

（30）邵方：《略论西夏法典对契约的规制》，《法学评论》2013 年第 6 期，第 141—145 页。

（31）刘艳丽：《西夏典当制度简论》，陕西师范大学 2013 年硕士学位论文。

（32）罗海山：《唐宋敦煌契约“恩赦”条款考论》，《当代法学》2013 年第 2 期，第 154—160 页。

（33）李谷悦：《〈歧路灯〉中的士绅家庭经济理念》，东北师范大学 2012 年硕士学位论文。

（34）杨淑红：《元代民间契约关系研究》，河北师范大学 2012 年博士学位论文。

（35）刘茜茜：《西欧中世纪基督教经济思想》，山东大学 2012 年硕士学位论文。

（36）谭阿勇：《宋代市场立法及信用问题研究》，郑州大学 2012 年博士学位论文。

（37）刘招静：《中世纪教会高利贷学说探究（12—15 世纪）》，复旦大学 2012 年博士学位论文。

（38）刘秋根：《清代典当业的法律调整》，《中国经济史研究》2012 年第 3 期，第 67—80 页。

（39）齐洋锟、陈君：《明清时期特殊的金融机构——徽典》，《重庆科技学院学报（社会科学版）》2012 年第 8 期，第 145—148 页。

（40）汪海兰：《宗族制度与徽商典当业中的委托代理关系研究》，浙江财经学院 2012 年硕士学位论文。

（41）李淑远：《清末民初典当法律制度与现今典当法律制度比较研究》，内蒙古大学 2012 年硕士学位论文。

（42）段向坤、严淑琴：《比较法制史视野下的中国古代金融法制——以借贷、典当和票据为例》，《法律文献信息与研究》2012 年第 1 期，第 11—16 页。

（43）杨贞：《清代前期民间借贷法律研究》，河北大学 2011 年硕士学位论文。

（44）侯吉庆：《明清时期山西典当业研究》，山东师范大学 2011 年硕士学位论文。

（45）刘子熙：《论宋代赊买卖契约制度》，西南政法大学 2011 年硕士学位论文。

（46）俞如先：《台湾与闽西客家典借习俗的渊源关系》，《龙岩学院学报》2011 年 6 期，第 4—7 页。

（47）李金铮、冯剑：《在国家、社会与当铺之间：近代天津当息的博弈史》，《中国经济史研究》2011 年第 2 期，第 40—51 页。

（48）赵海波：《北朝时期信用借贷问题初探》，内蒙古大学 2010 年硕士学位论文。

（49）李一鸣：《汉代借贷关系研究》，山东大学 2010 年硕士学位论文。

（50）马朵朵：《元代信贷问题研究》，河北师范大学 2010 年硕士学位论文。

（51）汪晓健：《明清徽商典当业盛衰与现阶段我省典当业发展研究》，安徽大学 2010 年硕士学位论文。

（52）杨鹏：《江陵长沙寺缔构与兴盛考论》，《长江大学学报》（社会科学版）2010 年第 3 期，第 6—10 页。

（53）梅树平：《〈典业杂志〉的文献价值》，《宿州教育学院学报》2010 年第 1 期，第 21—23 页。

（54）朱元成：《大清律例与近代两部刑法典在总则性定罪量刑规定上的比较》，复旦大学 2010 年硕士学位论文。

（55）周建波：《明清商人如何为低收入阶层提供信贷服务》，《求索》2009 年第 12 期，第 210—212 页。

（56）叶金凤：《从察合台文契约文书看清代南疆的民间经济往来》，新疆大学 2009 年硕士学位论文。

（57）李永福：《旧式典当业的社会价值——以清代为考察范围》，《四川大学学报》（哲学社会科学版）2009 年第 3 期，第 33—38 页。

（58）张伟：《民国上海典当法律问题研究》，上海师范大学 2009 年硕士学位论文。

（59）朱婉姝：《〈红楼梦〉视界：民间法的意义与局限》，黑龙江大学 2009 年硕士学位论文。

(60) 黄磊：《近代早期英国高利贷观念的转变》，天津师范大学 2008 年硕士学位论文。

(61) 马勇虎：《〈典业博谈〉及其史料价值》，《黄山学院学报》2008 年第 6 期，第 13—15 页。

(62) 刘志刚：《宋代债权担保制度研究》，河北大学 2008 年博士学位论文。

(63) 刘秋根、王文书：《宋朝的抵当所与抵当库》，《宋史研究论丛》第九辑，河北大学出版社 2008 年版，第 271—292 页。

(64) 赵彦龙：《西夏契约再研究》，《宁夏社会科学》2008 年第 5 期，第 97—100 页。

(65) 曹树基、李霏霁：《清中后期浙南山区的土地典当——基于松阳县石仓村“当田契”的考察》，《历史研究》2008 年第 4 期，第 40—54 页。

(66) 郑小娟：《徽州典商在明清徽商发展中的作用研究》，厦门大学 2008 年博士学位论文。

(67) 苏士梅：《唐代诚信思想研究》，河南大学 2008 年博士学位论文。

(68) 邵方：《西夏法制研究》，西南政法大学 2008 年博士学位论文。

(69) 耿雪敏：《唐代的民间高利贷》，云南师范大学 2007 年硕士学位论文。

(70) 徐建红：《秦汉民间借贷述略》，吉林大学 2007 年硕士学位论文。

(71) 赵彦龙：《论西夏契约及其制度》，《宁夏社会科学》2007 年第 4 期，第 86—91 页。

(72) 张艳：《清代典当业税收问题》，陕西师范大学 2007 年硕士学位论文。

（73）柏桦：《论清代的“违禁取利”罪》，《政法论丛》2007年第4期，第79—85页。

（74）徐鹏：《中国古代典权考略》，吉林大学2007年硕士学位论文。

（75）张琼：《民国时期政府对四川典当业的管理与监督》，《武汉大学学报》（人文科学版）2007年第3期，第378—382页。

（76）李俊强：《佛教对中古法律之影响》，湘潭大学2006年硕士学位论文。

（77）卞利：《明清典当和借贷法律规范的调整与乡村社会的稳定》，《中国农史》2005年第4期，第66—75页。

（78）李丕祺：《清末民初甘肃省债权习惯评析》，《西北民族大学学报》（哲学社会科学版）2005年第5期，第38—44页。

（79）陶涛：《论明清时期民间习惯法与国家制定法的互动及途径——以徽州地区民商事活动为个案》，西南政法大学2004年硕士学位论文。

（80）王明东：《清代彝族地区土地买卖、典当和租佃分析》，《云南民族学院学报》（哲学社会科学版）2002年第3期，第63—66页。

（81）李金铮：《信用的坚守与危机：20世纪前半期中国农民偿还债务之浅析》，《中国农业历史学会第九次学术研讨会论文集》，中国农业历史学会，2002年。

后　记

金融的本质是异时异地的货币交易，古代最主要的金融交易形式就是民间借贷。中国古代的民间借贷大部分是可以比较顺畅地实现买卖双方的目的的，一方获得货币的使用权，另一方获得货币的价值，即利息，并由此形成了比较独特的传统文化，这些传统的交易文化反过来又影响着交易的进行。这些传统文化中表现较为突出的是政府层面的法律文化、精英阶层的高利贷思想和民间基层的宗教思想。代表政府利益的法律条文的立足点和出发点永远是保证政权的延续，在这一基本点之下，政府制定了各种法律条文来维护社会的稳定，以此保证借贷双方合理的利益诉求顺利实现。精英阶层的高利贷思想则与政府的法律不同，他们各自立场不同，甚至对立，不断地重复着千百年间政府调控和市场自由的论争。虽然争论的内容不同，但实质上没有太大的区别。笔者认为用“利出于一孔”和“官不为理”概括两种观点极为妥当。民间老百姓自有自己的智慧和道德，“仁、义、礼、智、信”和“温、良、恭、俭、让”等中国特有的道德标准还不是民间借贷领域占绝对优势的道德习惯，用来保证借贷交易顺利进行的仍是古老的信仰——因果报应。取息过高或借钱都会遭到上天的惩罚，在老百姓看来，这种观念更具约束力。这是深入中国人骨髓的观念。当法律和人们心目中的神灵不能保证“善有善报，恶有恶报”的时候，当人们因果观念崩塌的时候，包括民间借贷在内的经济活动一定会无法完成。这是本书的核心观点。

需要说明的是，为了保证本书的内容完整，我不得不再次修改和采用《宋代借贷业研究》中的部分内容。原来设想的是用民间文献资料进一步阐述“信义”观念对民间借贷的影响，那样我们就可以看到借贷经营者少量属于思想层面和大量实践操作层面的资料。但借贷者留下的资料太少了，如果运用统计的方法分析账本和信件等资料，超出了我的能力和精力。即使这样，看到的直接关系到借贷的实例仍不足以支撑起一个比较大型的论文，也就放弃了。

这里我要感谢一直以来支持我学习和工作的领导和同事们。我的师姐，也是我的直接领导魏彦红教授，给予了我大量无私的帮助、支持和指导，使得我能够完成这本小册子。我也要感谢衡水学院原党委书记李奎良教授、衡水学院党委书记王守忠教授、校长田光教授和科研处石宝军教授，感谢他们对我工作和个人的支持和帮助。

我要感谢我的妻子赵卫红，没有她这些年的默默支持和理解，没有她的辛苦劳作为我减轻家庭负担，完成本书是不可能的。犬子王学博致力于学习历史，利用暑假和课余时间为我搜集了大量资料，并亲自完成了本书的部分内容，为了鼓励他，也是为了不掩盖别人的劳动，特联署姓名。

河北大学出版社王红梅女士为编辑本书付出了大量心血，在此一并表示感谢，这些年来我们一直合作得非常愉快。

王文书

2018 年 5 月